李洙德　編著
馬克吐　漫畫

Corporate Human Resource

企業人力資源

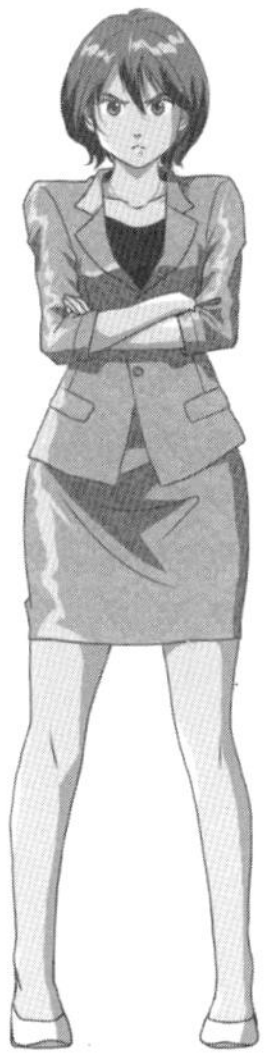

Management Regulations

管理法規

內附漫畫
劇情詳解

東華書局

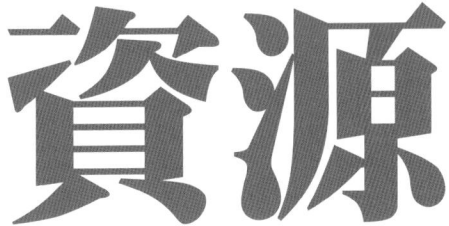

國家圖書館出版品預行編目資料

企業人力資源管理法規 / 李洙德編著 ; 馬克吐漫畫 . --
初版 . -- 臺北市 : 臺灣東華 , 2017.09

400 面 ; 19x26 公分 .

ISBN 978-957-483-911-7 (平裝)

1. 人力資源管理 2. 勞動法規

494.3 106016259

企業人力資源管理法規

編 著 者 李洙德
漫　　畫 馬克吐
發 行 人 陳錦煌
出 版 者 臺灣東華書局股份有限公司
地　　址 臺北市重慶南路一段一四七號三樓
電　　話 (02) 2311-4027
傳　　真 (02) 2311-6615
劃撥帳號 00064813
網　　址 www.tunghua.com.tw
讀者服務 service@tunghua.com.tw
門　　市 臺北市重慶南路一段一四七號一樓
電　　話 (02) 2371-9320
出版日期 2017 年 9 月 1 版 1 刷

ISBN 978-957-483-911-7

序言

Preface

出版心路歷程——不一樣的序

正經八百的教科書與活潑有趣的漫畫書相互結合，這是在我心裡足足養了5年的想法。如此衝突的教學書籍在國內並不多見，本書的誕生不失為一本實驗性質書籍，特別感謝工作夥伴馬克吐漫畫家情義相挺，及充滿冒險精神、與我合作多年的出版社——東華書局共同參與整個實驗大計畫！

早在多年以前，日本就已將教科書「漫畫化」。雖有認為「漫畫」只能當「入門書」或「科普性書籍」而無法作為「教科書」，而學界出身的我對此一論點尚持「部分」認同，但諸如一般法律、勞工相關法規、人力資源等等，對一般民眾而言，此類書籍首重引發讀者興趣。其所謂「讀者」，當然包含學生在內，也因此激起了我將漫畫與教科書結合，讓讀者藉由看漫畫學新知的終極目標。

但最大的難題來了——漫畫家在哪裡？收費一定不便宜吧？？前年某日，我在教室裡看見一疊漫畫書《股海英雄路》，稍微翻閱後，赫然發現漫畫家的畫風極為風趣卻不失細膩，心裡想著不知是否有機會得以認識這位漫畫家？我要如何在人海裡找到他？在一個機緣下，我應了約書亞泰山幸福教會趙曉音牧師的邀請為教友作了一場法治教育講座，會後的餐敘，怎麼也沒想到我那眾裡尋他千百度的人，竟在滿桌菜餚處與我共餐！我雖非教徒，但此刻我竟不由得相信了「神愛世人」，我所信奉的觀世音菩薩與馬克吐信仰的主將我們牽在一起了。

學習勞動法至今已25年，從學生到臺北市政府勞工局志工；從執教到臺北市政府勞動局調解人；從高普考勞工行政輔考到企業教育訓練；我非出自名門正派的留德或留日派學者，但卻是台灣土生土長並且見證台灣本土化勞工問題的「日月神教派」。或許未曾在傳統法律系或勞工學系教書而使我視野更寬闊，因為台灣勞工問題絕非因為「勞動法」之故，反而是稅法或公司法有問題！

我不確定再一個 25 年，台灣的勞資關係是否會走向更和諧的境界，但可以肯定的是，我仍會是「日月神教派」。謹此，將我人生第一部法律漫畫教科書創刊本，作為獻給台灣勞工的心意。

最後，衷心地向被我說服的東華書局董事長陳錦煌先生、編輯部全體同仁、業務部儲方經理與林志鴻經理一併致謝。

李洙德　謹識

2017 年 8 月仲夏

目錄

Contents

第壹篇

勞動基準法

第壹篇　勞動基準法

啊啊啊啊啊啊！
我受不了了！
這種廣告不實的文宣我實在想不出來啊！
世界第一最先進的產品
老闆又交待妳不可能的任務啦？
怡君妳怎麼了？
嗚嗚嗚嗚～
現在卻變成還要兼做美編？
當初來應徵的職務明明就是企劃，
這是讓你學習不同技能成長的磨練啊！
妳要好好珍惜！

說起來我們好像天天都在加班…
唉…自從倉管辭職後我就兼任倉管到現在…
一直加班到這麼晚，我每天回家累到有時都忘記洗澡就倒床…
一早又要趕到公司，全身快痛死了！
好啦！別抱怨了！趕快把工作做完趕快下班吧！
怡君，小鄭你們二位過來一下…
這裡有份協議書你們看一下…
減薪協議書…？
勞雇雙方協商減薪協議書
立協議書人：＿＿＿＿公司
（以下簡稱甲方）、勞工＿＿＿
（以下簡稱乙方）。緣乙方任職
於甲方＿＿＿部門，擔任＿＿＿
職務，原雙方約定薪資新台幣＿＿＿元
經協議後，每月薪資為新台幣＿＿＿元

什麼爛東西！老闆爛、工作爛、什麼都爛！
氣死我了！
哎呀～怡君喝醉了！
真倒楣！我怎麼會進這種爛公司！
怡君小聲點！今天要顧一下形象啦…今天
是妳大學暗戀的學長在耶！
天天加班就算了！要我做些違心之論我也忍了！
今天竟然還要降我薪？
這個…
我…
暗戀的學長有什麼了不起？暗戀你整整二年你連正眼都沒瞧過我一次，
那你今天是來這裡幹嘛？
啊…

？
瞧～
我現在正眼看著妳呀！
你幹什麼盯著我看？你長針眼嗎？
不過照怡君這樣說起來…
沒關係…看得出來她受了很多委曲…
學長對不起！怡君她今天狀況不太好…
怡君！妳真的喝太多了！
她的公司可能違反勞動基準法了！
?!

勞雇合約不得違反法律強行規定或背於公序良俗，公共利益或濫用權利，規避勞動基準的強制義務。因被詐欺脅迫／趁人急迫輕率或無經驗／各種不合理，經法院判定合約是無效的！
例如這張減薪合約書，
是的！
哇～學長你真懂！
真的嗎？學長？
那麼老闆叫我做那些違背良心的事也是違法囉？
太好了！學長真不愧是我看中的男人！
啊⋯
還有勞基法規定一週勞工工作時間不得超過四十小時，
照妳剛才所說天天加班也違法了！

§4 中央：勞動部；直轄市：直轄市政府；縣（市）：縣（市）政府

不要以為懂幾條勞基法就可以跟我大聲！
林怡君！妳膽子不小啊！
我完蛋了～～
天啊…我昨天到底幹了什麼好事啊…
我已經找到一位能勝任企劃跟設計的人了！
?!
妳工作能力這麼差領這麼高的薪水不會良心不安嗎？
我的公司一向是視能力來定員工的薪水！
那個老闆…我昨天其實是…
算了！

嘩…這個人也太…
行銷企劃、美術設計、媒體應用、動畫導演、國際媒體美術大學畢業、產品創意行銷優勝、國際創意廣告優勝、媒體微電影創作優勝…
來看看妳的薪水要有什麼能力吧！
行銷企劃，美術設計，媒體應用，動畫導演 國際媒體美術大學畢業 產品創意行銷優勝 國際創意廣告優勝 媒體微電影創作優勝
就麻煩妳把業務交接給他了！
那我要做什麼？
行銷企劃，美術設計，媒體應用，動畫導演 國際媒體美術大學畢業 產品創意行銷優勝 國際創意廣告優勝 媒體微電影創作優勝
就大家叫妳做什麼就去做囉～
依照妳的能力嘛…
這女人真會撐…話講這麼白…還不自動辭職？

老闆都跟我說了…
就麻煩妳把所有資料整理好
列印一份放在我桌上
還有妳的東西都清理乾淨！
妳是林怡君吧…
新來的
超級員工
薪水也是
打雜等級的哦！
什麼嘛！
結果我變成了
打雜小妹！
沒錯啊？
嗯？老板說她是
有什麼雜事都可以
叫她做的前輩啊？
好歹怡君也是比你
早來的前輩啊！
喂～新來的
客氣一點好嗎？
先去樓下
幫我買一杯
珍珠奶茶！
對了！
哦哇～！
喂～
你這個傢伙…
好啦好啦
快去工作，
加班加不完了

過了一週
好了沒？好了沒？動作這麼慢，妳是想害死我啊？
再說我不是打雜小妹嗎？什麼時候變成你的專屬助理了？
王小凱先生，你二個小時前才交給我改，你當我是閃電俠嗎？
再回來找被你踢走的前輩幫忙會不會太瞎了？
王小凱先生，你自己的提案被老闆打槍，
讓妳舒服的坐在我的位子上工作，不是應該感謝我嗎？
打雜就是什麼事都可以做！
怎麼表現卻不怎麼專業呢？
號稱這麼多項才能的人…
?!
行銷企劃、美術設計、媒體應用、動畫導演、國際媒體美術大學畢業、產品創意行銷優勝、國際創意廣告優勝、媒體微電影創作優勝
再說…

喂！王小凱，你怎麼可以打人？
我要告你毀謗！損害我的名譽！誰叫他隨便污辱我！
欠打！
呃！
如果他說的是事實呢？
王小凱…
但奇怪的是得獎人的名字怎麼不叫王小凱？
你說你得過產品創意行銷優勝、國際創意廣告優勝、媒體微電影創作優勝
現在有種東西叫網路，凡走過必留下痕跡，我上網查過那三個比賽的優勝者都不叫王小凱！
喂怡君？這是怎麼一回事？

這樣的話應該被告的人是你啊~王小凱！
原來是假造履歷來騙吃騙喝的傢伙…
你們…
給我閉嘴！
通通給我閉嘴！
王小凱你做什麼？
喂！
王小凱你東西改好了沒…
搞什麼這麼吵？
嚇！
老闆？
咚
咦？

你們知道這把刀的來歷嗎？
再加上你們二個的話就剛好滿一千人了！
目前一共殺死了998人！
傳說只要殺滿一千人就能召喚惡魔出來亂世～
這把刀就是歷史上有名邪惡之刀，
是！
還不快點出去！
殺～
啊啊啊老闆老闆！現在這個節骨眼先想辦法把設計案弄出來比較重要！
不要攔我！我要讓惡魔復活！

不過恢復原來的職位也算是好事一件！
可憐的怡君，這個禮拜要徹底爆肝了！
啊啊啊～日子真是越來越難過了…
我比較害怕的是老闆真的會召喚惡魔出來殺人嗎？
林怡君！設計案現在起由妳來負責完成！
王小凱！在懲處命令下來之前你來做怡君的工作！
假的…
殺妳個頭啦！老闆發神經亂講妳真的信哦！

唔…
就麻煩你到樓下幫我買一杯珍奶吧！
就是打雜囉！
怡君的工作…
給我記住！
哼！什麼爛東西！
你昨天對我施暴我可是有去驗傷哦！
還想動手嗎？
噓！
所以說是老闆這次偷雞不成蝕把米囉～
是哦！
這個王小凱真是糟糕，謊報不實履歷、破壞公司設備、
暴力攻擊…
經過調查他早就有施暴前科了！

老闆也省得麻煩！
曠職三天直接解雇！
該不會直接不來了吧？
是說這個王小凱買個珍珠奶茶是買到美國去了嗎？
哦～事情進行很順利哦～
以前合作的發包廠商也願意幫忙！
展場公司願意接！
那麼我馬上把資料上傳給您！謝謝！
那您是願意幫忙了！真是太好了！
什麼啦～哈哈～
那是因為怡君很可愛的關係啦～
好！剩下的就是文案的部分！
尤其是這麼短的時間內！
之前王小凱把廠商都得罪光了，我還很怕他們都不願意再跟我們合作了呢！

林怡君報告完畢！
Xx季展展出規劃媒體報告
本次季展的展出規劃及媒體廣告文宣⋯
一天後
展示區的動線再調寬一點！
嗯⋯整體顏色色調再活潑一點！
就這樣定案吧！
⋯⋯⋯
還是回來上班的王小凱
⋯⋯⋯
然後⋯王小凱！
天啊累死了！我需要請假補眠⋯
咚！

§9-1 競業禁止

應該可以吧？反正接下來都是業務部的事了！
咦？真的可以嗎？
等活動結束後好好放幾天假吧！
怡君這次辛苦妳了！
哼！有什麼了不起！
真的！再不好好休息我就要…
?!
王小凱…
什麼爛公司！爛工作！爛同事！爛會議！爛電腦！爛薪水！爛契約！
爛爛爛爛爛爛爛
爛爛爛爛爛爛爛
爛爛爛爛爛爛爛
碰！
碰！

我其實只當過企劃助理而已…
妳笑我吧！沒錯！我履歷上的學經歷大部分都是騙人的！
好！那我就讓公司免費養我二年領半薪我也爽！
現在又拿競業禁止合約來壓我！
哼！不誇大一點怎麼能找得到工作？很多公司不是都想要十八般武藝的勞工嗎？
你為什麼要這麼做呢？
…………
還好啦～雖然老闆不好，但是同事們都還蠻互相照顧，
而且可以學習的工作經驗也蠻多的，我比較重視這個！
我勸妳也快點離開這間公司吧！
本來那個爛老闆錄取我就是要把妳踢出去的！

問題是星期六日還是會因為怕工作趕不出來而加班…
那就放啊！
說起來我也好像很久沒放假了！
我也是啊！雖然公司沒有強迫加班這種文化，但是東西做不完誰敢放假啊！
但也不能這樣下去啊！為了工作完全沒有生活品質，甚至過勞的話也不值得啊！
員工放假勞基法有規定的吧！
是哦？沒有要趕的工作嗎？
反正這次展覽之後也沒聽說有什麼要趕的新工作…
呃…去海邊嗎？
怡君如何？
乾脆我們大家約一約一起去海邊玩個夠！

§36 週休二日

老闆！
我們不是這個意思啦！
呃…只是閒聊而已…
看來我這個老闆實在是太失職了…
一家公司如果讓員工閒到要集體放長假…
而且休假是員工的基本權益！
報告老闆！根據國外的研究員工有適當的休假可以提升工作效率！
老闆…

加班是都當作沒看到嗎？
死老闆！明知故問！
難道你們平時週休二日都不算放假嗎？
小鄭？
咦？
其實我同意你的說法！
不過…
就去這家吧！
真的嗎？閃亮民宿很高檔耶！
各位辛苦了！為了公司如此的努力！
閃亮民宿
剛好我有朋友是閃亮民宿的老闆，如果要去這間可以打對折！

謝謝老闆！
許多公司相繼倒閉！
景氣低迷、成本漲不停…
ｘｘ產業紛紛熄燈號
今年因為受到金融風暴影響，全球經濟受到相當大的衝擊！
嗯…有沒有讓員工放假但不用領薪水的方法呢？
有了！
員工要跟公司共體時艱啊…
放假…
就是無薪假囉！
（老闆想法錯了，無薪假仍需給基本工資）

讓我們放連假，還弄到半折入宿價！
真是想不到老闆竟然這麼慷慨！
哈哈哈～
還好啦！只是回報各位同事平時的照顧而已～
謝啦！
這都要歸功於小鄭啊！
什麼啦！我們是來休閒，不是來娛樂別人的～
你想得美哦！
不過還是跟期待有點小落差，以為可以看到公司女同事的三點式泳裝～
其實是在怡君面前不想丟臉，索性就蠻幹下去了～
我也想不到會這麼順利啊！

讓我們可以來這麼好的地方玩！
託你的福囉！小鄭！
啊哈哈哈哈哈哈沒什麼啦～
爽爽爽爽爽
其實你們知道嗎？
老闆也是閃光民宿股東之一哦！
還有我聽到另一個消息，
就是老闆透過派遣公司徵來一批新人！
沒差吧！反正有玩到就好了！
是哦！果然是老闆…任何行動都是想賺錢…
X冰店
派遣公司？
就是外包的短期員工啦！
而且薪水也比較低…

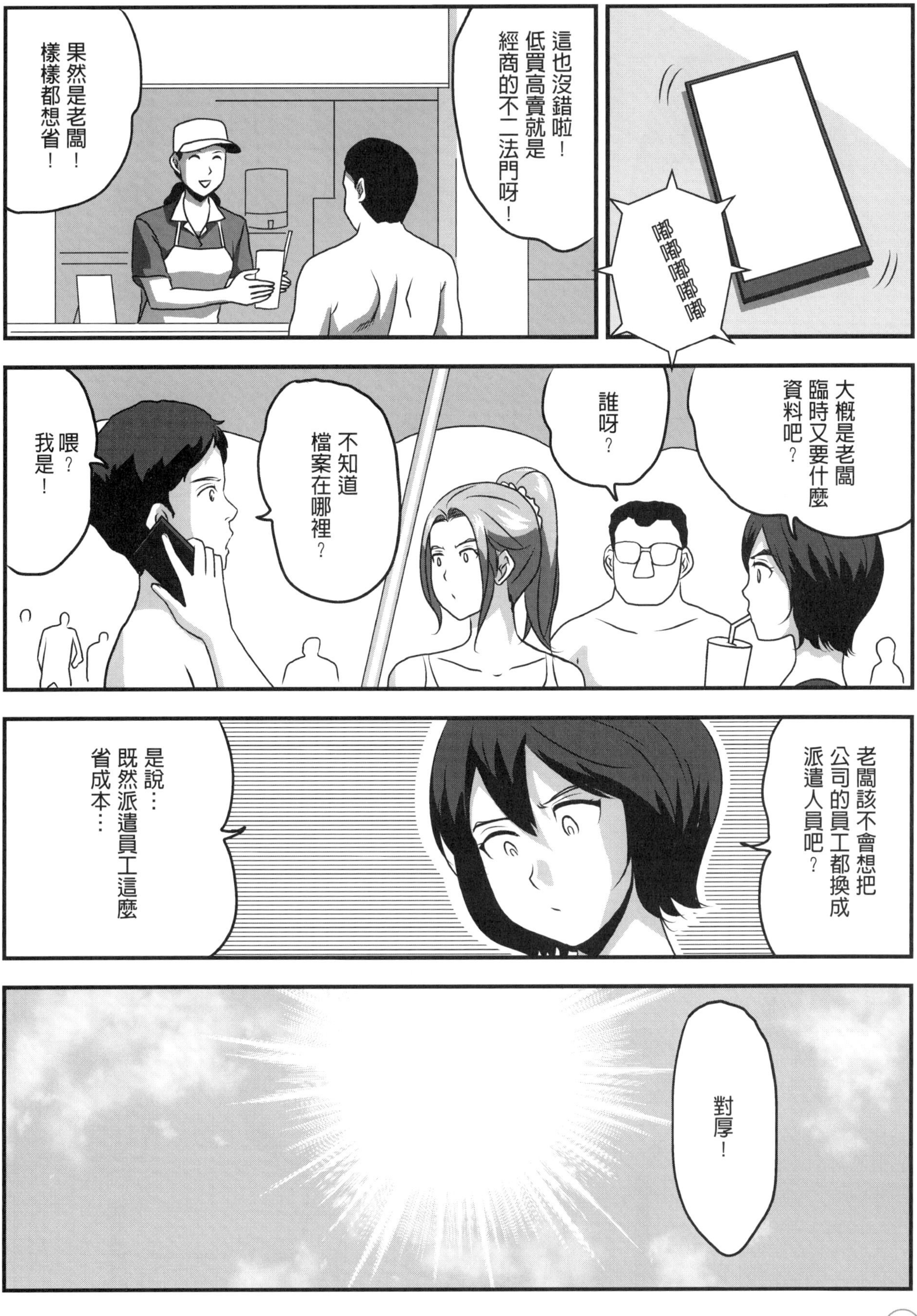
嘟嘟嘟嘟嘟
這也沒錯啦！低買高賣就是經商的不二法門呀！
果然是老闆！樣樣都想省！
大概是老闆臨時又要什麼資料吧？
誰呀？
不知道檔案在哪裡？
喂？我是！
老闆該不會想把公司的員工都換成派遣人員吧？
是說…既然派遣員工這麼省成本…
對厚！

什麼！我們放的是無薪假?!
難怪老闆那麼好心讓我們去閃亮民宿！原來又坑我們！
無薪假…我朋友好像也被公司放無薪假…
怎麼會這樣…
依法律規定，公司可以實施無薪假！
老闆說，因為受到大環境景氣低迷影響…
※勞雇雙方協商減少工時協議書
呃…不是這樣的…
算了！雖然放假被坑，但至少還加了個派遣小弟來當我的助理！
您好…我是新進的派遣人員小吳！
另外這位是派遣員工小吳，妳就帶他把工作熟悉一下吧！

倉管部…
我是企劃人員耶…怎麼突然調去倉管部？
唉…怡君看來這次老闆是來真的了！
什麼?!
老闆的意思是說你們把工作交接完成就調去倉管部！
難道我也要…
什麼…
嗯？
您是小鄭先生吧？我是派遣人員小路！
就麻煩前輩把工作交接給我們吧！

老闆，都照您的交待完成員工的重新編制了！好！你先出去吧！
用派遣員工這招真是妙呀～
不但薪水低，也沒有退休金那些麻煩…
人事成本至少就降一半了！
再將他們調到其他部門工作…
適應性差的員工自然就會自己走人了…
如果將公司大部分流動性較高的員工都換成派遣，
至於那些替代性高的員工先讓他們放無薪假…

第一章 勞動基準法總則

《勞動基準法》第1條

為規定勞動條件最低標準，保障勞工權益，加強勞雇關係，促進社會與經濟發展，特制定本法；本法未規定者，適用其他法律之規定。

雇主與勞工所訂勞動條件，不得低於本法所定之最低標準。

《勞動基準法》是勞動條件最低標準，工資亦為勞動條件之一，然而現行法令並無「最低工資」僅有「基本工資」之名詞，遂引發基本工資究竟是否為最低工資之爭議。此一爭議與論述留待本書第貳篇第六章〈工資〉之部分再予以討論。又，「促進社會與經濟發展」這個看似簡單的用語，其實是極度複雜甚至發人深省的概念。站在勞動者立場，認為只有提高基本工資才有能力消費；但立於企業主的角度，則認為基本工資的調高連帶引發勞保、健保、退休金調高，而使得「勞動成本」過高。以人力資源管理的角度來說，「基本工資」就是「固定」薪資，並無法真正反映勞動者之勤奮怠惰，而應以「彈性」薪資之設計才能誘發勞動者的績效。然此一問題的複雜度橫跨勞動法、稅法、公司法等跨領域問題，形成具有「社會主義」色彩的勞動法語──「資本主義」的公司法間的競爭與合作關係。[1]

勞資2字第0940014449號

要旨：有關雇主不得以合意終止勞動契約方式規避勞動基準法所定強制義務，致勞工權益受損之說明。

主旨：雇主不得以合意終止勞動契約方式規避勞動基準法所定強制義務，致勞工權益受損。請查照並轉知。

[1] 民國104年7月1日修正《公司法》第235條、第235條之1，便是俗稱「加薪法案」。透過《公司法》的修正，強制公司必須在公司章程中訂定員工分配酬勞比例。然此一修法是否與《公司法》的基本概念「公司自治」有所牴觸？甚至有侵害股東權益之嫌？

說明：查勞動基準法是規定勞動條件的最低標準，勞雇雙方約定的勞動條件不得低於勞動基準法的標準；如果低於標準者，該約定標準無效；無效部分以勞動基準法所定之標準為準。又勞雇雙方以合意方式終止勞動契約，不得違反法律強制、禁止規定或有背於公序良俗；且其權利之行使，不得違反公共利益，亦不得加以濫用，更不得以合意終止勞動契約規避勞動基準法之強制義務；此外，權利之行使與義務之履行，應依誠實及信用方法，如（一）因被詐欺或被脅迫而為意思表示者，表意人得撤銷其意思表示；（二）乘他人之急迫、輕率或無經驗，使其為財產上之給付或為給付之約定，依當時情形顯失公平者，法院得因利害關係人之聲請，撤銷其法律行為或減輕其給付；及（三）依照當事人一方預定用於同類契約之條款而訂定之契約，為免除或減輕預定契約條款之當事人之責任、或使他方當事人拋棄權利、或限制其行使權利、或其他於他方當事人有重大不利益者，按其情形顯失公平時，該部分約定無效。

《勞動基準法》第 2 條

本法用辭定義如下：

一、勞工：謂受雇主僱用從事工作獲致工資者。

釋字第 726 號

勞動基準法第八十四條之一有關勞雇雙方對於工作時間、例假、休假、女性夜間工作有另行約定時，應報請當地主管機關核備之規定，係強制規定，如未經當地主管機關核備，該約定尚不得排除同法第三十條、第三十二條、第三十六條、第三十七條及第四十九條規定之限制，除可發生公法上不利於雇主之效果外，如發生民事爭議，法院自應於具體個案，就工作時間等事項另行約定而未經核備者，本於落實保護勞工權益之立法目的，依上開第三十條等規定予以調整，並依同法第二十四條、第三十九條規定計付工資。

最高法院 103 年勞上字第 65 號

案由摘要：給付資遣費等

裁判日期：民國 104 年 01 月 20 日

資料來源：司法院

相關法條：民法第 482、492、528、548 條（104.01.14）、民事訴訟法第 78、449、466-1 條（102.05.08）、勞動基準法第 2、14、17 條（104.02.04）、勞動基準法施行細則第 7 條（98.02.27）、勞工保險條例第 8 條（103.05.28）、勞工退休金條例第 7 條（103.01.15）

要旨：參加勞保、健保或提撥退休金等，非必即為勞動基準法所稱之勞工，此由勞工保險條例第 8 條第 1 項第 3 款規定雇主亦得加入勞工保險，及勞工退休金條例第 7 條第 2 項規定雇主亦得為自己或不適用勞動基準法之工作者提撥退休金等規定即明，自難以一方為他方勞保、健保之投保單位或提撥退休金之提撥單位，認其等間存有勞動基準法上之勞動關係。

最高法院 103 年台上字第 2465 號民事判決

案由摘要：請求職業災害損害賠償

要旨：勞動契約以具有從屬性為其特質。從屬性可分為人格上的從屬性與經濟上的從屬性。所謂人格上從屬性，係指勞工對於工作時間不能自行支配，且對於雇主工作上之指揮監督有服從之義務。所謂經濟上從屬性，係指勞工完全被納入雇主經濟組織與生產結構之內，即勞工不是為自己之營業而勞動，而是從屬於雇主，為雇主之目的而勞動。

最高法院 100 年台上字第 670 號民事判決

裁判案由：請求給付薪資

裁判要旨：勞動基準法所定之勞動契約，係指當事人之一方，在從屬於他方之關係下提供職業上之勞動力，而由他方給付報酬之契約，與委任契約之受任人，以處理一定目的之事務，具有獨立之裁量權或決策權者有別。公司之經理與公司間關於勞務給付之契約，究屬僱傭或委任關係，應依契約之內容為斷，不得以職務之名稱逕予推認。若當事人處理事務已無獨立之裁量權及決策權，兩造間之關係，能否謂係委任關係，即非無疑。又民法第528條規定，所謂委任者，謂當事人約定，一方委託他方處理事務，他方允為處理之契約，委任人欲變更委任事務，仍應得受任人之承諾，故公司若欲變更委任事務，仍應須受任人之承諾。

二、雇主：謂僱用勞工之事業主、事業經營之負責人或代表事業主處理有關勞工事務之人。

勞動保2字第1030140112號函

發文日期：民國103年4月3日

要旨：勞工保險條例第14條之2所稱依第8條第1項第3款規定加保之實際從事勞動之雇主，在公司、行號係指實際從事勞動對外代表公司或商業登記之負責人。

主旨：有關貴局函報，依公司法設置之董事是否為勞工保險條例第8條第1項第3款規定之雇主及其投保薪資申報疑義乙案，復請　查照。

說明：

一、復貴局103年1月8日保承新字第10260842630號函。

二、按勞工保險為在職保險，並採量能負擔原則，爰投保薪資之申報，依勞工保險條例第14條規定，投保單位應按被保險人之月薪資總額，依投保薪資分級表之規定覈實申報，不得以多報少或以少報多。

三、有關同條例第14條之2規定，依第8條第1項第3款規定加保之實際從事勞動之雇主，其所得未達投保薪資分級表最高一級者，得自行舉證申報其投保薪資。但最低不得低於所屬員工申報之最高投保薪資適用之等級。其立法意旨係為考量該雇主原則上非經濟上之弱者，其所獲報酬或經營事業所得，較高於受僱勞工之薪資報酬，申報之投保薪資宜以「勞工保險投保薪資分級表」最高等級申報。故本條所稱依第8條第1項第3款規定加保者，在公司、行號係指實際從事勞動對外代表公司或商業登記之負責人，不包括其他法律所定之負責人，本部改制前之行政院勞工委員會89年12月28日台89勞保2字第0052531號書函及99年11月2日勞保2字第0990036669號函，自即日停止適用。

四、至非對外代表公司之董事、商業登記之合夥人或依法委任之經理人，如係實際從事勞動者，為保障其工作及生活之安全，得比照同條例第 8 條規定，以該公司或單位為投保單位辦理加保，並依同條例第 14 條規定，申報月投保薪資。

最高法院 103 年台上字第 2465 號民事判決

裁判案由：請求職業災害損害賠償

裁判要旨：勞動契約以具有從屬性為其特質。從屬性可分為人格上的從屬性與經濟上的從屬性。所謂人格上從屬性，係指勞工對於工作時間不能自行支配，且對於雇主工作上之指揮監督有服從之義務。所謂經濟上從屬性，係指勞工完全被納入雇主經濟組織與生產結構之內，即勞工不是為自己之營業而勞動，而是從屬於雇主，為雇主之目的而勞動。

最高法院 100 年台上字第 1016 號民事判決

裁判案由：給付退休金

裁判要旨：按為保障勞工之基本勞動權，加強勞雇關係，促進社會與經濟發展，防止雇主以法人之法律上型態規避法規範，遂行其不法之目的，於計算勞工退休年資時，非不得將其受僱於「現雇主」法人之期間，及其受僱於與「現雇主」法人有「實體同一性」之「原雇主」法人之期間合併計算，庶符誠實及信用原則。

三、工資：謂勞工因工作而獲得之報酬；包括工資、薪金及按計時、計日、計月、計件以現金或實物等方式給付之獎金、津貼及其他任何名義之經常性給與均屬之。

從人力資源管理的角度來看，如何調高員工薪酬，重點應以「彈性薪資」為主，而不應將焦點關注在「固定薪資」的調升。對於「同工同酬」的見解，無論是學界或勞動部的概念，其中有許多是錯誤的！所謂「同工同酬」應是指用人單位對於技術和勞動熟練程度相同的勞動者在從事同種工作時，不分性別、年齡、民族、區域等差別，只要提供相同的勞動量，就獲得相同的勞動報酬。[2] 然而，一般卻將「同工同酬」解讀成不管在任何工作場所，無論勤惰，都應給予相同薪資。「獎金」的設計就是為了激勵員工；然而獎金既然是工資之一，自然必須列為勞保提撥，此種勞保的申報方式造成雇主寧可放棄以獎金來作為激勵員工的方式。究其原因在於《勞工保險條例》第 14 條第 2 項的調整方式已經無法符合全球化競爭的態勢，企業盈虧瞬息萬變，可能導致前期因有獎金可以發放，而將勞保費率調高，卻因為後期無獎金可發放又必須多繳納保險費的困境。

勞保 2 字第 1010028123 號

要旨：「工資」係指勞工因工作而獲得之報酬，以是否具有對價關係而定。工程績效獎金，如因勞工工作達成預定目標而發放者，依勞動基準法暨施行細則規定，應屬工資，得併入勞保月投保薪資申報。

主旨：有關貴轄湖口鄉公所工程績效獎金是否屬工資得併入勞保月投保薪資申報疑義乙案，復請查照。

說明：一、復貴府 101 年 9 月 10 日府勞資字第 1010133269 號函。

二、依勞工保險條例第 14 條第 1 項規定，投保單位應按被保險人之月薪資總額，依投保薪資分級表之規定，向保險人申報。同條例施行細則第 27 條第 1 項規定，所稱月薪資總額，以勞動基準法第 2 條第 3 款規定之工資為準，亦即「工資：謂勞工因工作而獲得之報酬；包括工資、薪金及按計時、計日、計月、計件以現金或實物等方式給付之獎金、津貼及其他任何名義之經常性給與均屬之。」

三、上開有關工資之認定，係以是否具有「勞務之對價」及「是否為勞工因工作而獲得之報酬」之性質而定，至於其給付名稱如何，在非所問。又，該款末句「其他任何名義之經常性給與」一詞，應指非臨時起意且非與工作無關之給與而言。其立法原旨在於防止雇主

[2] 關於男女工人同工同酬的公約 (Convention concerning Equal Remuneration for Men and Women Workers for Work of Equal Value)（第一百號公約）：

第一條　為本公約目的：

（甲）「報酬」一語指普通的、基本的或最低限度的工資或薪金以及任何其他因工人的工作而由雇主直接地或間接地以現金或實物支付給工人的酬金；

（乙）「男女工人同工同酬」一語指報酬率的訂定，不得有性別上的歧視。

對勞工因工作而獲得之報酬不以工資之名而改用其他名義，故特於該法明定應屬工資，以資保護。倘雇主為改善勞工之生活而給付之非經常性之給與；或縱為經常性給付，惟其給付係為雇主單方之目的，具有勉勵、恩惠性質之給與，仍非屬勞工工作之對價，允不認屬工資。

四、本案「工程績效獎金」如係以勞工工作達成預定目標而發放者，具有因工作而獲得之報酬之性質，依勞動基準法第 2 條第 3 款暨施行細則第 10 條規定，應屬工資範疇，得併入勞保月投保薪資申報。

最高法院 103 年台上字第 2540 號民事判決

裁判案由：請求給付薪資等

裁判要旨：按法院如認定勞工之工資包括本薪、加班津貼、其他津貼及績效獎金等，則勞工主張雇主每月給付之工時獎金、績效獎金，是否屬經常性給與而應列入工資計算加班費等，即應詳加研求，如未詳查審認，遽謂系爭勞工每月領取之工時獎金、績效獎金，均不得列入其工資，爰就此部分為不利之判決，於法自有可議。

最高法院 103 年台上字第 1659 號民事判決

裁判案由：給付退休金差額

裁判要旨：所謂「因工作而獲得之報酬」者，係指符合「勞務對價性」而言，所謂「經常性之給與」者，係指在一般情形下經常可以領得之給付。判斷某項給付是否具「勞務對價性」及「給與經常性」，應依一般社會之通常觀念為之。是以雇主依勞動契約、工作規則或團體協約之約定，對勞工提供之勞務反覆應為之給與，無論其名義為何，如在制度上通常屬勞工提供勞務，並在時間上可經常性取得之對價，即具工資之性質，而應納入平均工資之計算基礎。

最高法院 103 年台上字第 838 號民事判決

裁判案由：給付加班費

裁判要旨：按勞工法上之勞動契約，雖以勞工生存權作為其基礎理念，然並非完全摒除契約自由原則之適用，勞雇雙方仍得藉由私法自治以達符合其共同之利益。因此勞雇雙方對正常工作以外之時間約定由勞工於該時間從事與其正常工作不同，且屬勞基法第 84 條之 1 第 1 項第 2 款所稱監視性、間歇性，或其他非屬該條項所定而性質相類之工作時，就勞工於該段時間工資之議定，如已依正義公平之方法，確定並實現權利之內容，以勞雇之利益衡平為依歸，斟酌各主、客觀等因素，兼顧避免勞雇間犧牲他方利益以圖利自己，並考量該約定工資是否合乎一般社會之通念並具合理性，即非法所不許。

最高法院 103 年台上字第 682 號民事判決

案由摘要：請求給付退休金差額等

要旨：年終獎金及其他非經常性獎金，係具有恩惠、勉勵性質之給與，並非工資，勞動基準法施行細則第 10 條第 2 款規定甚明。故年終獎金、特別激勵獎金經董事會承認列入平均工資計算退休金，始生效力。

最高法院 103 年台上字第 453 號民事判決

案由摘要：請求給付退休金等

要旨：按公司所訂定之過節獎金管理辦法，其形式名稱縱合於勞動基準法施行細則第 10 條第 2、3 款所列，惟公司實際上之給付究屬工資抑係該條所定之給與，仍應具體認定，不因形式上所用名稱為何而受影響。如公司係經由節金管理辦法達到調整員工薪資結構之目的，自不得認其薪資條記載之節金係屬獎勵性質。

最高法院 103 年台上字第 1659 號民事判決

案由摘要：給付退休金差額

要旨：所謂「因工作而獲得之報酬」者，係指符合「勞務對價性」而言，所謂「經常性之給與」者，係指在一般情形下經常可以領得之給付。判斷某項給付是否具「勞務對價性」及「給與經常性」，應依一般社會之通常觀念為之。是以雇主依勞動契約、工作規則或團體協約之約定，對勞工提供之勞務反覆應為之給與，無論其名義為何，如在制度上通常屬勞工提供勞務，並在時間上可經常性取得之對價，即具工資之性質，而應納入平均工資之計算基礎。

最高法院 102 年台上字第 2207 號民事判決

裁判案由：請求給付薪資

裁判要旨：津貼、業績獎金、單位輔導獎金等，係以其所招攬保險業務金額之一定比例計算，且所招攬保險契約如有未經承保、保戶於猶豫期間變更或退保、無效、依保險法第 64 條規定解除、保戶辦理變更或退保等情，均不須給付此部分原承保或減少額度之各類獎金，此與勞動基準法第 2 條第 3 款規定之工資，係基於勞工勞務提出之本身所為對價給付之性質不符。

四、平均工資：謂計算事由發生之當日前六個月內所得工資總額除以該期間之總日數所得之金額。工作未滿六個月者，謂工作期間所得工資總額除以工作期間之總日數所得之金額。工資按工作日數、時數或論件計算者，其依上述方式計算之平均工資，如少於該期內工資總額除以實際工作日數所得金額百分之六十者，以百分之六十計。

五、事業單位：謂適用本法各業僱用勞工從事工作之機構。

最高法院 98 年台上字第 1698 號民事判決

裁判案由：給付薪資等

裁判要旨：參照農會法第 49 條之 1 第 1 款規定，各級農會人事管理辦法、財務處理辦法、總幹事遴選辦法、選舉罷免辦法及考核辦法，由中央主管機關定之；人事管理辦法為人事評議、編制員額、職等與聘僱資格、薪給、就職、離職、考核獎懲、資遣、退休、撫卹與服務及其他應遵行事項。上訴人為農會，其信用部並未具獨立法人地位或單獨辦理事業單位登記，無勞動基準法之適用，其信用部員工與上訴人間，仍應適用民法關於僱傭契約之規定。另農會人事管理辦法係依農會法第 49 條之 1 規定授權制定，該辦法對農會員工獎懲事項、獎懲方法及程序已有明定，就何種事項應為如何獎懲之標準，乃授權各農會制定獎懲要點，經各該農會理事會審定後，報請主管機關備查。上訴人理事會然對何種事項應該當於何種獎懲，仍未制定其獎懲標準，全然委諸所屬人評小組會議評議，已違反農會人事管理辦法之授權。況上訴人未依規定制定獎懲要點，以為其對所屬員工懲戒是否適當之判斷依據，則於判斷上訴人對員工懲戒有無濫用其懲戒權，尤應考慮該項懲戒是否合於比例原則、一事不二罰原則、公平待遇原則、正當程序原則。

六、勞動契約：謂約定勞雇關係之契約。

勞資 2 字第 1000093186 號

要旨：勞動契約係非要式契約，得以口頭約定或書面訂定。另不定期勞動契約，依行業及工作性質，經勞資雙方審視後，亦得決定不予每年重新簽署。

主旨：有關貴院所詢勞動契約簽定疑義，復如說明，請查照。

說明：一、復貴院 100 年 11 月 9 日埔醫字第 1000008718 號函。

二、查勞動契約係屬非要式契約，無須以書面訂立，可依口頭約定，默示的意思表示或事實上之行為而成立，如勞雇雙方有意簽定書面勞動契約以明確雙方之勞動相關權利義務，當無不可，惟如勞資雙方有變更或調整契約內容之必要者，除可口頭約定補充外，亦得以擬訂書面勞動契約為之。

三、至所詢不定期勞動契約，勞雇雙方有無每年重新簽署之必要一節，應由勞資雙方依行業及工作性質予以個別審視其必要性，如勞資雙方無須每年重新調整勞動契約內容，尚無必要每年重新簽立該份不定期勞動契約。

最高法院 103 年台上字第 2465 號民事判決

案由摘要：請求職業災害損害賠償

要旨：勞動契約以具有從屬性為其特質。從屬性可分為人格上的從屬性與經濟上的從屬性。所謂人格上從屬性，係指勞工對於工作時間不能自行支配，且對於雇主工作上之指揮監督有服從之義務。所謂經濟上從屬性，係指勞工完全被納入雇主經濟組織與生產結構之內，即勞工不是為自己之營業而勞動，而是從屬於雇主，為雇主之目的而勞動。

最高法院 103 年台上字第 838 號民事判決

裁判案由：給付加班費

裁判要旨：按勞工法上之勞動契約，雖以勞工生存權作為其基礎理念，然並非完全摒除契約自由原則之適用，勞雇雙方仍得藉由私法自治以達符合其共同之利益。因此勞雇雙方對正常工作以外之時間約定由勞工於該時間從事與其正常工作不同，且屬勞基法第 84 條之 1 第 1 項第 2 款所稱監視性、間歇性，或其他非屬該條項所定而性質相類之工作時，就勞工於該段時間工資之議定，如已依正義公平之方法，確定並實現權利之內容，以勞雇之利益衡平為依歸，斟酌各主、客觀等因素，兼顧避免勞雇間犧牲他方利益以圖利自己，並考量該約定工資是否合乎一般社會之通念並具合理性，即非法所不許。

最高法院 100 年台上字第 670 號民事判決

裁判案由：請求給付薪資

裁判要旨：勞動基準法所定之勞動契約，係指當事人之一方，在從屬於他方之關係下提供職業上之勞動力，而由他方給付報酬之契約，與委任契約之受任人，以處理一定目的之事務，具有獨立之裁量權或決策權者有別。公司之經理與公司間關於勞務給付之契約，究屬僱傭或委任關係，應依契約之內容為斷，不得以職務之名稱逕予推認。若當事人處理事務已無獨立之裁量權及決策權，兩造間之關係，能否謂係委任關係，即非無疑。又民法第 528 條規定，所謂委任者，謂當事人約定，一方委託他方處理事務，他方允為處理之契約，委任人欲變更委任事務，仍應得受任人之承諾，故公司若欲變更委任事務，仍應須受任人之承諾。

《勞動基準法》第 3 條

本法於左列各業適用之：

一、農、林、漁、牧業。

二、礦業及土石採取業。

三、製造業。

四、營造業。

五、水電、煤氣業。

六、運輸、倉儲及通信業。

七、大眾傳播業。

八、其他經中央主管機關指定之事業。

依前項第八款指定時，得就事業之部分工作場所或工作者指定適用。

本法適用於一切勞雇關係。但因經營型態、管理制度及工作特性等因素適用本法確有窒礙難行者，並經中央主管機關指定公告之行業或工作者，不適用之。

前項因窒礙難行而不適用本法者，不得逾第一項第一款至第七款以外勞工總數五分之一。

《勞動基準法》第 3 條在民國 73 年立法之初採取「正面表列」，亦即僅適用於第一項所列之行業。探究其成因，實則立法之初為了讓台灣中小企業能有適用緩衝期；然而在民國 85 年增訂第 3 項，即由正面表列改為負面表列，並且適用一切勞雇關係，至此台灣的勞資關係走入一個死胡同的境界！

1. 首先，既然在民國 85 年之後已經改成負面表列，本條第一項即可刪除。從本條立法體系的落後即可知道：立法院立法品質的低落是造成投資環境欠佳的主因。[3]
2. 傳統上非屬僱傭、承攬均可以歸類到委任契約內。然而勞、資、政三方卻聯手扼殺了「勞動彈性」的概念，將非屬委任、承攬均歸為僱傭。此一錯誤理解本條所謂「本法適用於一切勞雇關係」，不但公法嚴重干預私法行為，更坐實了經濟學理論中「一隻看不見的手」（嚴格來說是三隻手），使得台灣勞資現狀已呈現無解局面。

   (1) 政府方面

   臺北高等行政法院 100 年簡字第 418 號判決（林志玲究竟是薪資所得抑或是執行業務所得），民國 104 年重上勞字第 27 號判決（保險業務員是僱傭關係抑或是承攬關係）都是值得深思的問題，此留待勞動契約再行討論。

---

❸ 〈華爾街日報：台灣自甘落後〉，中央通訊社，2014 年 8 月 16 日，http://www.cna.com.tw/news/firstnews/201408060218-1.aspx，最後檢索日：2016 年 4 月 5 日。

(2) 勞工方面

台灣從來就不是「協商型勞資關係」，長期以來，台灣不但集體勞動法弱化，政府也只能不斷透過「統合型勞資關係」去解決勞資爭議。因此無論任何黨派執政，均已落入一個套套邏輯，「為了解決勞工薪資低落，就只能提高基本工資，在『同工同酬』的概念下，本勞與外勞不能脫鉤處理，導致雇主只願意支付符合國家法令規定的基本工資當作是勞工工資」。

(3) 學界方面

勞資關係或非法學背景學者，誤認為將所有勞務類型均定性為僱傭，是對勞務提供者最好的方式；卻使得廣義勞務提供類型均受到硬性規範的《勞動基準法》制約。實則立法者原意是：只要是僱傭關係均「適用」《勞動基準法》，但絕非將所有勞務性契約都當成僱傭關係！

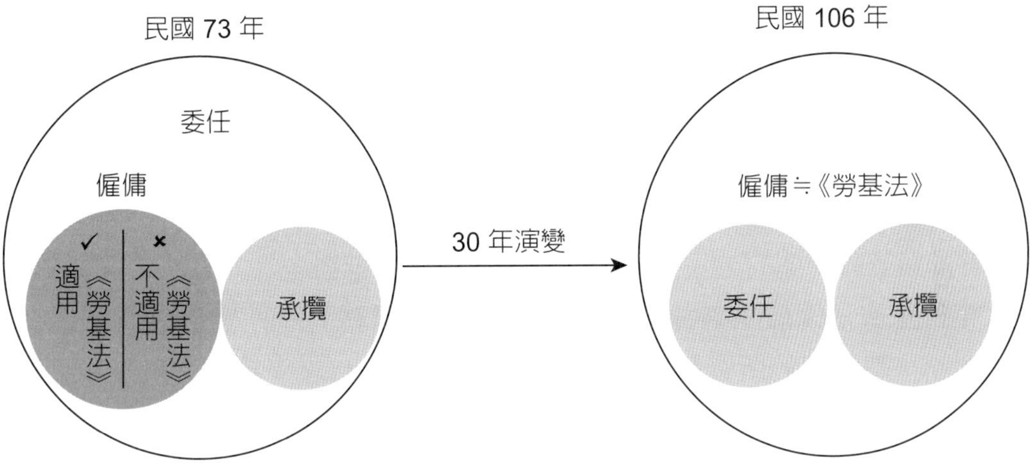

釋字第 494 號

國家為保障勞工權益，加強勞雇關係，促進社會與經濟發展，而制定勞動基準法，規定勞工勞動條件之最低標準，並依同法第三條規定適用於同條第一項各款所列之行業。事業單位依其事業性質以及勞動態樣，固得與勞工另訂定勞動條件，但不得低於《勞動基準法》所定之最低標準。關於延長工作時間之加給，自《勞動基準法》施行後，凡屬於該法適用之各業自有該法第二十四條規定之適用，俾貫徹法律保護勞工權益之意旨。至監視性、間歇性或其他性質特殊工作，不受上開法律有關工作時間、例假、休假等規定之限制，係中華民國八十五年十二月二十七日該法第八十四條之一所增訂，對其生效日期前之事項，並無適用餘地。

釋字第 578 號

國家為改良勞工之生活，增進其生產技能，應制定保護勞工之法律，實施保護勞工之政策，《憲法》第一百五十三條第一項定有明文，《勞動基準法》即係國家為實現此一基本國策所制定之法律。至於保護勞工之內容與方式應如何設計，立法者有一定之自由形成空間，惟其因此對於人民基本權利構成限制時，則仍應符合憲法上比例原則之要求。

《勞動基準法》第五十五條及第五十六條分別規定雇主負擔給付勞工退休金，及按月提撥勞工退休準備金之義務，作為照顧勞工生活方式之一種，有助於保障勞工權益，加強勞雇關係，促進整體社會安全與經濟發展，並未逾越立法機關自由形成之範圍。其因此限制雇主自主決定契約內容及自由使用、處分其財產之權利，係國家為貫徹保護勞工之目的，並衡酌政府財政能力、強化受領勞工勞力給付之雇主對勞工之照顧義務，應屬適當；該法又規定雇主違反前開強制規定者，分別科處罰金或罰鍰，係為監督雇主履行其給付勞工退休金之義務，以達成保障勞工退休後生存安養之目的，衡諸立法之時空條件、勞資關係及其干涉法益之性質與影響程度等因素，國家採取財產刑罰作為強制手段，尚有其必要，符合《憲法》第二十三條規定之比例原則，與憲法保障契約自由之意旨及第十五條關於人民財產權保障之規定並無牴觸。

勞動基準法課雇主負擔勞工退休金之給付義務，除性質上確有窒礙難行者外，係一體適用於所有勞雇關係，與《憲法》第七條平等權之保障，亦無牴觸；又立法者對勞工設有退休金制度，係衡酌客觀之社會經濟情勢、國家資源之有效分配，而為不同優先順序之選擇與設計，亦無違《憲法》第七條關於平等權之保障。復次，憲法並未限制國家僅能以社會保險之方式，達成保護勞工之目的，故立法者就此整體勞工保護之制度設計，本享有一定之形成自由。勞工保險條例中之老年給付與勞動基準法中之勞工退休金，均有助於達成憲法保障勞工生活之意旨，二者性質不同，尚難謂兼採兩種制度即屬違憲。惟立法者就保障勞工生活之立法選擇，本應隨社會整體發展而隨時檢討，勞動基準法自中華民國七十三年立法施行至今，為保護勞工目的而設之勞工退休金制度，其實施成效如何，所採行之手段應否及如何隨社會整體之變遷而適時檢討改進，俾能與時俱進，符合憲法所欲實現之勞工保護政策目標，以及國內人口年齡組成之轉變，已呈現人口持續老化現象，未來將對社會經濟、福利制度等產生衝擊，因此對既有勞工退休制度及社會保險制度，應否予以整合，由於攸關社會資源之分配、國家財政負擔能力等全民之整體利益，仍屬立法形成之事項，允宜在兼顧現制下勞工既有權益之保障與雇主給付能力、企業經營成本等整體社會條件之平衡，由相關機關根據我國憲法保障勞工之基本精神及國家對人民興辦之中小型經濟事業應扶助並保護其生存與發展之意旨，參酌有關國際勞工公約之規定，並衡量國家總體發展，通盤檢討，併此指明。

《勞動基準法》第 4 條

本法所稱主管機關：在中央為勞動部；在直轄市為直轄市政府；在縣（市）為縣（市）政府。

【舊法】本法所稱主管機關：在中央為行政院勞工委員會；在直轄市為直轄市政府；在縣（市）為縣（市）政府。

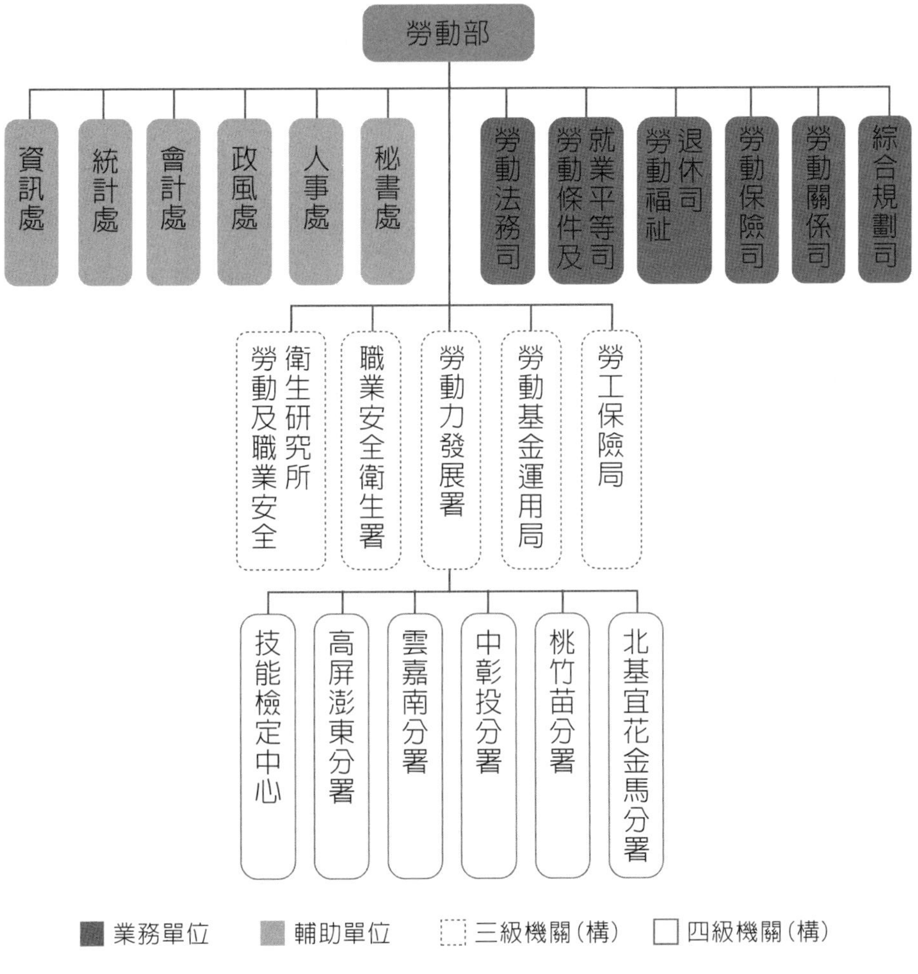

《勞動基準法》第 5 條

雇主不得以強暴、脅迫、拘禁或其他非法之方法，強制勞工從事勞動。

《廢止強迫勞動公約》*

關於廢止強迫勞動的公約（第一百零五號公約）國際勞工組織大會第四十屆會議於一九五七年六月二十五日通過。

生效：按照第四條的規定，於一九五九年一月十七日生效。

國際勞工組織大會，經國際勞工局理事院召開，於一九五七年六月五日在日內瓦舉行第四十屆會議，審議了強迫勞動問題——會議議程的第四個項目，注意到一九三〇年強迫勞動公約的規定，注意到一九二六年禁奴公約規定應當採取一切必要措施去制止強制及強迫勞動產生與奴隸制相類似的狀況，以及一九五六年廢止奴隸制、奴隸販賣及類似奴隸制的制度與習俗補充公約規定徹底廢止債務質役及農奴制，注意到一九四九年保障工資公約規定工資應定期給付，並禁止採用使工人確實不可能完成其工作的給付工資方法，決定對廢止若干構成違反聯合國憲章所述和世界人權宣言所列各項人權的強迫及強制勞動方式的問題，通過進一步的建議，決定這些建議應採取一個國際公約的型態，於一九五七年六月二十五日通過下面的公約，該公約在引用時，可稱為一九五七年《廢止強迫勞動公約》：

第 1 條

凡批准本公約的國際勞工組織成員承擔制止和不利用任何方式的強迫或強制勞動：

（甲）作為政治壓迫或政治教育的工具或作為對持有或發表政見或意識型態上與現存政治、社會或經濟制度相反的意見的懲罰；

（乙）作為為經濟發展目的動員和使用勞工的方法；

（丙）作為勞動紀律的工具；

（丁）作為對參加罷工的懲罰；

（戊）作為實行種族、社會、民族或宗教歧視的工具。

第 2 條

凡批准本公約的國際勞工組織成員承擔採取有效措施去保證立即徹底廢除本公約第一條所述的強迫和強制勞動。

第 3 條

本公約的正式批准書應送交國際勞工局局長登記。

第 4 條

一、本公約應只對曾經把批准書送交局長登記的那些國際勞工組織成員有拘束力。
二、本公約應於兩個成員把批准書送交局長登記之日起十二個月後生效。
三、此後，本公約應於任何成員把批准書送交登記之日起十二個月後對該成員生效。

第 5 條

一、批准了本公約的成員，可以在公約首次生效之日起滿十年後，退出公約；退約時應以退約書送交國際勞工局局長登記。此項退約應於退約書送交登記之日起一年後才生效。
二、批准了本公約的每一成員，如果在上款所述的十年時間滿期後一年內，不行使本條所規定的退約權，即須再受十年的拘束，其後，可按本條規定的條件，在每十年時間滿期時，退出本公約。

第 6 條

一、國際勞工局局長應將國際勞工組織各成員送交他登記的所有批准書和退約書通知國際勞工組織的全體成員。
二、在把送交他登記的第二件批准書通知國際勞工組織各成員時，局長應請各成員注意公約生效的日期。

第 7 條

國際勞工局局長應按照聯合國憲章第一百零二條的規定，將按上述各條規定送交他登記的所有批准書和退約書的全部細節，送交聯合國秘書長登記。

第 8 條

國際勞工局理事院應於它認為必要的時候，向大會提出一項關於本公約實施情況的報告，並研究是否宜於在大會議程上列入全部或局部訂正公約的問題。

第 9 條

一、大會倘若通過一個新的公約去全部或局部訂正本公約，那麼，除非這個新的公約另有規定，否則：

（甲）任何成員如批准新的訂正公約，在該訂正公約生效時，即係依法退出本公約，不管上述第 5 條的規定；

（乙）從新的訂正公約生效之日起，本公約應即停止開放給各成員批准。

二、對於已批准本公約但未批准訂正公約的那些成員，本公約無論如何應按照其原有的形式和內容繼續生效。

第 10 條

本公約的英文本和法文本具有同等效力。

前文是國際勞工組織大會在日內瓦舉行的關於一九五七年六月二十七日宣布閉會的第四十屆會議正式通過的公約的作準文本。為此，我們於一九五七年七月四日簽字，以昭信守。

* 資料來源：勞動部，https://www.mol.gov.tw/media/77317/國際勞工公約.pdf，最後檢索日：106 年 9 月 7 日

最高法院 96 年台上字第 1396 號民事判決[4]

裁判案由：損害賠償等

裁判要旨：按現行勞動基準法就雇主與勞工間之勞動契約，雖未設有勞工最低服務期間之限制，或不得於契約訂定勞工最低服務期限暨其違約金之禁止約款，但為保障勞工離職之自由權，兼顧各行業特性之差

[4] 民國 104 年 12 月 16 日增訂《勞動基準法》第 15-1 條，就最低服務年限相關規定立法。

異，並平衡雇主與勞工雙方之權益，對於是項約款之效力，自應依具體個案情形之不同而分別斷之，初不能全然否定其正當性。又最低服務年限約款適法性之判斷，應從該約款存在之「必要性」與「合理性」觀之。所謂「必要性」，係指雇主有以該約款保障其預期利益之必要性，如企業支出龐大費用培訓未來員工，或企業出資訓練勞工使其成為企業生產活動不可替代之關鍵人物等是。所謂「合理性」，係指約定之服務年限長短是否適當？諸如以勞工所受進修訓練以金錢計算之價值、雇主所負擔之訓練成本、進修訓練期間之長短及事先約定之服務期間長短等項為其審查適當與否基準之類。

《勞動基準法》第 6 條

任何人不得介入他人之勞動契約，抽取不法利益。

最高法院 103 年台上字第 2700 號民事判決

裁判案由：請求給付退休金

裁判要旨：按勞動基準法第 12 條第 1 項關於雇主不得任意不經預告終止契約之規定，係屬民法第 71 條所稱之禁止規定，如有違反，自不生終止之效力。是以，雇主倘故意濫用其經濟上之優勢地位，藉「合意終止」之手段，使勞工未處於「締約完全自由」之情境，影響其決定及選擇之可能，而與勞工締結對勞工造成重大不利益之契約內容，導致勞工顯失公平，並損及誠信與正義者，即屬以間接之方法違反或以迂迴方式規避前開條項之禁止規定。於此情形，勞工自得比照直接違反禁止規定，主張該合意終止契約為無效。故雇主縱與勞工有約定雇主具懲戒權，然勞工是否居於締約完全自由情境，該約定對勞工有無顯失公平而損及誠信與正義，皆應詳加探討研究，尚不得逕以約定係經雙方合意所為，即謂非雇主片面對勞工行使懲戒權，而無濫用懲戒權情事。

《勞動基準法》第 7 條

雇主應置備勞工名卡，登記勞工姓名、性別、出生年月日、本籍、教育程度、住址、身分證統一號碼、到職年月日、工資、勞工保險投保日期、獎懲、傷病及其他必要事項。

前項勞工名卡，應保管至勞工離職後五年。

《勞動基準法》第 8 條

雇主對於僱用之勞工，應預防職業上災害，建立適當之工作環境及福利設施。其有關安全衛生及福利事項，依有關法律之規定。

《勞動基準法》立法之初，以「無過失責任主義」規範了職業災害。雖然在民國 90 年 10 月 31 日訂定以「推定過失責任主義」規範的《職業災害勞工保護法》，但台灣錯誤的超前立法方式，使得勞工早已無法清楚判斷究竟職業災害的責任係歸屬雇主或歸屬勞工？這是截然不同的法律評價，此留待第九章〈職業災害〉再行討論。

第二章 契約論

第一節 民法契約論

一、法律行為

（一）法律行為成立要件：

1. 當事人
2. 標的
3. 意思表示

（二）法律行為生效要件：

1. 當事人

(1) 法人：由代表人為之，而法人包含財團與社團，此從《勞動基準法》第 2 條第 1 項第 5 款：「事業單位：謂適用本法各業僱用勞工從事工作之機構。」而所謂「事業單位」應包含營利事業與非營利事業。

	成立	目的	例子	意思決定	執行	監督
財團（民法）	錢	公益	張榮發基金會	捐助章程	董事	主管機關 / 法院
社團（民法）	人（社員）	公益	中華民國紅十字總會 工會法 §2	總會決議 會員大會	理事	監事
		營利	有限合夥法		董事	
公司法	股東	營利	長榮航空	股東會	董事	監察人

(2) 自然人：

《民法》第 13 條

未滿七歲之未成年人，無行為能力。
滿七歲以上之未成年人，有限制行為能力。
未成年人已結婚者，有行為能力。

《民法》第 14 條

對於因精神障礙或其他心智缺陷，致不能為意思表示或受意思表示，或不能辨識其意思表示之效果者，法院得因本人、配偶、四親等內之親屬、最近一年有同居事實之其他親屬、檢察官、主管機關或社會福利機構之聲請，為監護之宣告。
受監護之原因消滅時，法院應依前項聲請權人之聲請，撤銷其宣告。
法院對於監護之聲請，認為未達第一項之程度者，得依第十五條之一第一項規定，為輔助之宣告。
受監護之原因消滅，而仍有輔助之必要者，法院得依第十五條之一第一項規定，變更為輔助之宣告。

《民法》第 15 條

受監護宣告之人，無行為能力。

《民法》第 15-1 條

對於因精神障礙或其他心智缺陷，致其為意思表示或受意思表示，或辨識其意思表示效果之能力，顯有不足者，法院得因本人、配偶、四親等內之親屬、最近一年有同居事實之其他親屬、檢察官、主管機關或社會福利機構之聲請，為輔助之宣告。
受輔助之原因消滅時，法院應依前項聲請權人之聲請，撤銷其宣告。
受輔助宣告之人有受監護之必要者，法院得依第十四條第一項規定，變更為監護之宣告。

《民法》第 15-2 條

受輔助宣告之人為下列行為時，應經輔助人同意。但純獲法律上利益，或依其年齡及身分、日常生活所必需者，不在此限：

一、為獨資、合夥營業或為法人之負責人。
二、為消費借貸、消費寄託、保證、贈與或信託。
三、為訴訟行為。
四、為和解、調解、調處或簽訂仲裁契約。
五、為不動產、船舶、航空器、汽車或其他重要財產之處分、設定負擔、買賣、租賃或借貸。
六、為遺產分割、遺贈、拋棄繼承權或其他相關權利。
七、法院依前條聲請權人或輔助人之聲請，所指定之其他行為。

第七十八條至第八十三條規定，於未依前項規定得輔助人同意之情形，準用之。

第八十五條規定，於輔助人同意受輔助宣告之人為第一項第一款行為時，準用之。

第一項所列應經同意之行為，無損害受輔助宣告之人利益之虞，而輔助人仍不為同意時，受輔助宣告之人得逕行聲請法院許可後為之。

《民法》第 75 條

無行為能力人之意思表示，無效；雖非無行為能力人，而其意思表示，係在無意識或精神錯亂中所為者亦同。

《民法》第 76 條

無行為能力人由法定代理人代為意思表示，並代受意思表示。

《民法》第 77 條

限制行為能力人為意思表示及受意思表示，應得法定代理人之允許。但純獲法律上利益，或依其年齡及身份、日常生活所必需者，不在此限。

《民法》第 78 條

限制行為能力人未得法定代理人之允許，所為之單獨行為，無效。

《民法》第 79 條

限制行為能力人未得法定代理人之允許，所訂立之契約，須經法定代理人之承認，始生效力。

《民法》第 80 條

前條契約相對人，得定一個月以上之期限，催告法定代理人，確答是否承認。
於前項期限內，法定代理人不為確答者，視為拒絕承認。

《民法》第 81 條

限制行為能力人於限制原因消滅後，承認其所訂立之契約者，其承認與法定代理人之承認，有同一效力。
前條規定，於前項情形準用之。

《民法》第 82 條

限制行為能力人所訂立之契約，未經承認前，相對人得撤回之。但訂立契約時，知其未得有允許者，不在此限。

《民法》第 83 條

限制行為能力人用詐術使人信其為有行為能力人或已得法定代理人之允許者，其法律行為為有效。

2. 標的：可能、確定、妥當、適法
3. 意思表示

《民法》第 86 條

表意人無欲為其意思表示所拘束之意，而為意思表示者，其意思表示，不因之無效。但其情形為相對人所明知者，不在此限。

《民法》第 87 條

表意人與相對人通謀而為虛偽意思表示者，其意思表示無效。但不得以其無效對抗善意第三人。
虛偽意思表示，隱藏他項法律行為者，適用關於該項法律行為之規定。

《民法》第 88 條

意思表示之內容有錯誤，或表意人若知其事情即不為意思表示者，表意人得將其意思表示撤銷之。但以其錯誤或不知事情，非由表意人自己之過失者為限。

當事人之資格或物之性質，若交易上認為重要者，其錯誤，視為意思表示內容之錯誤。

《民法》第 89 條

意思表示，因傳達人或傳達機關傳達不實者，得比照前條之規定撤銷之。

《民法》第 90 條

前二條之撤銷權，自意思表示後，經過一年而消滅。

《民法》第 91 條

依第八十八條及第八十九條之規定撤銷意思表示時，表意人對於信其意思表示為有效而受損害之相對人或第三人，應負賠償責任。但其撤銷之原因，受害人明知或可得而知者，不在此限。

《民法》第 92 條

因被詐欺或被脅迫而為意思表示者，表意人得撤銷其意思表示。但詐欺係由第三人所為者，以相對人明知其事實或可得而知者為限，始得撤銷之。被詐欺而為之意思表示，其撤銷不得以之對抗善意第三人。

《民法》第 93 條

前條之撤銷，應於發見詐欺或脅迫終止後，一年內為之。但自意思表示後，經過十年，不得撤銷。

《民法》第 94 條

對話人為意思表示者，其意思表示，以相對人了解時，發生效力。

《民法》第 95 條

非對話而為意思表示者，其意思表示，以通知達到相對人時，發生效力。
但撤回之通知，同時或先時到達者，不在此限。
表意人於發出通知後死亡或喪失行為能力或其行為能力受限制者，其意思表示，不因之失其效力。

《民法》第 96 條

向無行為能力人或限制行為能力人為意思表示者，以其通知達到其法定代理人時，發生效力。

《民法》第 97 條

表意人非因自己之過失，不知相對人之姓名、居所者，得依民事訴訟法公示送達之規定，以公示送達為意思表示之通知。

《民法》第 98 條

解釋意思表示，應探求當事人之真意，不得拘泥於所用之辭句。

二、契約成立與生效

《民法》第 153 條

當事人互相表示意思一致者，無論其為明示或默示，契約即為成立。

當事人對於必要之點，意思一致，而對於非必要之點，未經表示意思者，推定其契約為成立，關於該非必要之點，當事人意思不一致時，法院應依其事件之性質定之。

契約當事人雙方只要互相表示意思一致，契約就成立。所以，契約不一定要「書面」，雙方「口頭」上意思表示一致，就可以成立或變更契約，而且雙方都必須受契約拘束。

一般契約原則上為諾成契約：契約的成立，僅須當事人雙方表意一致，不以標的物的交付為成立要件，例如買賣、租賃、僱傭等等。另外尚有：要物契約、要式契約等等。

要物契約：契約的成立除意思表示外，尚須實行一定的給付，例如使用借貸、消費借貸、寄託等等。

諾成契約和要物契約的區別在於合意之外，是否實行一定的給付為契約成立的要件。

要式契約：指契約成立須有一定的方式，如不具備法定的方式者，其契約原則上應為無效（《民法》第 73 條），例如不動產物權的移轉與設定（《民法》第 760 條）、兩願離婚之協定（《民法》第一〇五〇條），均應以書面為之。契約當事人約定其契約須用一定方式者，在該方式未完成前，推定其契約不成立（《民法》第 166 條）。

非要式契約：指契約之成立不須具備一定方式，債法上的契約大抵屬此類契約。

103 年勞上易字第 45 號

案由摘要：給付薪資等

裁判日期：民國 104 年 10 月 06 日

要旨：投保單位與雇主應負擔之費用，係以保護勞工之健康、生計與安定生活為目的，而強制課予投保單位與雇主之義務，本質上具有社會性與強制性，自不容許私人間透過契約加以變更，更不容許投保單位或雇主將其義務轉嫁予弱勢之勞工。如雇主將其應負擔勞、健保及勞工退休提繳金，轉嫁由勞工負擔，縱經勞工同意，亦屬違反法律強制規定而無效。

第二節 僱傭、承攬與委任之區別

103 年台上字第 2465 號

案由摘要：請求職業災害損害賠償

裁判日期：民國 103 年 11 月 26 日

相關法條：民事訴訟法第 78、449、481 條（102.05.08）、《勞動基準法》第 59 條（102.12.11）、勞工退休金條例第 31 條（103.01.15）

要旨：勞動契約以具有從屬性為其特質。從屬性可分為人格上的從屬性與經濟上的從屬性。所謂人格上從屬性，係指勞工對於工作時間不能自行支配，且對於雇主工作上之指揮監督有服從之義務。所謂經濟上從屬性，係指勞工完全被納入雇主經濟組織與生產結構之內，即勞工不是為自己之營業而勞動，而是從屬於雇主，為雇主之目的而勞動。

	《民法》	指揮權強度	報酬	《勞動基準法》	《勞保條例》	退休金	《公司法》	《所得稅法》
僱傭	§ 482	100%	○ 《勞動基準法》第 2 條第 1 項第 3 款： 謂勞工因工作而獲得之報酬；包括工資、薪金及按計時、計日、計月、計件以現金或實物等方式給付之獎金、津貼及其他任何名義之經常性給與均屬之。	原則：○ 例外：×（《勞動基準法》第 3 條第 4 項）	○	○ 6%＋6%	×	薪資所得 （所得類別：薪資所得所得代碼：50） 在職務上或工作上取得之各種收入，包括薪津、俸給、工資、津貼、歲費、獎金、紅利、各種補助費和其他給與（如車馬費等）。
承攬	§ 490	50%	○	×	○	○ 6%	×	執行業務所得 （所得類別：執行業務所得所得代碼：9A） 律師、會計師、建築師、技師、醫師、藥師、助產士、著作人、經紀人、代書人、工匠、表演人及其他以技藝自力營生者的業務收入或演技收入。
委任	§ 528	0%	原則：× 例外：○	×	×	× 離職金	○ 經理人	

○：適用

×：不適用

第三節 | 大學自治與勞動契約

大學助理、兼任助理、工讀生是否適用《勞動基準法》，又是典型勞、資、政、學各方皆徹底搞錯的一個議題。

一、1972 年教育部頒布《國立大學暨獨立學院設置研究生獎學金辦法》[1]

當時於第三條規定：「博士班研究生獎學金，每人每月新台幣兩千元。碩士班研究生獎學金每人每月新台幣三百元。」第七條規定：「獲得本獎學金之研究生，不得擔任任何專職。」此時的辦法只有無償領取的獎學金，尚無需要工作的「助學金」的相關條文。

二、1977 年修正為《大學暨獨立學院研究生獎助學金辦法》

其於第二條規定助學金的用途為：「發給未領獎學金而志願協助系所之教學或研究工作之研究生。」因此獎學金與助學金無法兼領。[2] 領取研究生助學金的研究生，就必須要協助系所參與教學與研究工作，不得在外兼職其他工作，碩士生每月領取 3,000 元，博士生每月領取 4,000 元，碩士生最多領取兩年，博士生領取三年[3]。

三、1980 年修訂的《大學暨獨立學院研究生獎助學金辦法》

第一條明確訂定為：「為獎助大學暨獨立學院（以下簡稱各校院）研究生專心從事研究，以提高學術水準，特訂定本辦法。」然後取消了研究生必須工作的要求（第二條），此時我們無從得知研究生領取助學金是否需要協助系上工作。同時於第二條增列了助學金與專題研究補助費之間的規範：「四、研究生參與專題研究，所支研究補助費金額高於本助學金金額者，不得兼領本獎、助學金。」並將助學金額度給取消，直接授予教育部定之（第三條）。1982 年則再修訂第二條，條文改為：「四、研究生參與主修有關之專題研究，而領研究補助費者，得兼領本獎、助學金。但同一時間內，以領有一項研究補助費為

---

[1] 《國立大學暨獨立學院設置研究生獎學金辦法》，教育部，1972 年。
[2] 《大學暨獨立學院研究生獎助學金辦法》，教育部，1977 年。
[3] 〈大學自治之意義——憲法專業名詞解析〉，陳朝建。

限。」可以看到，這時候的研究生需要負擔的工作也開始變化，已經有研究生肩負另外的研究工作，因此獎助學金辦法開始規範助學金與專題研究計畫補助費之間的關係。1984 年的助學金，碩士生每月領取 2,000 元，博士生每月領取 2,500 元。當時對助學金制度，開始檢討因為「金額過低」和「統統有獎」而無法激勵學生，也造成學生校外兼差的現象，這也是教育部極力禁止的。1984 年的平均薪資則為 13,409 元，一般平均薪資和助學金差超過 6 倍。於是在隔年，教育部提高助學金額度，碩博士生每月皆 4,000 元。這時候可以看到，報考碩士班的人數逐漸增加。[4]

四、1988 年的《大學暨獨立學院研究生獎助學金辦法》

此時開始以「義務」字眼要求學生必須工作以領取助學金，其於第三條規定：「三、研究生領取本獎、助學金者，不得在校外兼職，均須義務協助校內有關研究或教學工作⋯⋯。」且於第五條規定對工作之監督規範：「研究生協助校內有關研究、教學工作不力或違反校規受記過以上處分者，應限制申請或停發本獎、助學金。」1990 年，教育部開始編列發給私立學校研究生助學金的預算，標準比照公立學校辦理。1991 年教育部則繼續檢討「統統有獎」的情形，提出取消助學金的可能。這個檢討後來的結論是強制要求研究生必須擔任助理工作才能領取助學金。1993 年，教育部取消了研究所免學費的政策，助學金當時為每人每月 5,000 元，同時也為私立學校編列三億元的獎助學金預算，此時一般勞工的平均薪資為 31,708 元。隔年教育部再修訂助學金辦法，依學生表現斟酌加減獎助學金，試圖遏止學生在外兼差的現象。最後，此一辦法於 1997 年時廢止，改由各大學自訂獎助學金發給辦法。教育部決定不再負擔各大學的獎助學金開支，將經費責任交由各大學承擔。後來教育部於 2004 年的學雜費收入總額，規定應提撥 3% ～ 5% 給學生就學獎補助經費，也僅只是訂定獎補助之最低下限。

1977 年至 1989 年，教育部僅需負擔逐漸增加的公立學校研究生助學金。1977 年公立大學的碩博士班人數為 3,784 人，至 1989 年公立學校碩博士生總人數為 15,153 人。1990 年教育部將助學金發放對象納入私校碩博士生後，負擔即大幅增加，該年研究生總人數達 22,372 人。至 1997 年廢止前，公私立學校碩博士生總數達 44,873 人。普及助學金發放對象以及高等教育擴張，使得教育部

---

[4] 同上註。

在六年內負擔的獎助學金預算倍增，恐怕是教育部最後決定廢止《大學暨獨立學院研究生獎助學金辦法》的主要原因。❺

五、專科以上學校兼任助理勞動權益保障指導原則 ❻

民國 104 年 6 月 17 日勞動部勞動關 2 字第 1040126620 號函訂定

一、為使專科以上學校（以下簡稱學校）僱用兼任助理確實符合勞動法令，並保障兼任助理勞動權益，特訂定本指導原則。

二、本指導原則所稱兼任助理，指受學校僱用之學生，並受學校或其代理人指揮監督，從事協助研究、教學或行政等工作，而獲致報酬者。

前項學校與兼任助理間僱傭關係之有無，應就其情形以人格從屬性、經濟從屬性及其他法令之規定綜合判斷。其中人格從屬性及經濟從屬性之參酌因素，例示如下：

（一）人格從屬性

1. 學校或其代理人對兼任助理提供工作之指揮監督關係，相較於專任助理之指揮監督關係，並無顯著不同者。
2. 學校或其代理人對兼任助理之提供工作，具有監督、考核、管理或懲罰處分之權。
3. 學校或其代理人對兼任助理之進用、工作內容、報酬支給、出勤管理及終止契約等事項，具有一定之權限或最終決定權。

---

❺ 〈大學自治之意義──憲法專業名詞解析〉，陳朝建，台灣法律網，http://www.lawtw.com/article.php?template=article_content&area=free_browse&parent_path=,1,784,&job_id=45396&article_category_id=1169&article_id=19957，最後檢索日：2016 年 4 月 5 日。

❻ 行政指導：《行政程序法》第 165 ～ 167 條

《行政程序法》第 165 條：

本法所稱行政指導，謂行政機關在其職權或所掌事務範圍內，為實現一定之行政目的，以輔導、協助、勸告、建議或其他不具法律上強制力之方法，促請特定人為一定作為或不作為之行為。

《行政程序法》第 166 條：

行政機關為行政指導時，應注意有關法規規定之目的，不得濫用。

相對人明確拒絕指導時，行政機關應即停止，並不得據此對相對人為不利之處置。

《行政程序法》第 167 條：

行政機關對相對人為行政指導時，應明示行政指導之目的、內容、及負責指導者等事項。

前項明示，得以書面、言詞或其他方式為之。如相對人請求交付文書時，除行政上有特別困難外，應以書面為之。

4. 其他有關學校或其代理人對兼任助理提供工作之指揮監督事項。

（二）經濟從屬性

1. 兼任助理領取之報酬與協助學校研究或教學等工作有勞務對價性；其領取報酬之計算，依學校訂定標準發給，不因領取報酬名稱或經費來源而有差異。

2. 兼任助理提供勞務所生研究、教學或其他成果，非為自己之營業勞動，而係歸屬於學校。

3. 其他有關兼任助理領取報酬具有勞務對價之事項。

三、學校僱用兼任助理，應注意下列事項：

（一）適用《勞動基準法》之兼任助理，學校或其代理人應依下列各目辦理勞動權益事項：

1. 有關《勞動基準法》施行細則第七條規定之事項，學校與兼任助理應本誠信原則協商，且不得低於法律規定，並宜以書面載明，由勞雇雙方各執一份為憑。

2. 學校應依《勞動基準法》及勞工退休金條例辦理兼任助理勞工退休金提繳事項。

3. 學校發給兼任助理工資，除雙方有特別約定或按月預付者外，每月至少定期發給二次。

4. 學校或其代理人指揮監督兼任助理從事工作時，關於工作時間應遵守《勞動基準法》第三十條及第三十二條等規定，不得使兼任助理超時工作；並應逐日記載兼任助理出勤情形。

5. 學校或其代理人有使女性兼任助理於夜間工作之必要者，應依《勞動基準法》第四十九條規定，提供必要安全衛生措施，無大眾運輸工具可資運用時，提供交通工具或安排女性員工宿舍。

（二）不適用《勞動基準法》之兼任助理，學校或其代理人宜參照各該法令規定維護該等兼任助理工作權益。

（三）學校應為投保單位，為兼任助理辦理參加勞工保險、就業保險及全民健康保險，並依規定覈實申報投保薪資（金額）。

（四）學校於變更勞動契約約定事項時，應與兼任助理協商之。

（五）招募或僱用兼任助理，應遵守就業服務法及性別工作平等法規定，不得有就業或性別歧視。

（六）對兼任助理不得扣留財物、收取保證金或違反其意思留置相關身分證件。

（七）學校或其代理人應依《職業安全衛生法》規定，保障兼任助理之工作安全及健康。

（八）學校或其代理人不得要求兼任助理從事勞動契約約定工作事項以外之工作。兼任助理拒絕其不當要求時，學校或其代理人不得有不利對待。

（九）依《工會法》所成立之工會要求與學校進行團體協約之協商時，學校應依《團體協約法》規定，本誠信原則與工會進行協商。

四、兼任助理從事學校相關工作應注意下列事項：

（一）充分瞭解兼任助理相關權利義務內容，並評估自身能力及意願後，再決定從事兼任助理工作。

（二）與學校簽訂勞動契約，宜以書面為之。該勞動契約應至少一式二份，一份由兼任助理收執，另一份由學校或其代理人收執。

（三）接受兼任助理工作時，得要求學校以書面載明工作地點、工作內容及工作時間（含休息、休假、請假）等事項。

（四）確認學校應於到職當日，為兼任助理辦理參加勞工保險、就業保險及全民健康保險，及覈實申報投保薪資（金額）。

（五）擔任兼任助理期間，應確認學校已按勞工退休金條例提繳勞工退休金。

（六）受僱兼任助理得依法組織或加入工會，團結勞工力量，維護勞工權益。

（七）兼任助理權益受有損害者，得提供具體事實及訴求，向當地勞工行政主管機關提出申訴或檢舉。

五、學校與學生之學習關係認定原則，依教育部訂定之專科以上學校強化學生兼任助理學習與勞動權益保障處理原則辦理。

六、專科以上學校強化學生兼任助理學習與勞動權益保障處理原則

民國 104 年 6 月 17 日臺教高（五）字第 1040063697 號函訂定

一、教育部為兼顧大專校院培育人才之目的，並保障學生兼任助理之學習及勞動權益，特訂定本處理原則。

本原則所定學生兼任助理，包括兼任研究助理、兼任教學助理、兼任研究計畫臨時工及其他不限名稱之學生兼任助理。

二、大專校院應尊重教師專業自主權並落實學生法定權益，包括大學法、勞動法或相關社會保險法規，在確保教學學習品質及保障勞動權益之前提下，建構完整之學生權益保障法制。

三、教學及學習為校園核心活動，在確保教學品質及保障勞動權益之原則下，各校應檢視學生兼任助理之內涵、配合教學、學習相關支持行為之必要性及合法性，及學習與勞動之分際，以期教學、研究、學生學習及勞動權益保障取得平衡。

學校、教師或學生對於兼任助理活動是否構成僱傭關係有疑義者，應充分考量學生權益，並循本原則第十點之管道解決。

四、大專校院學生擔任屬課程學習或服務學習等以學習為主要目的及範疇之兼任研究助理及教學助理等，非屬於有對價之僱傭關係之活動者，其範疇如下：

（一）課程學習（參照原行政院勞工委員會一百零二年九月二日勞職管字第一〇二〇〇七四一一八號函規定）：

1. 指為課程、論文研究之一部分，或為畢業之條件。
2. 前課程或論文研究或畢業條件，係學校依大學法、專科學校法授權自主規範，包括實習課程、田野調查課程、實驗研究或其他學習活動。
3. 該課程、論文研究或畢業條件應一體適用於本國學生、外國學生、僑生、港澳生或大陸地區學生。
4. 符合前三目條件，未有學習活動以外之勞務提供或工作事實者。

（二）服務學習：學生參與學校為增進社會公益，不以獲取報酬為目的之各項輔助性服務，包括依志願服務法之適用範圍經主管機關或目的事業主管機關主辦或經其備查符合公眾利益之服務計畫，參與服務性社團或其他服務學習課程或活動。

五、學校於推動課程學習或服務學習範疇之學習活動，應符合下列原則：

（一）該學習活動，應與前點所定範疇有直接相關性為主要目的，並於授課或指導教師之指導下，經學生個人與指導教師同意為之。

（二）學校應有明確對應之課程、教學實習活動、論文研究指導、研究或相關學習活動實施計畫，並就其相關學習準則、評量方式、學分或畢業條件採計及獎助方式等予以明定且公告之。

（三）教師應有指導學生學習專業知識之行為。

（四）學生參與前開學習活動期間，得因學習、服務學習，支領獎學金或必要之研究或實習津貼或補助。

（五）學生參與學習活動，其權益保障或相關保險，應依大學法、學位授予法及相關法規規定辦理，並於校內學生相關章則中規範。另針對有危險性之學習活動，應增加其保障範圍。

學生於學習活動之相關研究成果著作權之歸屬，其認定如下：

（一）學生在校期間所完成之報告或碩、博士學生所撰寫之論文，如指導之教授僅為觀念指導，並未參與內容表達之撰寫，而係由學生自己撰寫報告或論文內容，依著作權法規定，學生為該報告或論文之著作人，並於論文完成時，即享有著作權（包括著作人格權及著作財產權）。

（二）前款報告或論文，指導之教授不僅為觀念之指導，且參與內容之表達而與學生共同完成報告或論文，且各人之創作，不能分離利用者，為共同著作，學生及指導之教授為報告或論文之共同著作人，共同享有著作權，其共同著作權（包括著作財產權及著作人格權）之行使，應經學生及指導之教授之共同同意後，始得為之。

（三）兼任助理與指導之教授間，應事先就相關研究成果著作權之歸屬及事後權利行使方式等事項，達成協議或簽訂契約。

學生於學習活動之相關研究成果之專利權歸屬，依專利法第五條第二項規定，學生自身為發明人、新型創作人、設計人之情形，對其所得之研究成果享有專利申請權，得依同條第一項規定向專利專責機關申請專利。但他人（如指導之教授）如對論文研究成果之產出有實質貢獻，該他人亦有被認定為共同發明人之可能。

六、前二點規定以外，凡學生與學校間存有提供勞務獲取報酬之工作事實，且具從屬關係者，均屬僱傭關係，其兼任樣態，包括研究助理、教學助理、研究計畫臨時工及其他不限名稱之學生兼任助理工作者等，應依勞動相關法規規定辦理；雙方如屬承攬關係，則另依相關法令規定辦理。

學校與學生之僱傭關係認定原則，依勞動部訂定之專科以上學校兼任助理勞動權益保障指導原則辦理。

七、屬前點具僱傭關係者，學校於僱用學生擔任兼任助理時，應依下列原則辦理：

（一）與學生訂定勞動契約，明定任用條件、工作場所、工作時間、工作時數、定期或不定期之工作期間、工作內容、工資、工作準則、終止及相關權利義務。

（二）依相關規定辦理勞工保險、全民健康保險及提繳勞工退休金等，並提供相關申訴及爭議處理管道。

（三）督導所屬教學單位及教師，並依約保障學生之勞動權益。

有關學生協助或參與教師執行研究計畫所產出相關研究成果之著作權歸屬，依著作權法規定辦理。依著作權法第十一條規定，受僱之學生為著作人，僱用之學校享有著作財產權，亦即雇用人享有著作權法第二十二條至第二十九條之重製、改作、公開播送及公開傳輸等專有權利，著作人格權仍屬受雇人所有。雇用人行使著作財產權時，應注意避免侵害受雇人之著作人格權，或於事前依契約約定受雇人對雇用人不行使著作人格權。

前項研究成果之專利權之歸屬，得由雙方合意以契約定之；未約定者，依專利法第七條第一項規定，研究成果之專利權歸屬於雇用人。

八、為保障各類學生兼任助理權益，學校應依前述原則，訂定校內保障兼任助理學習及勞動權益之處理章則並公告之，於訂定時應廣徵校內各類兼任助理及教師之意見為之；若有工會者，得邀請工會代表參與相關會議並參酌其意見。

前項處理章則之內涵應包括下列事項：

（一）校內學生參與課程學習或服務學習活動之學習準則、兼任助理之工作準則、各類助理之權利義務、經費支給項目（科目）、來源、額度及所涉研究成果之著作權歸屬相關規範。

（二）校內相關單位及教師對於各類助理相關之權益保障應遵循之規定。

（三）各類助理權益保障、申訴及救濟管道及處理程序，屬學習範疇者，應納入學生學則規範；屬工作範疇者，應納入學校員工相關規定。

九、除法律或法規命令另有規定外，學校應依本原則明確劃分學習或勞動之學生兼任助理範疇，於學校章則規定獎助學金、研究、實習津貼或補助、工資給付範疇及事項，並依相關法令訂定處理程序；除依其章則規定核發獎助學金、研究、實習津貼或補助、支付勞務報酬外，並督導所屬教師及校內單位予以遵循，以保障學生權益。

十、學校就學生兼任各類助理之爭議處理，應有爭議處理機制。

前項爭議之審議，應有學生代表參與，並宜有法律專家學者之參與。若有工會者，得邀請工會代表參與相關會議並參酌其意見。

第一項爭議處理機制，學校得衡酌校務運作情形，與現行申訴機制整合或另建機制。

十一、學校應依本原則所定認定基準，全面盤點及明確界定現有校內學生兼任助理之類型及人數，並依本原則規定提供學習或勞動相關之保障措施。

第四節 | 勞動契約內涵

《勞動基準法》第 9 條

勞動契約，分為定期契約及不定期契約。臨時性、短期性、季節性及特定性工作得為定期契約；有繼續性工作應為不定期契約。

定期契約屆滿後，有左列情形之一者，視為不定期契約：

一、勞工繼續工作而雇主不即表示反對意思者。

二、雖經另訂新約，惟其前後勞動契約之工作期間超過九十日，前後契約間斷期間未超過三十日者。

前項規定於特定性或季節性之定期工作不適用之。

最高法院 103 年台上字第 2066 號民事判決

案由摘要：請求確認僱傭關係存在

要旨：受僱人受僱期間，僱傭人多次與其締結定期之勞動契約，惟受僱人實際所從事者乃繼續性之行政工作，按不定期勞動契約所需具備之繼續性工作，係指對該事業單位之業務性質與營運而言，具有持續需要，且此種人力需求非屬突發或暫時者，故僱傭人若於僱傭期間逕行指派受僱人從事非勞動工契約所約定工作範圍之繼續性工作，或接替正職人員，從而雙方間成立之勞動契約性質為不定期契約。

最高法院 102 年台上字第 877 號民事判決

案由摘要：請求確認僱傭關係存在

要旨：依勞動基準法第 9 條第 1 項及勞動基準法施行細則第 6 條之規定，勞動契約除具有臨時性、短期性、季節性或特定性，且非繼續性工作者，得為定期契約外，其餘均為不定期契約；僱傭契約究屬定期契約或不定期契約，應以契約之內容及性質是否具有繼續性為準，不受勞動契約簽訂之書面形式拘束。本件上訴人僱用被上訴人，多次與其簽定勞動工契約，在勞動工契約所載期間未屆滿之時，上訴人便以終止舊約、締結新約之方式指派被上訴人至另一工程工地工作，或調動指派被上訴人至其他非契約約定工作範圍之工地施作工程，難認其僱用被上訴人係因特定性工作之需，符合勞動基準法規定得為定期勞動契約之情形，依前開說明，兩造間之勞動工契約雖載為定期契約，性質上仍屬不定期勞動契約。

最高法院 102 年台上字第 768 號民事判決

裁判案由：請求確認僱傭關係存在等

裁判要旨：按勞動基準法第 9 條第 2 項第 1 款規定，定期勞動契約屆滿後，須勞工繼續工作而雇主不即表示反對意思，始視為不定期勞動契約。是以，勞動契約既約定於契約有效期限屆至之三十日前，若雙方皆無反對之意思表示，本契約視為以相同條件自期滿之翌日起自動延長一年，則雇主於勞動契約期間通知勞工終止契約，已預示拒絕受領勞工給付勞務之意思，則能否謂雇主無於契約期限屆至之三十日前，向勞工為反對其繼續工作之意思，勞動契約於有效期限屆後仍然存在，自滋疑問。

最高法院 99 年台上字第 109 號民事判決

裁判案由：給付資遣費

裁判要旨：就業服務法第四十六條第三項規定「雇主依第一項第八款至第十款規定聘僱外國人，須訂立書面勞動契約，並以定期契約為限；其未定期限者，以聘僱許可之期限為勞動契約之期限。續約時，亦同」，就雇主聘僱外國人從事該條第一項第八款至第十款之工作，明定其僱傭契約以定期為限，而未及於依其他各款所立勞動契約；

但同法第五十二條第一項、第二項分別規定「聘僱外國人從事第四十六條第一項第一款至第七款及第十一款規定之工作，許可期間最長為三年，期滿有繼續聘僱之需要者，雇主得申請展延」、「聘僱外國人從事第四十六條第一項第八款至第十款規定之工作，許可期間最長為二年；期滿後，雇主得申請展延一次，其展延期間不得超過一年」，第五十一條則規定雇主聘僱該條第一項各款之外國人從事工作，得不受第四十六條第一項、第三項、第五十二條等之限制，可見除第五十一條第一項各款所定之外國人外，其他外國人於我國境內從事第四十六條第一項各款之工作，無論其工作是否具有繼續性，均以經許可為限，其許可並均定有期限，與勞動基準法第九條第一項規定繼續性之工作應成立不定期契約，旨在保障勞動契約之存續，以維護勞工工作權之立法考量顯有不同。是就業服務法就雇主依同法第四十六條第一項第一款至第七款及第十一款規定聘僱外國人，雖未限制應訂立定期契約，但雇主基於該法對於外國人聘僱與管理之相關規定，而與外國人訂立定期契約者，自非法所不許；縱其工作具有繼續性，亦不當然適用勞動基準法第九條第一項規定，而成為不定期契約。

《勞動基準法》第 9-1 條

未符合下列規定者，雇主不得與勞工為離職後競業禁止之約定：

一、雇主有應受保護之正當營業利益。

二、勞工擔任之職位或職務，能接觸或使用雇主之營業秘密。

三、競業禁止之期間、區域、職業活動之範圍及就業對象，未逾合理範疇。

四、雇主對勞工因不從事競業行為所受損失有合理補償。

前項第四款所定合理補償，不包括勞工於工作期間所受領之給付。

違反第一項各款規定之一者，其約定無效。

離職後競業禁止之期間，最長不得逾二年。逾二年者，縮短為二年。

《勞動基準法》第 10 條

定期契約屆滿後或不定期契約因故停止履行後，未滿三個月而訂定新約或繼續履行原約時，勞工前後工作年資，應合併計算。

《民法》第482條：「稱僱傭者，謂當事人約定，一方於一定或不定之期限內為他方服勞務，他方給付報酬之契約。」《勞動基準法》之所以將勞動契約以不定期方式為之，應與《勞動基準法》舊制退休金制度有關，用以避免「假定期契約之名，行不定期契約之實」。然而此一「終身僱傭」的概念並不適用於台灣中小企業。首先，台灣中小企業平均存活時間長達10年的僅有47%，[6] 因此舊制退休金並不適於台灣的企業現狀；再者也違反《憲法》第15條：「人民之生存權、工作權及財產權，應予保障。」吳前大法官庚在釋字第404號之不同意見書提及，工作權之保障範圍應為：（一）凡人民作為生活職業之正當工作，均受國家之保障，且屬工作權之核心部分；（二）人民有選擇工作及職業之自由，國家不得違背個人意願強迫其就業或工作；（三）取得各種職業資格者，其職業活動範圍及工作方法之選擇，亦受《憲法》之保障，法律或各該職業之自治規章雖得加以規範，但均不應逾越必要程度。[7] 此一條文在勞工退休金制度逐步走向勞工退休金條例的新制度後，其實已經沒有維持不定期契約的必要性！

《勞動基準法》第10-1條

雇主調動勞工工作，不得違反勞動契約之約定，並應符合下列原則：

一、基於企業經營上所必須，且不得有不當動機及目的。但法律另有規定者，從其規定。

二、對勞工之工資及其他勞動條件，未作不利之變更。

三、調動後工作為勞工體能及技術可勝任。

四、調動工作地點過遠，雇主應予以必要之協助。

五、考量勞工及其家庭之生活利益。

台灣台北地方法院九十一年度勞訴字第五十一號判決

按《勞動基準法施行細則》第七條第一款規定，工作場所及應從事工作有

---

[6] 〈悲情！4成中小企業活不過5年　經濟部公布白皮書〉，于國欽，中華經濟研究院，http://www.cier.edu.tw/ct.asp?xItem=134&ctNode=52&mp=1，最後檢索日：2016年4月5日。

[7] 〈工作權之憲法保障及其限制——以釋憲實務為簡介之基礎〉，陳朝建，台灣法律網，http://www.lawtw.com/article.php?template=article_content&area=free_browse&parent_path=,1,784,&job_id=51916&article_category_id=1169&article_id=24099，最後檢索日：2016年4月5日。

關事項應於勞動契約中由勞資雙方自行約定，故其變更亦應由雙方自行商議決定。如雇主確有調動勞工工作必要，應依下列原則辦理：
一、基於企業經營上所必須；
二、不得違反勞動契約；
三、對勞工薪資及其他勞動條件，未作不利之變更；
四、調動後工作與原有工作性質及其體能及技術所可勝任；
五、調動工作地點過遠，雇主應予以必要之協助。

內政部七十四年九月五日以台內勞字第三二八四三三號函

（一）基於企業經營上所必需。
（二）不得違反勞動契約。
（三）對勞工薪資及其他勞動條件，未作不利之變更。
（四）調動後工作與原有工作性質為其體能及技術所可勝任。
（五）調動工作地點過遠，雇主應予以必要之協助。

《勞動基準法》第 11 條

非有左列情形之一者，雇主不得預告勞工終止勞動契約：
一、歇業或轉讓時。

最高法院 102 年台上字第 100 號民事判決

裁判案由：請求確認僱傭關係存在等

裁判要旨：按《勞動基準法》第 11 條第 2 款規定，雇主有虧損時，得預告勞工終止勞動契約，揆其立法意旨，係慮及雇主於虧損時，有裁員之必要，以進行企業組織調整，謀求企業之存續，俾免因持續虧損而倒閉，造成更多員工失業而致社會更大不安。故為保障雇主營業權，勞動契約之存續保障即應作適當之讓步。是以，雇主因虧損而進行組織調整時，仍有符合原有員工專長之人力需求，甚至仍需新聘勞工，即不得任依該款規定終止勞動契約，以兼顧勞工權益之保障。非謂雇主遇有虧損情事時，即得任意解僱勞工。準此，原審既認雇主遇有虧損而解僱勞工時，仍應斟酌解僱之必要性及最後手段性，且原有員工之專長符合新聘人員之需求，則雇主終止勞動契約是否合法，如未予詳查審認，並記明其認定事實及取捨證據之理由於判決，自有違誤。

最高法院100年台上字第2024號民事判決

裁判案由：請求確認僱傭關係存在等

裁判要旨：雇主依《勞動基準法》第十一條第二款規定，以業務緊縮為由，預告勞工終止勞動契約者，必以雇主確有業務緊縮之事實，而無從繼續僱用勞工，始足當之，倘未產生多餘人力，或僅一部歇業，而他部門依然正常運作，甚或業務增加，仍需僱用勞工時，即不得依上開規定終止勞動契約。

最高法院100年台上字第1159號民事裁定

裁判案由：請求確認僱傭關係存在等

裁判要旨：依照《勞動基準法》第11條第2款之規定，虧損或業務緊縮時，雇主得預告勞工終止勞動契約，此係以雇主確有業務緊縮之事實，而致生無法繼續僱用勞工之情形，如僅有一部歇業，而其他部門仍可正常運作時，為保障勞工權益，應難認有業務緊縮，而可預告終止期間之契約。

最高法院100年台上字第1016號民事判決

裁判案由：給付退休金

裁判要旨：按為保障勞工之基本勞動權，加強勞雇關係，促進社會與經濟發展，防止雇主以法人之法律上型態規避法規範，遂行其不法之目的，於計算勞工退休年資時，非不得將其受僱於「現雇主」法人之期間，及其受僱於與「現雇主」法人有「實體同一性」之「原雇主」法人之期間合併計算，庶符誠實及信用原則。

最高法院99年台上字第2205號民事判決

裁判案由：請求給付資遣費等

裁判要旨：《勞動基準法》第20條前段規定，事業單位改組或轉讓時，除新舊雇主商定留用之勞工外，其餘勞工應依該法第16條第1項各款規定期間預告終止契約，並應依同法第17條各款規定發給勞工資遣費。而所謂事業單位改組或轉讓之定義，如事業單位為公司組織，則係指事業單位依公司法之規定變更其組織型態，或消滅其原有之法人人格，或事業負責人變更等情形者言，倘原有法人資格並未消滅、負責人並未變更，即非屬改組轉讓。

二、虧損或業務緊縮時。

勞動2字第0980130137號

要旨：函釋事業單位因業務緊縮而實施「無薪休假」致給付工資低於基本工資之情事，於97.12.22勞動2字第0970130987號令釋示生效前已給付當期工資或前開令釋生效後始給付工資之處罰疑義

主旨：所詢事業單位因業務緊縮而安排勞工「無薪休假」工資給付及處罰疑義一案，復請查照。

說明：一、復貴處98年2月2日經加四勞字第09801003370號函。

二、查本會97年12月22日勞動2字第0970130987號令釋示：「……雇主若受景氣因素影響致停工或減產，經勞雇雙方協商同意，故可暫時縮減工作時間及依比例減少工資，惟為保障勞工基本生活，原約定按月計酬之全時勞工，每月給付之工資仍不得低於基本工資（數額新臺幣一萬七千二百八十元）。」另，本會90年7月16日台90勞動2字第0029826號及96年7月24日勞動2字第0960071719號二釋函同時停止適用。

三、前開釋令自發布日（97年12月22日）起即生效力，雇主給付勞工之當期（97年12月）工資即不得低於基本工資（數額新台幣17,280元）。勞雇雙方因景氣因素議定減少工作時間及依比例減少工資，致有低於基本工資數額情事，其當期工資於前開釋令發布前已給付者，得依《勞動基準法》第27條規定限期補足，未依限期給付之命令給付者，依違反同法第21條及第27條規定論處；至當期工資發放日於前開釋令生效日之後者，應以違反《勞動基準法》第21條規定處罰，其不足之數額，並應依同法第27條規定，限期雇主給付，屆期未給付者，另依違反第27條規定論處。

勞動 2 字第 0980130085 號

要旨：雇主未經勞工同意逕自排定「無薪休假」，屬無效之變更，勞工縱未於「無薪休假」當日出勤，勞工無補服勞務之義務，雇主應依原約定給付報酬。

主旨：所詢事業單位因業務緊縮安排勞工排休相關疑義乙案，復請查照。

說明：一、復貴處 97 年 12 月 18 日經加四勞字第 09701044680 號函。

二、依《勞動基準法》施行細則第 7 條規定，勞工工作開始及終止之時間、休息時間及輪班制之換班等有關事項應於勞動契約中約定，雇主如認有變更之必要，應重新協商合致，不得逕自變更。雇主未經勞工同意，逕自排定所謂「無薪休假」，自屬無效之變更，勞工縱未於所謂「無薪休假」當日出勤，因係雇主逕自免除勞工出勤義務，勞工無補服勞務之義務，雇主仍應依原約定給付報酬。所生未全額給付勞工工資情事，主管機關可限期雇主給付工資，並依相關規定裁罰。

三、另查所謂「無薪休假」，事涉個別勞工勞動條件之變更，故除勞工委託工會代為協商並決定者外，尚不得以產業工會理事、監事會議已同意，即謂業經勞資雙方之合意。

最高法院 102 年台上字第 100 號民事判決

裁判案由：請求確認僱傭關係存在等

裁判要旨：按《勞動基準法》第 11 條第 2 款規定，雇主有虧損時，得預告勞工終止勞動契約，揆其立法意旨，係慮及雇主於虧損時，有裁員之必要，以進行企業組織調整，謀求企業之存續，俾免因持續虧損而倒閉，造成更多員工失業而致社會更大不安。故為保障雇主營業權，勞動契約之存續保障即應作適當之讓步。是以，雇主因虧損而進行組織調整時，仍有符合原有員工專長之人力需求，甚至仍需新聘勞工，即不得任依該款規定終止勞動契約，以兼顧勞工權益之保障。非謂雇主遇有虧損情事時，即得任意解僱勞工。準此，原審既認雇主遇有虧損而解僱勞工時，仍應斟酌解僱之必要性及最後手段性，且原有員工之專長符合新聘人員之需求，則雇主終止勞動契約是否合法，如未予詳查審認，並記明其認定事實及取捨證據之理由於判決，自有違誤。

最高法院 100 年台上字第 2024 號民事判決

裁判案由：請求確認僱傭關係存在等

裁判要旨：雇主依《勞動基準法》第十一條第二款規定，以業務緊縮為由，預告勞工終止勞動契約者，必以雇主確有業務緊縮之事實，而無從繼續僱用勞工，始足當之，倘未產生多餘人力，或僅一部歇業，而他部門依然正常運作，甚或業務增加，仍需僱用勞工時，即不得依上開規定終止勞動契約。

最高法院 100 年台上字第 1159 號民事裁定

裁判案由：請求確認僱傭關係存在等

裁判要旨：依照《勞動基準法》第 11 條第 2 款之規定，虧損或業務緊縮時，雇主得預告勞工終止勞動契約，此係以雇主確有業務緊縮之事實，而致生無法繼續僱用勞工之情形，如僅有一部歇業，而其他部門仍可正常運作時，為保障勞工權益，應難認有業務緊縮，而可預告終止期間之契約。

最高法院 100 年台上字第 1057 號民事判決

裁判案由：確認僱傭關係存在等

裁判要旨：《勞動基準法》第十一條第二款所謂「業務緊縮」，係指雇主在相當一段時間營運不佳，生產量及銷售量均明顯減少，其整體業務應予縮小範圍而言，與雇主之財務結構及資產負債情形無必然之關係。至雇主基於經營決策或為因應環境變化與市場競爭，改變經營之方式或調整營運之策略，而使企業內部產生結構性或實質上之變異，乃屬「業務性質變更」之範疇，而非「業務緊縮」，如因此須減少人力，亦不得以業務緊縮為由向勞工終止契約。且雇主之生產量及銷售量有無明顯減少，應就企業之整體營業之業績觀察，不能僅就局部或個別之業務狀況加以判斷。故雇主依《勞動基準法》第十一條第二款所規定之「業務緊縮」為理由，向勞工預告終止勞動契約，須以企業經營客觀上確有業務緊縮之情形，始得為之。

最高法院 99 年台上字第 1658 號民事判決

裁判案由：請求確認僱傭關係存在

裁判要旨：若以雇主主張其業務緊縮，依照《勞動基準法》第 11 條第 2 款規定，的確可向勞工預告終止勞動契約，惟以雇主亦同時僱有外國人為其工作，而就業服務法第 42 條規定係為保障我國國民工作權，而要求外國人工作，不得妨礙本國人之就業機會、勞動條件、國民經濟發展及社會安定，即所謂優先留用本國勞工之原則；惟是否可適用此原則，應審酌本國勞工與外國勞工之職務是否相同。

三、不可抗力暫停工作在一個月以上時。

四、業務性質變更，有減少勞工之必要，又無適當工作可供安置時。

最高法院 105 年台上字第 144 號民事判決

裁判案由：確認僱傭關係存在等

裁判要旨：十一條第四款後段所稱「業務性質變更，有減少勞工之必要，又無適當工作可供安置」，明示雇主資遣勞工前必先盡「安置前置義務」，必無處可供安置時，最後不得已才可資遣，學說上稱為迴避資遣型的調職。倘雇主已提供適當新職務善盡安置義務，為勞工拒絕，基於尊重企業經營自主權及保障勞工工作權之平衡，要求雇主仍須強行安置，當非立法本旨。

最高法院 100 年台上字第 1057 號民事判決

裁判案由：確認僱傭關係存在等

裁判要旨：《勞動基準法》第十一條第二款所謂「業務緊縮」，係指雇主在相當一段時間營運不佳，生產量及銷售量均明顯減少，其整體業務應予縮小範圍而言，與雇主之財務結構及資產負債情形無必然之關係。至雇主基於經營決策或為因應環境變化與市場競爭，改變經營之方式或調整營運之策略，而使企業內部產生結構性或實質上之變異，乃屬「業務性質變更」之範疇，而非「業務緊縮」，如因此須減少人力，亦不得以業務緊縮為由向勞工終止契約。且雇主之生產量及銷售量有無明顯減少，應就企業之整體營業之業績觀察，不能僅就局部或個別之業務狀況加以判斷。故雇主依《勞動基準法》第十一條第二款所規定之「業務緊縮」為理由，向勞工預告終止勞動契約，須以企業經營客觀上確有業務緊縮之情形，始得為之。

最高法院99年台上字第1203號民事判決

裁判案由：確認僱傭關係存在

裁判要旨：查業務性質變更，有減少勞工之必要時，雇主雖可依《勞動基準法》第十一條第四款規定終止勞動契約；惟依該款規定，雇主除須業務性質變更，有減少勞工之必要外，尚須無其他適當工作可供安置時，始得終止勞動契約。所謂「無適當工作可供安置時」，為保障勞工之基本勞動權，加強勞雇關係，促進社會與經濟發展，應包括「原雇主」為因應業務性質變更而投資成立，在人事晉用及管理上為「原雇主」所操控之他公司，亦無適當工作可供安置之情形在內。

五、勞工對於所擔任之工作確不能勝任時。

最高法院104年台上字第129號民事判決

裁判案由：請求確認僱傭關係存在等

裁判要旨：《勞動基準法》第11條第5款所稱「勞工對於所擔任之工作確不能勝任」者，舉凡勞工客觀上能力、學識、品行及主觀上違反忠誠履行勞務給付義務均應涵攝在內，且雇主於其使用《勞動基準法》所賦予保護之各種手段後，仍無法改善情況下，即得終止勞動契約，以符「解僱最後手段性原則」。

最高法院103年台上字第2550號民事判決

裁判案由：請求確認僱傭關係存在等

裁判要旨：《勞動基準法》第11條第5款所謂不能勝任工作，不僅指勞工在客觀上之學識、品行、能力、身心狀況，不能勝任工作者而言，即勞工主觀上能為而不為，可以做而無意願做，違反勞工應忠誠履行勞務給付之義務者亦屬之。

最高法院 103 年台上字第 662 號民事判決

裁判案由：確認勞務契約關係存在等

裁判要旨：雇主解僱勞工，應符合解僱最後手段性原則，即於使用勞基法所賦予保護之各種手段後，仍無法改善情況下，始得終止契約。若雇主逕依勞基法第 11 條第 5 款規定終止兩造間勞動契約，顯與前揭最後性手段原則不合，不生終止勞動契約之效力。

台灣高等法院 102 年勞上字第 82 號民事判決

案由摘要：確認僱傭關係存在等

要旨：「試用」乃雇主評價勞工之工作能力及職務適格性，作為考量締結正式僱傭契約與否，雇主約定「試用期間」旨在保留較大之解僱勞工權利，並減輕其解僱事由之證明程度。

最高法院 102 年台上字第 1261 號民事判決

裁判案由：請求確認僱傭關係存在

裁判要旨：職業災害勞工經醫療終止後，是否已因身體殘廢不堪勝任工作，得由雇主據以強制其退休，此於獨立民事訴訟之裁判時，民事法院法官依法獨立審判，不受行政機關或行政訴訟判決認定事實之影響，仍得依調查證據、本於辯論之結果，以其自由心證而為認定。本件被上訴人雖經勞保局認定其慢性骨髓性白血病屬殘廢給付標準表第 46 項第 3 等級「胸腹部臟器機能遺存顯著障害，終身不能從事工作者」，然其身體狀況經醫學診斷證明尚有從事輕便工作之能力，且其殘廢等級未達到職業災害勞工保護法第 23 條第 2 款所定身體殘廢不堪勝任工作情形，其究竟有無不能勝任工作而得予強制退休情形，原審未加以審酌，本件上訴為有理由。

《勞動基準法》第 12 條

勞工有左列情形之一者，雇主得不經預告終止契約：

一、於訂立勞動契約時為虛偽意思表示，使雇主誤信而有受損害之虞者。

二、對於雇主、雇主家屬、雇主代理人或其他共同工作之勞工，實施暴行或有重大侮辱之行為者。

三、受有期徒刑以上刑之宣告確定，而未諭知緩刑或未准易科罰金者。

四、違反勞動契約或工作規則，情節重大者。

102 年勞上易字第 120 號

裁判案由：給付資遣費

裁判要旨：《勞動基準法》第 12 條第 1 項第 4 款規定之勞工違反勞動契約或工作規則情節重大，其不得僅以雇主訂定之工作規則明目條例決定重大與否，而應視勞工違規行為之態樣、初次或累次、故意或過失、對雇主及所營事業所生之危險或損失、勞工到職時間之久暫等為判斷標準，如客觀上勞工行為以致勞動關係進行受到破壞，難以期待雇主使用其他較輕微之手段而繼續僱傭關係者，雇主始可不經預告終止勞動契約。

勞動 4 字第 1010131995 號

要旨：符合自請退休要件之勞工受有期徒刑宣告確定，於退休金請求權時效消滅前，向雇主提出給付退休金之申請，雇主不得因已依《勞動基準法》第 12 條規定終止勞動契約，而拒絕給付退休金（原行政院勞工委員會 93.07.26 勞動 3 字第 0930035707 號書函停止適用）。

主旨：有關符合自請退休要件之勞工受有期徒刑宣告確定，事業單位依法終止勞動契約，其退休金請求權疑義，復如說明，請查照。

說明：一、依據苗栗縣政府 101 年 7 月 5 日府勞社勞字第 1010134924 號函辦理。

二、勞工如已符合自請退休要件未為自請退休之意思表示前，雇主依法終止勞動契約，則毋庸勞工再提出自請退休，雇主即應依法發給勞工退休金，前經本會 81 年 2 月 28 日台 (81) 勞動 3 字第 05213 號函釋在案。本案勞工於退休金請求權時效消滅前，向雇主提出退休金給付之申請，雇主尚不得因雇主已依《勞動基準法》第 12 條規定終止勞動契約，而拒絕給付退休金。本會 93 年 7 月 26 日勞動 3 字第 0930035707 號書函停止適用。

最高法院 103 年台上字第 2700 號民事判決

裁判案由：請求給付退休金

裁判要旨：按《勞動基準法》第 12 條第 1 項關於雇主不得任意不經預告終止契約之規定，係屬民法第 71 條所稱之禁止規定，如有違反，自不生終止之效力。是以，雇主倘故意濫用其經濟上之優勢地位，藉「合意終止」之手段，使勞工未處於「締約完全自由」之情境，影響其決定及選擇之可能，而與勞工締結對勞工造成重大不利益之契約內容，導致勞工顯失公平，並損及誠信與正義者，即屬以間接之方法違反或以迂迴方式規避前開條項之禁止規定。於此情形，勞工自得比照直接違反禁止規定，主張該合意終止契約為無效。故雇主縱與勞工有約定雇主具懲戒權，然勞工是否居於締約完全自由情境，該約定對勞工有無顯失公平而損及誠信與正義，皆應詳加探討研究，尚不得逕以約定係經雙方合意所為，即謂非雇主片面對勞工行使懲戒權，而無濫用懲戒權情事。

最高法院 103 年台上字第 1816 號民事判決

裁判案由：請求給付工資等

裁判要旨：《勞動基準法》第 12 條第 1 項第 4 款所稱「情節重大」係不確定法律概念，不得僅就雇主所訂工作規則之名目是否列為重大事項作為決定標準，解釋上應以勞工違反工作規則之具體事項，客觀上已難期待雇主採用解僱以外之懲處手段而繼續其僱傭關係為斷，故勞工之違規行為態樣、初次或累次、故意或過失違規、對雇主及所營事業所生之危險或損失、勞雇間關係之緊密程度、勞工到職時間之久暫等，均為是否達到懲戒性解僱之衡量因素。

最高法院 103 年台上字第 415 號民事判決

裁判案由：請求確認僱傭關係存在

裁判要旨：員工宿舍屬勞工之私人領域，非工作場所。若工作規則規定，員工在公司內毆打他人或互相毆打者（正當防衛者除外），經查證屬實或有具體事證者，得予開除。此規定係禁止員工在公司內施暴或互毆行為，非規範員工在公司外之行為，自與員工於非上班時間，在公司外之員工宿舍發生毆打事件不同。

最高法院 102 年台上字第 979 號民事判決

裁判案由：確認僱傭關係存在等

裁判要旨：雇主依《勞動基準法》第 12 條第 1 項第 4 款之規定，得不經預告終止契約者，須以勞工違反勞動契約或工作規則，情節重大者，始得為之。所謂情節重大，應依據事業之性質和需要，參酌勞工之違規行為態樣、對雇主及所營事業所生之危險或損失、勞工到職時間之久暫等客觀情事，並考量逕予解僱是否有違比例原則、懲戒相當性及解僱最後手段，綜合研判之。又同法第 2 條第 3 款規定，工資謂勞工因工作而獲得之報酬，包括工資、薪金及按時、按日、按月、計件以現金或實物等方式給付之獎金、津貼及其他任何名義之經常性給與均屬之，故雇主因勞工提供勞務及為保障勞工生活所為之給與，除同法施行細則第 10 條負面所列舉各款項目等實非經常性給與及具勞務對價性之性質者外，均應包括在內。

最高法院 101 年台上字第 2033 號民事判決

裁判案由：請求確認僱傭關係存在

裁判要旨：按受僱勞工相對於雇主而言，顯然欠缺對等防禦能力，而懲戒性解僱，涉及剝奪勞工既有工作權，自應審慎判斷之。倘勞工違反工作規則之情節並非重大，而雇主仍有其他懲戒方法可施，尚非最後、無法迴避、不得已之手段，自不得任由雇主懲戒勞工致達解僱程度。至是否達於此處情節重大程度，應由雇主依據社會一般通念，審酌評估行業性質、職場文化、違規行為所造成影響、是否可歸責於勞工、有無賦與勞工必要程序保障即勞工可否預期等項，平衡雇主與勞工之利益而妥為判斷。又金融機關與其存款戶間，不論支票存款之委任關係，或乙種存款之消費寄託關係，皆以權利義務雙方間之相互信任關係為基礎。故從事金融業務之勞工，於執行職務時，當謹守分際，不得為破壞雇主與客戶間信任之行為。是以，就雇主金融業務部分之行業性質及職場文化，受僱勞工如一再騷擾不特定多數存款客戶而影響部分客戶與雇主間之信任關係，即堪認勞工違反工作規則，且已達情節重大程度，如符合農會人事管理辦法第 48 條第 3 項同一年度記大過兩次之規定，雇主自得將勞工解僱，並無違法。

五、故意損耗機器、工具、原料、產品，或其他雇主所有物品，或故意洩漏雇主技術上、營業上之秘密，致雇主受有損害者。

最高法院 103 年台上字第 1984 號民事判決

裁判案由：請求損害賠償

裁判要旨：競業禁止約款係事業單位為保護商業機密、營業利益或維持競爭優勢，而要求職員於在職期間或離職後一定期間或區域內，不得受僱於或經營相同或類似工作工作。故如有其必要，且其限制亦未逾越合理範圍，則應受其拘束。故任職科技公司主管，並由公司出資培訓相關知識，卻於離職後旋即受僱於其他公司擔任相關技術之經理，該公司自得利用其知識提升產品製造效率，不得逕稱如此競業禁止條款已逾合理。

最高法院 103 年台上字第 793 號民事判決

裁判案由：請求給付違約金

裁判要旨：競業禁止條款之簽署，係基於雇主為防止員工於任職期間或離職後一定時間內至相同或相似之行業任職，造成雇主利益受損，故約定在該期間內，不得利用因原任職關係所得知之資訊或技術而為競業之行為。雇主以締約優勢，使員工同意簽訂該條款，使員工離職後無法以其專長從事相關工作，並未充分保障勞工之生存權及工作權，而有代償措施之設計。惟員工係自請退休，並獲有相當退休金，自應受有效且合理之競業禁止條款拘束，而無有代償措施之保障。但競業禁止條款所限制之區域及職業活動範圍已逾合理範圍，則應認該條款為無效。

最高法院 99 年台上字第 599 號民事判決

裁判案由：給付違約金

裁判要旨：所謂競業條款，係指受僱人於僱傭關係存續中，因參與對僱用人之顧客、商品來源、製造或銷售過程等機密，而該類機密之運用，對僱用人可能造成危險或損失，乃經由勞雇雙方協議，於僱傭關係終止後，受僱人於一定期間內不得從事與原雇主相同或同類公司或廠商之工作。倘若其限制範圍倘屬明確、合理、必要，且受僱人因此項限制所生之損害，曾受有合理之填補，基於契約自由原則，固應認競業禁止之約定為合法有效。

六、無正當理由繼續曠工三日，或一個月內曠工達六日者。

雇主依前項第一款、第二款及第四款至第六款規定終止契約者，應自知悉其情形之日起，三十日內為之。

台灣高等法院 103 年勞上易字第 72 號民事判決

裁判案由：給付資遣費等

裁判要旨：按《勞動基準法》第 12 條第 1 項第 6 款規定所謂繼續曠工係指勞工實際應為工作之日無故繼續不到工者而言，自須由雇主舉證證明該項事實之存在，始得不經預告終止契約。又打卡僅係雇主掌握計算勞工工作時間方式，倘勞工實際出勤上班，僅因故未打卡，尚不構成曠工要件，雇主自不得憑前揭條文將勞工逕行解僱。

台灣高等法院 103 年勞上字第 24 號民事判決

裁判案由：給付資遣費等

裁判要旨：《勞動基準法》第 12 條第 1 項第 6 款所謂「曠工」，應指於工作日之全日均未依約為雇主服勞務之情形，定義上與遲到、早退並不相同，雇主不得以勞工有遲到早退之事實逕予認定為曠工，而不經預告終止契約。

台灣高等法院99年勞上字第17號民事判決

裁判案由：給付工資

裁判要旨：勞工若有違反勞動契約或工作規則，情節重大者，或無正當理由繼續曠工3日，或1個月內曠工達6日者，依照《勞動基準法》第12條第1項第6款、第2項等規定，得不經預告終止契約，且此終止行為，應自知悉其情形之日起，30日內為之。惟若雇主未依上述規定即終止勞動契約，而致勞工與雇主兩造主觀上皆已認為僱傭契約已終止，勞工無返回公司工作之義務，自不存在無正當理由繼續曠職之情形。

《勞動基準法》第13條

勞工在第五十條規定之停止工作期間或第五十九條規定之醫療期間，雇主不得終止契約。但雇主因天災、事變或其他不可抗力致事業不能繼續，經報主管機關核定者，不在此限。

《勞動基準法》第14條

有左列情形之一者，勞工得不經預告終止契約：

一、雇主於訂立勞動契約時為虛偽之意思表示，使勞工誤信而有受損害之虞者。

二、雇主、雇主家屬、雇主代理人對於勞工，實施暴行或有重大侮辱之行為者。

三、契約所訂之工作，對於勞工健康有危害之虞，經通知雇主改善而無效果者。

四、雇主、雇主代理人或其他勞工患有惡性傳染病，有傳染之虞者。

裁判字號：103年勞上易字第28號

案由摘要：給付資遣費等

裁判日期：民國104年01月20日

資料來源：司法院

相關法條：民法第305條（104.01.14）、民事訴訟法第78、449條（102.05.08）、

《勞動基準法》第2、11、13、14、17、20條（104.02.04）、職業災害勞工保護法第23、24條（90.10.31）、勞工退休金條例第12條（103.01.15）

要旨：《勞動基準法》第14條第4項準用同法第17條規定，雇主因不依勞動契約給付工作報酬或違反勞動契約或勞工法令，致有損害勞工權益之虞，而經勞工終止僱傭契約時，雇主應發給勞工資遣費。

勞職外字第0920205706號

要旨：雇主如有《勞動基準法》第14條第1項各款情事，勞工得不經預告終止勞動契約，並準用同法第17條規定要求雇主發給資遣費。而終止僱傭契約如係歸責於勞工而造成雇主損失，雇主得依民法第489條規定請求賠償。

全文內容：一、有關外勞於2年聘僱合約未滿，自行解約離台，雇主可否向外勞要求賠償乙節，依《勞動基準法》第14條規定：「有下列情形之一者，勞工得不經預告終止契約：

一、雇主於訂立勞動契約時為虛偽之意思表示，使勞工誤信而有受損害之虞者。

二、雇主、雇主家屬、雇主代理人對於勞工，實施暴行或有重大侮辱之行為者。

三、契約所訂之工作，對於勞工健康有危害之虞，經通知雇主改善而無效果者。

四、雇主、雇主代理人或其他勞工患有惡性傳染病，有傳染之虞者。

五、雇主不依勞動契約給付工作報酬，或對於按件計酬之勞工不供給充分之工作者。

六、雇主違反勞動契約或勞工法令，致有損害勞工權益之虞者。……」依此，適用《勞動基準法》之事業單位，雇主如遇有該法第14條第1項各款情事，勞工得不經預告終止勞動契約，並得準用該法第17條規定要求雇主發給資遣費。

二、另，依據民法489條：當事人之一方，遇有重大事由，其僱傭契約，縱定有期限，仍得於期限屆滿前終止之。前項事由，如因當事人一方之過失而生者，他方得向其請求損害賠償。基此，契約之終止如可歸責於勞工而造成雇主之損失，雇主自得循司法途徑請求賠償。

台灣高等法院 97 年勞上更（一）字第 1 號民事判決

裁判案由：損害賠償

裁判要旨：《勞動基準法》第 14 條第 2 項規定，有第 1 項第 2 款或第 4 款情形，雇主已將該代理人解僱或已將患有惡性傳染病者送醫或解僱，勞工不得終止契約。本件被上訴人公司所訂工作規則第 2 條第 1 項規定，凡受本公司任僱從事工作獲致工資者均適用之。所謂「任僱」，由文義解釋，本應包含任用及僱用在內，且依第 59 條第 1 項規定，本公司員工職稱如附表。而依其附表，經理亦包含在內，是上訴人雖為被上訴人公司之經理，但仍有該工作規則適用，當屬無疑。然依《勞動基準法》第 14 條第 2 項及前開工作規則第 18 條第 2 項規定，員工以公司違反勞工法令，致有損其權益之虞之原因終止契約時，應於知悉情形之日起，30 日內為之。上訴人既自承於 91 年 12 月間向被上訴人公司之人事經理申訴，而該經理並未積極處理，反於翌日拿「羅生門」一書予上訴人，所謂將被上訴人調換位置或命其書立保證書等，均與其申訴無關，則上訴人於該經理交付「羅生門」一書時，當已知悉被上訴人公司無處理此事之意，而有違反勞工法令之事實，上訴人自應於斯時起 30 日內向被上訴人公司為終止契約之意思表示。

五、雇主不依勞動契約給付工作報酬，或對於按件計酬之勞工不供給充分之工作者。

台灣高等法院 103 年勞上易字第 28 號民事判決

裁判案由：給付資遣費等

裁判要旨：《勞動基準法》第 14 條第 4 項準用同法第 17 條規定，雇主因不依勞動契約給付工作報酬或違反勞動契約或勞工法令，致有損害勞工權益之虞，而經勞工終止僱傭契約時，雇主應發給勞工資遣費。

最高法院 103 年台上字第 215 號民事判決

裁判案由：請求給付資遣費等

裁判要旨：雇主於員工未達退休資格而自請離職時，始給付離職金與員工，員工既非自請離職，其請求給付離職金，亦非正當。是員工以雇主違反勞動契約或勞工法令，致有損其勞工權益之虞，及雇主不依勞動契約給付工作報酬為由，依勞基法第 14 條第 1 項第 5、6 款規定，終止兩造間勞動契約，並非合法。

裁判字號：103 年勞上字第 14 號

案由摘要：確認僱傭關係存在等

裁判日期：民國 104 年 03 月 18 日

資料來源：司法院

相關法條：民法第 126 條（91.06.26）、《勞動基準法》第 14、17、58 條（91.06.12）

要旨：按資遣費及預告工資兩者皆具有工資補償性質，且與民法第 126 條所例示之退職金及《勞動基準法》第 58 條規定之退休金性質相類似，則其請求權時效自應依民法第 126 條規定以 5 年計算始為適當。

六、雇主違反勞動契約或勞工法令，致有損害勞工權益之虞者。

勞工依前項第一款、第六款規定終止契約者，應自知悉其情形之日起，三十日內為之。

有第一項第二款或第四款情形，雇主已將該代理人解僱或已將患有惡性傳染病者送醫或解僱，勞工不得終止契約。

第十七條規定於本條終止契約準用之。

《勞動基準法》第 15 條

特定性定期契約期限逾三年者，於屆滿三年後，勞工得終止契約。但應於三十日前預告雇主。

不定期契約，勞工終止契約時，應準用第十六條第一項規定期間預告雇主。

《勞動基準法》第 15-1 條

未符合下列規定之一，雇主不得與勞工為最低服務年限之約定：

一、雇主為勞工進行專業技術培訓，並提供該項培訓費用者。

二、雇主為使勞工遵守最低服務年限之約定，提供其合理補償者。

前項最低服務年限之約定，應就下列事項綜合考量，不得逾合理範圍：

一、雇主為勞工進行專業技術培訓之期間及成本。

二、從事相同或類似職務之勞工，其人力替補可能性。

三、雇主提供勞工補償之額度及範圍。

四、其他影響最低服務年限合理性之事項。

違反前二項規定者，其約定無效。

勞動契約因不可歸責於勞工之事由而於最低服務年限屆滿前終止者，勞工不負違反最低服務年限約定或返還訓練費用之責任。

裁判字號：104 年台字第 2478 號

案由摘要：請求給付違約金等等

裁判日期：民國 104 年 12 月 25 日

要旨：勞工是否違反服務期限，應以終止契約之事由是否可歸責於其為斷，非可僅依契約由何方終止遽予認定；亦不得拘泥於「自請離職」之契約文字，逕謂凡雇主終止勞動契約，即不得向勞工請求賠償。

《勞動基準法》第 16 條

雇主依第十一條或第十三條但書規定終止勞動契約者，其預告期間依下列各款之規定：

一、繼續工作三個月以上一年未滿者，於十日前預告之。

二、繼續工作一年以上三年未滿者，於二十日前預告之。

三、繼續工作三年以上者，於三十日前預告之。

勞工於接到前項預告後，為另謀工作得於工作時間請假外出。其請假時數，每星期不得超過二日之工作時間，請假期間之工資照給。

雇主未依第一項規定期間預告而終止契約者，應給付預告期間之工資。

《勞動基準法》第 17 條

雇主依前條終止勞動契約者，應依下列規定發給勞工資遣費：

一、在同一雇主之事業單位繼續工作，每滿一年發給相當於一個月平均工資之資遣費。

二、依前款計算之剩餘月數，或工作未滿一年者，以比例計給之。未滿一個月者以一個月計。

前項所定資遣費，雇主應於終止勞動契約三十日內發給。

《勞動基準法》第 18 條

有下列情形之一者，勞工不得向雇主請求加發預告期間工資及資遣費：

一、依第十二條或第十五條規定終止勞動契約者。

二、定期勞動契約期滿離職者。

《勞動基準法》第 19 條

勞動契約終止時，勞工如請求發給服務證明書，雇主或其代理人不得拒絕。

最高法院 95 年台上字第 1076 號民事判決

裁判案由：請求確認委任關係不存在等

裁判要旨：學說上所稱之「後契約義務」，係在契約關係消滅後，為維護相對人人身及財產上之利益，當事人間衍生以保護義務為內容，所負某種作為或不作為之義務，諸如離職後之受僱人得請求雇主開具服務證明書、受僱人離職後不得洩漏任職期間獲知之營業秘密之類，其乃脫離契約而獨立，不以契約存在為前提，違反此項義務，即構成契約終了後之過失責任，應依債務不履行之規定，負損害賠償責任，與當事人間就契約本身應負之原給付義務未盡相同。

《勞動基準法》第 20 條

事業單位改組或轉讓時，除新舊雇主商定留用之勞工外，其餘勞工應依第十六條規定期間預告終止契約，並應依第十七條規定發給勞工資遣費。其留用勞工之工作年資，應由新雇主繼續予以承認。[8]

---

[8] 《企業併購法》第 15 條：
「公司進行合併時，消滅公司提撥之勞工退休準備金，於支付未留用或不同意留用勞工之退休金後，得支付資遣費；所餘款項，應自公司勞工退休準備金監督委員會專戶全數移轉至合併後存續公司或新設公司之勞工退休準備金監督委員會專戶。

台灣學界最大的通病在於，學者只負責將國外的學說與見解翻譯成中文後引進台灣，卻未顧及台灣法令現狀，也因此時常有「牛頭不對馬嘴」的感覺！首先，事業單位改組或轉讓之「事業單位」，依前述應該不分營利事業或非營利事業，然而就營利事業而言，《公司法》與《企業併購法》在勞工權益部分就成為《勞動基準法》之特別法，使得勞基法本條之適用範圍僅剩下非營利事業單位。若牽強應用《公司法》之概念，《公司法》中變更公司組織僅有無限公司與兩合公司互換，以及有限公司變更成股份有限公司。而《公司法》中，有限公司轉換成股份有限公司多半是經營規模擴大，除非遇有《勞動基準法》第 11 條之情形，否則豈會有公司組織變大卻構成裁員的理由這種荒謬的錯誤？再者，現今企業購併型態多元，若以《公司法》中「關係企業」一章視之，以取得股權方式甚至進行董事會改選，是否仍符合本條所稱事業單位「改組」之概念？

最高法院 99 年台上字第 2205 號民事判決

裁判案由：請求給付資遣費等

裁判要旨：《勞動基準法》第 20 條前段規定，事業單位改組或轉讓時，除新舊雇主商定留用之勞工外，其餘勞工應依該法第 16 條第 1 項各款規定期間預告終止契約，並應依同法第 17 條各款規定發給勞工資遣費。而所謂事業單位改組或轉讓之定義，如事業單位為公司組織，則係指事業單位依公司法之規定變更其組織型態，或消滅其原有之法人人格，或事業負責人變更等情形者言，倘原有法人資格並未消滅、負責人並未變更，即非屬改組轉讓。

公司進行收購財產或分割而移轉全部或一部營業者，讓與公司或被分割公司提撥之勞工退休準備金，於支付未留用或不同意留用勞工之退休金後，得支付資遣費；所餘款項，應按隨同該營業或財產一併移轉適用勞動基準法退休金制度工作年資勞工之比例，移轉至受讓公司之勞工退休準備金監督委員會專戶。

讓與公司或被分割公司依前項規定比例移轉勞工退休準備金前，其提撥之勞工退休準備金，應達到勞工法令相關規定申請暫停提撥之數額。但其具有適用勞動基準法退休金制度工作年資之勞工，已全數隨同移轉至受讓公司，所餘款項，應全數移轉至受讓公司之勞工退休準備金監督委員會專戶。」

台灣高等法院台中分院102年勞上易字第32號民事判決

裁判案由：給付資遣費等

裁判要旨：《勞動基準法》第20條所謂事業單位改組或轉讓，係指事業單位依公司法之規定變更其組織或合併或移轉其營業、財產，或獨資、合夥事業單位之負責人變更，而消滅其原有之法人人格，另立新之法人人格而言；若組織變更前之原公司與變更後之公司同時存在，且二者之董監事資料，均非有相同之人，應認其於法律上係屬不同之法人，個別享有法人格，不得認為原公司將設備、人員轉予他公司，即成立勞基法第20條規定之事業單位改組或轉讓之情形，而他公司需因此負擔勞工之資遣費。

台灣高等法院台南分院100年勞上易字第2號民事判決

裁判案由：給付退休金等

裁判要旨：《勞動基準法》第20條明定，事業單位改組或轉讓時，除新舊雇主商定留用之勞工外，其餘勞工應依同法第16條規定期間預告終止契約，並應依同法第17條規定發給勞工資遣費。其留用勞工之工作年資，應由新雇主繼續予以承認，該內容所指之事業單位改組，應以組織型態變更者稱之，而所謂事業單位轉讓則為以資產、設備、營業等為讓與之動作者而言，並其轉讓亦非需有法定代理人、股東及組織型態相同等條件。

《企業併購法》第16條：
「併購後存續公司、新設公司或受讓公司應於併購基準日三十日前，以書面載明勞動條件通知新舊雇主商定留用之勞工。該受通知之勞工，應於受通知日起十日內，以書面通知新雇主是否同意留用，屆期未為通知者，視為同意留用。
留用勞工於併購前在消滅公司、讓與公司或被分割公司之工作年資，併購後存續公司、新設公司或受讓公司應予以承認。」

《企業併購法》第17條：
「公司進行併購，未經留用或不同意留用之勞工，應由併購前之雇主終止勞動契約，並依《勞動基準法》第十六條規定期間預告終止或支付預告期間工資，並依法發給勞工退休金或資遣費。
前項所定不同意留用，包括經同意留用後，於併購基準日前因個人因素不願留用之情形。」

台灣高等法院台中分院99年重勞上字第6號民事判決

裁判案由：確認僱傭關係存在等

裁判要旨：《勞動基準法》第20條規定中，所謂事業單位改組或轉讓，如事業單位為公司組織者，係指事業單位依公司法之規定變更其組織或合併或移轉其營業、財產而消滅其原有之法人人格，另立新之法人人格而言，縱使事業單位本身為公法人，亦應作相同解釋。若公法人之法定代理人任期屆滿而改選易人，顯非勞基法第20條所稱之事業單位改組或轉讓，自不適用該條規定。

台灣高等法院台中分院99年勞上易字第50號民事判決

裁判案由：給付退休金

裁判要旨：事業單位改組或轉讓時，《勞動基準法》第20條規定，除新舊雇主商定留用之勞工外，其餘勞工應依第16條規定期間預告終止契約，並應依第17條規定發給勞工資遣費。其留用勞工之工作年資，應由新雇主繼續予以承認。而當中所謂事業單位改組或轉讓，於事業單位為公司組織者，自應包括依公司法規定變更組織、合併或移轉其營業、財產，以消滅原有法人人格另創立新法人人格之情形而言。

第三章 工作規則

第一節｜勞動基準法

《勞動基準法》第 70 條

雇主僱用勞工人數在三十人以上者，應依其事業性質，就左列事項訂立工作規則，報請主管機關核備後並公開揭示之：

一、工作時間、休息、休假、國定紀念日、特別休假及繼續性工作之輪班方法。

二、工資之標準、計算方法及發放日期。

三、延長工作時間。

四、津貼及獎金。

五、應遵守之紀律。

六、考勤、請假、獎懲及升遷。

七、受僱、解僱、資遣、離職及退休。

八、災害傷病補償及撫卹。

九、福利措施。

十、勞雇雙方應遵守勞工安全衛生規定。

十一、勞雇雙方溝通意見加強合作之方法。

十二、其他。

勞動 1 字第 1010131224 號

要旨：勞動基準法第 70 條規定雇主應依其事業性質，訂立工作規則，係包括規則之「訂定」及「變更」，又同法施行細則第 37 條補充規定訂立工作規則後應於 30 日內報請當地主管機關核備，修正時亦同。

主旨：所詢勞動基準法（以下簡稱本法）第 70 條相關規定疑義一案，復請查照。

說明：一、復貴府 101 年 3 月 15 日府授勞資字第 10132145901 號函。

二、查本法施行細則第 37 條第 1 項規定略以，雇主訂立工作規則應於 30 日內報請當地主管機關核備。同條第 2 項規定，工作規則應依據法令、勞資協議或管理制度變更情形適時修正，修正後仍應送請主管機關核備。

三、故事業單位如因「勞資協議」需修正工作規則內容，應係已協商達成合意後始依法定程序於 30 日內報主管機關核備，實務上應不生扞格之處。

四、另，本法第 70 條課雇主「訂立」工作規則之義務，經查其立法原意係包括規則之「訂定」及「變更」，非僅限於「訂定」始應報核。又，本法施行細則第 37 條係針對本法第 70 條所為之補充性規定，事業單位未符上開規定主管機關即得依法處罰，尚無擴張解釋之虞。

最高法院 103 年台上字第 1310 號民事判決

裁判案由：請求給付退休金

裁判要旨：按勞動基準法第 53 條規定勞工得自請退休之情形，乃係最低標準，故事業單位訂定較優於該條之規定者，從其規定。而勞工申請退休，係勞工所享有之權利，自不必得雇主同意。惟該雇主所訂定之退休辦法，有較寬鬆條件之規定，則該優退權利，亦有所不同。又退休辦法亦屬工作規則，而為勞動契約內容之一部，故勞工申請退休，即應依此辦理。倘優退辦法有准駁勞工退休之規定，雇主駁回勞工之申請亦與誠信原則無違，則非法所不許。另按民法第 111 條規定，法律行為之一部分無效者，全部皆為無效。但除去該部分亦可成立者，則其他部分，仍為有效。故雇主所訂之退休辦法雖未區分優惠退休或一般法定退休，但優惠退休部分於法並不生牴觸問題，其規定之核定要件，仍屬有效。

最高法院103年台上字第1064號民事判決

裁判案由：給付加班費

裁判要旨：按勞動基準法第84條之1第1項規定，係因工作性質特殊，而對工作時間有自由裁量之必要，故允許勞雇雙方得另行約定並調整其工作時間，而不受相關限制。至工作規則業經報請地方政府核備，救護車駕駛工作亦屬同條項所稱性質特殊之工作，經協商排定值班表，並照表實施，且已領取值班費，並無違誤。惟於正常工作時間以外之值班，亦非正常工作之延伸，所請求之差額加班費，自不應准許。

最高法院103年台上字第415號民事判決

案由摘要：請求確認僱傭關係存在

要旨：員工宿舍屬勞工之私人領域，非工作場所。若工作規則規定，員工在公司內毆打他人或互相毆打者（正當防衛者除外），經查證屬實或有具體事證者，得予開除。此規定係禁止員工在公司內施暴或互毆行為，非規範員工在公司外之行為，自與員工於非上班時間，在公司外之員工宿舍發生毆打事件不同。

最高法院99年台上字第2204號民事判決

裁判案由：請求不得為一定之行為

裁判要旨：勞動基準法第70條規定，雇主僱用勞工人數在三十人以上者，應依其事業性質訂立工作規則，報請主管機關核備後並公開揭示之，不問勞工是否同意，皆能發生拘束力。雇主就工作規則為不利勞工之變更時，原則上固不能拘束表示反對之勞工，惟若工作規則之不利益變更符合多數勞工利益，亦滿足企業經營必要而具合理性時，即不得逕論工作規則已構成該法第71條規定，因違反有關該事業適用之團體協約規定而無效。

《勞動基準法》第 71 條

工作規則，違反法令之強制或禁止規定或其他有關該事業適用之團體協約規定者，無效。

最高法院 103 年台上字第 2700 號民事判決

案由摘要：請求給付退休金

要旨：按勞動基準法第 12 條第 1 項關於雇主不得任意不經預告終止契約之規定，係屬民法第 71 條所稱之禁止規定，如有違反，自不生終止之效力。是以，雇主倘故意濫用其經濟上之優勢地位，藉「合意終止」之手段，使勞工未處於「締約完全自由」之情境，影響其決定及選擇之可能，而與勞工締結對勞工造成重大不利益之契約內容，導致勞工顯失公平，並損及誠信與正義者，即屬以間接之方法違反或以迂迴方式規避前開條項之禁止規定。於此情形，勞工自得比照直接違反禁止規定，主張該合意終止契約為無效。故雇主縱與勞工有約定雇主具懲戒權，然勞工是否居於締約完全自由情境，該約定對勞工有無顯失公平而損及誠信與正義，皆應詳加探討研究，尚不得逕以約定係經雙方合意所為，即謂非雇主片面對勞工行使懲戒權，而無濫用懲戒權情事。

第二節 | 競業禁止 [1]

一、前言

勞工的工作權、職業自由及雇主的財產權，均是《憲法》保障的人民基本權利。近年來，國內企業競爭秩序日趨白熱化，企業間因挖角或勞工跳槽造成不當競爭所生爭議，時有所聞。因此，為有效預防不公平的競爭及保護企業利益之目的，簽訂「離職後競業禁止條款」已逐漸成為企業界普遍的作法；亦即勞雇雙方以契約約定限制勞工離職後在一定的時間及地域內，不得從事與原雇

[1] 勞動部，《簽訂競業禁止參考手冊》，https://www.mol.gov.tw/media/3810004/簽訂競業禁止參考手冊.pdf，最後檢索日：106 年 9 月 7 日。

主競爭之相同或類似工作。

由於我國現行勞動法中，尚無「離職後競業禁止」之規範，上開約定之內容，常有侵害勞工工作權及職業自由之批評，近來社會各界亦期待本會（現為勞動部）能提出「範本」，供勞資雙方參考。故，本會（現為勞動部）特整理了學理上的論述，蒐集了近年來若干各級法院之判決，嘗試分析、歸納相關判決所累積之衡酌標準，並提出簽訂競業禁止時之建議及應注意事項，期作為勞雇雙方簽訂時之參據，減少不必要之爭議。《簽訂競業禁止參考手冊》另附各國競業禁止法制規範參考資料，然並非世界各國均承認或允許勞雇間約定競業禁止條款，仍有部分國家透過《憲法》或法律明文禁止約定。❷

二、什麼是競業禁止

所謂「競業禁止」，是指「事業單位為保護其商業機密、營業利益或維持其競爭優勢，要求特定人與其約定在在職期間或離職後之一定期間、區域內，不得受僱或經營與其相同或類似之業務工作」而言。競業禁止的限制涵蓋範圍很廣，也頗為複雜，且限制的對象包括企業經營管理人、董事、監察人、執行業務之股東、企業經理人及一般的勞工。就企業所有人及經營管理者而言，競業禁止規範的範圍，本質上皆是有關雙方營業利益上之衝突，亦即是單純的財產權上的爭議，在法律規範及處理程序上有別於一般技術性勞工所面臨的問題；一般勞工所面臨的不單是財產權的衝突，更是雇主財產權與勞動者工作權兩個屬憲法保障權利之衝突。

我國法院實務見解認為，受僱人有忠於其職責之義務，於僱用期間非得僱用人之允許，固不得為自己或第三人辦理同類之營業事務，惟為免受僱人因知悉前僱用人之營業資料而作不公平之競爭，雙方得事先約定於受僱人離職後，在特定期間內不得從事與僱用人相同或類似之行業，以免有不公平之競爭，若

❷ 例如，墨西哥於1917年開始施行迄今的《憲法》第4條第1項規定：「任何人從事合法職業、選擇工作、或從事產業、商業活動之權利均不得被限制。此項工作、職業選擇之自由僅於有侵害第三人權利之情事而得由法院以判決禁止，或因危害社會之權利而由行政機關依法律規定形式之行政命令予以禁止。任何人工作之成果除本於法院判決以外，亦不得予以剝奪。」透過上述《憲法》之明文規定，限制或禁止競業僅於有侵害第三人或社會之權利情事下得由「法院」以判決或「行政機關」以行政命令為之而已，私人間任何限制或禁止競業之約定均因違反《憲法》之明文規定，而一概歸於無效。由此可見，墨西哥即是將競業禁止問題提升到憲法層次的國家。（陳金泉律師提供）

此競業禁止之約定期間、內容為合理時，即與《憲法》工作權之保障無違。是以，雇主為避免遭受不公平之競爭，尚非不得與員工間簽訂競業禁止約款，除違反強制、禁止規定或違背公序良俗或不公平競爭等外，基於契約自由原則，倘該約款限制競業之時間、範圍及方式，在社會一般觀念及商業習慣中，可認為合理適當且不危及受限制員工之經濟生存能力者，其約定應為有效。

有關勞工簽訂競業禁止條款上的限制，主要是為維持此種憲法保障權利之衡平，故要求勞工簽訂競業禁止條款的主要目的包括：

1. 避免其他競爭事業單位惡意挖角或勞工惡意跳槽。
2. 避免優勢技術或營業秘密外洩。
3. 避免勞工利用其在職期間所獲知之技術或營業秘密自行營業，削弱原雇主之競之競爭力。

簽訂競業禁止條款之原始目的主要是考量企業利益為出發點，然「競業禁止」約定限制的真正目的，則應是要衡平這種只單方面考量雇主利益的不公平現象，保護勞工的工作權及其相關的利益，俾使勞工免於因輕率、急迫或無經驗，簽訂競業禁止條款而受到權利上不可預知的侵害。

三、在職及離職後之競業禁止

受僱者受競業禁止約定的限制，可區分為在職期間及離職後二種樣態，其情形分述如下：

（一）在職期間的競業禁止

勞雇關係存續期間，勞工除有提供勞務的義務外，尚有忠誠、慎勤之義務，亦即勞工應保守公司的秘密及不得兼職或為競業行為的義務。現行勞工法令並未明文禁止勞工之兼職行為，因此，勞工利用下班時間兼差，賺取外快，如未損害雇主之利益，原則上並未違反法令之規定。但是如果勞工在雇主之競爭對手處兼差，或利用下班時間經營與雇主競爭之事業，則可能危害到雇主事業之競爭力。故雇主常透過勞動契約或工作規則，限制勞工在職期間之兼職或競業行為，勞工如有違反約定或規定之情事，可能受到一定程度之處分，其情節嚴重者甚至構成懲戒解僱事由。

（二）離職後的競業禁止

勞工對雇主負有守密及不為競業之義務，於勞動契約終了後即告終止。雇主如欲再保護其營業上之利益或競爭上之優勢時，須於勞動契約另為特別約定。常見的方式為限制勞工離職後之就業自由，明定離職後一定期間內不得從事與雇主相同或類似之工作，違者應賠償一定數額之違約金之約定，這種約定稱為「離職後的競業禁止」。

四、簽訂競業禁止相關約定注意事項

由於我國現行勞動法規中並無「離職後競業禁止」之規範，勞資雙方基於行業及工作特性，擬為上開約定時，本著誠實信用原則協商並於勞動契約中訂定，並無不可。惟實務上，常有雇主片面以工作規則訂定，或勞動契約約定內容顯失公平者，且此一現象有越來越嚴重的趨勢。為使勞雇雙方簽訂時，有所遵循，本會（現為勞動部）特整理學理上的論述，蒐集近年來各級法院之判決，嘗試分析、歸納相關判決所累積之衡酌標準，並提出下列若干簽訂時之建議及應注意事項，期作為勞雇雙方簽訂時之參據。

（一）雇主應有受保護之法律上利益

實務上，常有雇主擬以簽訂「離職後競業禁止條款」避免離職員工洩漏其「營業秘密」，實則我國《營業秘密法》、《公司法》、《公平交易法》及《民法》對於雇主之營業秘密，已有適當之保障機制。惟雇主為有效保護企業經營之重要資訊，常有再要求員工訂立競業禁止條款。簽訂競業禁止約定，除需著眼於雇主有無實質被保護之利益存在外，如其所主張應受保護之法律上利益係營業秘密時，此營業秘密並需符合《營業秘密法》所定之「營業秘密」之定義，如雇主耗費相當心血或金錢所研發而得優勢技術或創造之營業利益。例如，在台北地方法院 89 年簡上字第 659 號判決，法院認為勞工於被上訴公司任職期間，負責公司各項軟體產品之國內外銷售業務，掌握公司產業之銷售、市場區域分布、市場競爭情形以及客戶資料等公司重要之營業機密。惟該名勞工離職後，即至與原公司有競爭性之公司任職，對原公司之影響甚鉅。另台北地方法院 94 年度勞訴字第 165 號判決，認為：「若逕將客戶之名稱、住址等資料認為該當營業秘密，將使受僱人承受如同競業禁止條款約束之結果，進而使其受憲法保障之工作權、財產權遭受不當之限制，則無形間將使所有之勞務關係於該關係結束後，均當然具有競業禁止之效果，顯然不當地擴張了競業禁止之範圍，而嚴重影響受僱人離職後之工作權等。因此，判斷客戶資料是否屬於營業秘密而受保護時，宜採取保守之態度，避免戕害人民受憲法保障之基本權益。」此乃競業禁止與營業秘密保護應有層次上之不同。

（二）勞工擔任之職務或職位得接觸或使用事業單位營業秘密

雇主欲與勞工簽訂離職後競業禁止，該勞工應擔任一定職務，且因該職務而有機會接觸公司之營業秘密、參與公司技術之研發等；對於較低職位本於普通技能就業之勞工，或所擔任的職務並無機會接觸公司所欲保護之優勢技術或營業利益者，則應無限制其競業的必要。如台北地方法院 90 年度勞訴字第 42 號判決，法院審酌被告勞工於原告公司所擔任之職務為資深工程師，其從事工作時顯有機會接觸公司所有之電子相關技術資料。

（三）契約應本誠信原則約定

簽訂競業禁止約定應本於契約自由原則，雇主不得以強迫或脅迫手段，強制勞工一定要簽訂，或趁新進勞工之無經驗或利用勞工急於求職之意願，任意要求勞工簽訂競業禁止約定。如某傳播業者要求所屬文字記者離職後，不得至新成立某一傳播媒體公司任職，但未敘明禁止競業理由，似有權利濫用之嫌。

（四）限制之期間、區域、職業活動範圍應屬合理範圍

競業禁止條款應訂明限制勞工競業之期間、區域、職業活動範圍，且該限制應無逾越合理範圍，即在社會一般觀念及商業習慣上可認為合理適當範圍，不會嚴重限制當事人的工作權，以及不會危及受限制當事人的經濟生存能力。[3] 以下謹就限制再就業之期間、區域及其職業活動範圍，參酌實務運作簡要說明：

1. 期間

歷年來經法院審理案例中，競業禁止條款約定之期間有三個月、六個月、一年、二年或三年，目前較為常見且為法院所接受的期限為二年以下。如臺灣高等法院 87 年度勞上字第 18 號判決，認為勞雇雙方於協議書內約定勞工自離

---

[3] 惟最高法院 94 年度台上字第 1688 號判決，認為當事人雙方雖未明定限制之地域，但既出於被上訴人之同意，於合理限度內，即在相當期間或地域內限制其競業，與《憲法》保障人民工作權之精神並不違背，亦未違反其他強制規定，且與公共秩序無關，其約定應屬有效。

職一年內不為屬於公司直接競爭營業範圍行為，若有違約自應依法賠償，該一年內競業禁止之約定，尚稱允當，應認為合法有效；板橋地方法院 94 年度勞訴字第 53 號判決，認為競業禁止之期間約定應以 2 年始為合理。

2. 區域

應明定一定之區域，且不得構成勞工就業及擇業權利的不公平障礙，應以企業的營業領域、範圍為限；至於雇主尚未開拓的市場，或將來可能發展的區域，基於自由競爭的原則，不應該受到任何限制。如台北地方法院 89 年度勞訴字第 76 號判決，認為勞資雙方約定之競業禁止條款，禁止勞工任職之區域遍及中華民國境內，且期間兩年內無法利用其原有之專業技術，亦無提供補償，其限制已有逾越合理範圍。[4]

3. 職業活動範圍

競業禁止職業活動的範圍，應該指員工離職後不得從事的工作或業務，以及指對原事業單位具有競爭性的行業。如台北地方法院 89 年度勞簡上字第 46 號判決，勞資雙方約定之競業禁止條款，約定勞工於離職後六個月內，不得做出違反公司利益及不當之競業行為，除船貨承攬業或船務代理外，受僱人於該期間內仍得自由選擇區域、營生方式、從事其他業務工作，故其約定限制勞工從事之業務範圍，尚未超逾合理範疇，不致造成該勞工生存困難。

（五）勞工離職後應有代償措施

所謂代償措施係指雇主對於勞工因不從事競業行為所受損失之補償措施，勞工離職後因遵守與原雇主競業禁止之約定，可能遭受工作上的不利益，惟目前國內競業禁止約定中訂有代償措施者並不常見。德國《商法》第 74 條之 8 規定，員工離職後競業禁止期間內每一年之補償，雇主應支付之補償數額，應不得低於員工離職時所能取得報酬之一半。英國則有所謂的「花園休假」，即在該競業期間原雇主給付薪資報酬給勞工，而該勞工則無需從事工作。我國法律實務見解亦認為有無代償措施為競業禁止約定之重要事項。例如台中地院 90 年度訴字第 212 號判決，認為兩造當事人簽訂機密切結書約定被告離職後三年內

---

[4] 另臺灣高等法院 93 年度勞上字第 55 號判決，認為競業限制地區雖未明文約定，依常理應僅限臺灣地區（本國），非可據此推論所限制之區域係包括全世界，而認該約定無效。又臺灣高等法院 95 年度勞上字第 82 號認為，公司如經由大陸子公司經營當地業務，則將該地區納入競業禁止限制區域之內，亦屬合理，故勞工離職後受僱於與原公司具競業關係之新公司，並經指派至大陸子公司工作，亦可能違反競業禁止約定。

不得從事與糕餅或派相關之行業，期間顯然過長，且原告並未對被告不為競業行為之損失加以補償，對於被告之生存權造成重大影響，已超越合理禁止之範疇。勞工再就業之權利既已受到限制，要求雇主提供代償措施，法理上乃事所當然，實務上運作亦復如此。[5]

有關員工分紅是否得視為代償措施，新竹地方法院 93 年度竹簡字第 131 號認為員工分紅不是代償措施，而是對員工在職期間所付出的心力，所給予的報酬，而非離職後的代償；又臺灣高等法院 96 年度勞上易字第 47 號判決，認為雖勞工領有較一般薪資優厚之獎金及紅利，但勞資雙方並無逕以核發獎金及紅利為填補員工因競業禁止所生損害之約定，且雇主依《勞動基準法》第 29 條之規定，於營業年度終了結算，如有盈餘，除繳納稅捐、彌補虧損及提列股息、公積金外，對於全年工作並無過失之勞工，本即有給付獎金或紅利之義務。故公司核發勞工之獎金或紅利，非為填補競業禁止所生損害之代償措施。

（六）員工應有顯著背信或違反誠信原則

競業禁止效力應在離職員工的競業行為確有顯著背信及顯著的違反誠信原則時發生，如離職員工對原雇主之客戶、情報等大量篡奪，或其競業之內容或態樣較具惡質性，或競業行為出現有顯著的違反誠信原則者。如臺灣高等法院 80 年度勞上字第 18 號判決中，被告係在一家買賣公司擔任業務專員，然該名員工在職期間即暗中另設立與原服務公司性質相同之公司，自任為公司負責人，並利用公司之營業秘密及客戶資源，其蓄意惡質行為即屬重大違反誠信原則。另勞工之離職原因係可歸責於雇主時，競業禁止條款應不發生效力，如高雄地方法院 88 年度訴字第 970 號判決，因原告公司無故解約，被告勞工於離

---

[5] 惟近年我國有部分法院判決，認為有無代償措施非競業禁止條款是否有效之最主要依據。如臺灣高等法院 93 年度勞上字第 55 號判決，認為競業禁止條款足以或能夠保護雇主之正當營業利益，且未逾合理之範疇者，勞工離職後，仍能以其經歷與專長從事其他工作以謀生計，縱無約定補償措施，亦不危及勞工經濟生存能力，對其經濟生存造成困難，則未違反《憲法》保障人民工作權、生存權之精神，亦無《民法》第 72 條違背公序良俗情事；臺灣高等法院 95 年度勞上字第 12 號判決，認為競業禁止約定未提供被上訴人於競業禁止期間之補償，亦未逾越契約自由原則所能容許範圍；台北地方法院 95 年度勞訴字第 53 號判決認為，即便競業禁止約定並未賦與勞工相當之補償，惟相對的上述競業禁止約定亦無約定違約金，該未有違約金之約定，誠屬對勞工有利之事項，因雇主仍須就違約後之損害負舉證之不利益，經客觀衡量前述整體約定，雇主與勞工之權義，並未明顯處於傾斜之狀態，因認約定應屬有效；臺灣臺北地方法院 95 年度勞訴字第 118 號判決認為，有無給予代償或津貼措施，應僅得作為斟酌違約金考量因素之一，縱令未有代償或津貼措施之約定，亦不影響競業條款之效力（本案二審亦未就此提出疑義）。

職後二年內即轉任於其他保險代理人公司，從事與原公司相同之工作，法院認為難以認定被告違反聘任契約書之競業禁止約定。而勞工是否違反競業禁止條款，應以其離職後從事之工作是否與約定競業禁止之業務有關為斷，而非以其新任職之公司有無從事該業務為據。如臺中地方法院 90 年度重訴字第 1200 號判決，認為原告僅以其任職之公司有無經營約定之競業禁止業務為據，未舉證證明被告於離職後任職公司之工作內容與約定競業禁止之業務有關，原告主張勞工違反競業禁止之約定即不可採；臺灣高等法院臺中分院 96 年度重上更字第 26 號判決亦採類似見解。另臺灣高等法院 95 年度勞上字第 32 號判決認為離職後員工之競業行為是否具有顯著背信或違反誠信原則，應係員工離職後之行為是否應負賠償責任（給付違約金）之要件，尚非判決競業禁止是否有效之要件。

（七）違約金金額應合理

勞工與雇主簽訂競業禁止條款所生之效果，一為離職後不得為競業行為，一為如有違約情形，可能須支付違約金或損害賠償金。歷年來競業禁止相關案件中，雇主與勞工訂定的競業禁止條款中，約定的違約金有離職當月薪資的二十倍或二十四倍、離職時最近一年所得，甚至是營業額的一百倍。經法院審酌判決結果，有的無須支付違約金，有的應支付金額為離職前一年所得，或違約金額減為一至二個月薪資所得，其金額多寡尚無一定之標準，端視個案情節輕重，依事實認定之。事業單位固然可以與勞工約定違約金多寡，但不能漫天要價，應考量違約金的額度與競業禁止期間之長短二者間之相關性，並應與是否提供勞工代償措施作適度衡量。亦即，如果雇主已提供代償措施，勞工仍恣意違約，即可視為情節重大，其違約金自可從高考量；如果未提供代償措施或代償措施金額過低，則勞工違約之可責性即已降低，從而其給付違約金之正當性必受質疑。也就是說，競業禁止期間之約定，不得對勞動者之工作權造成過度的限制或侵害，而其違約金之額度亦應依一般客觀事實、勞工違約當時的社會經濟狀況及當事人可能受損情形來衡酌。

五、勞工違反競業禁止之法律效果

勞工違反競業禁止之約定，可能涉及《刑法》第 317 條相關刑責，另雇主除提起訴訟請求損害賠償、給付違約金外，基於雇主利益防護之考量，雇主亦可能於訴訟前或訴訟中聲請假處分，禁止勞工繼續在競業公司工作，此關係勞工工作權益甚大，應予注意。此假處分部分實務見解，例如臺灣高等法院 95 年度抗字 1288 號判決（原審法院為板橋地方法院 95 年度裁全第 4108 號），認為公司就競業部分、假處分必要性未予釋明，廢棄原判獲准之假處分。再如臺灣高等法院 95 年度抗字 1390 號判決（原審法院為台北地方法院 95 年度裁全字第 142419 號裁定），公司於原審時以勞工違反競業禁止聲請假處分獲准，勞工抗告至高等法院，遭駁回，駁回理由敘明競業禁止約款是否合法、有效為本案審酌者，並非假處分程序處理者。此外，在保全處分部分，除前述假處分外，亦有雇主對勞工財產為假扣押，以此迫使勞工遵從競業禁止條款者。

六、勞委會對於競業禁止相關函釋

（一）有關雇主要求員工簽定競業禁止條款是否有效？

行政院勞工委員會（現已改為勞動部）於民國 89 年 8 月 21 日台 89 勞資 2 字第 0036255 號函：勞資雙方於勞動契約中約定競業禁止條款現行法令並未禁止，惟依《民法》第 247 條之 1 的規定，契約條款內容之約定，其情形如顯失公平者，該部分無效；另法院就競業禁止條款是否有效之爭議所作出之判決，可歸納出下列衡量原則：(1) 企業或雇主須有依競業禁止特約之保護利益存在。(2) 勞工在原雇主之事業應有一定之職務或地位。(3) 對勞工就業之對象、期間、區域或職業活動範圍，應有合理之範疇。(4) 應有補償勞工因競業禁止損失之措施。(5) 離職勞工之競業行為，是否具有背信或違反誠信原則之事實。

（二）有關簽訂「夫妻競業禁止條款」並約定於違反時得予以解僱是否有效？

行政院勞工委員會（現已改為勞動部）於民國 90 年 6 月 8 日 (90) 台勞資 2 字第 0021266 號函：本案當事人如為勞雇關係，合約書內有關「本人及其配偶不得直接或間接為任何別家保險公司或保險期間輔助業務經辦或銷售人身保險，如違背此一約定時，公司有權立即終止合約」之約，其以受僱勞工配偶之作為或不作為當成受僱勞工之解僱與否之限制要件，顯然並非以受僱勞工當事人本身之行為規範對象之「競業禁止條款」。本會（現為勞動部）認為該合約書有關前開說明所述限制條件之約定，並不符合《勞動基準法》第十二條第一項各款所訂終止勞動契約之法定事由。

七、競業禁止相關判決及評析

85 年度勞訴字第 78 號（房屋仲介業）

審理法院：臺灣台北地方法院

判決日期：860610

裁判案由：請求損害賠償

當事人：上訴人　太平洋房屋仲介公司　　被上訴人　李○○等四人

案情摘要：被上訴人受僱於上訴人房屋仲介公司擔任不動產買賣、租賃之仲介經紀人，依公司員工及專屬經紀人服務契約條款第二條第二項之約定：被上訴人於離職後三個月內非經原雇主同意，不得從事與原雇主同類性質或相似之業務，否則應賠償五十萬元之懲罰性違約金。然被上訴人自上訴人公司離職後，即先後任職於○○房屋土城金城店，上訴人公司認為該被上訴人已違反前述競業禁止約定之事實，故依此向被上訴人等及其連帶保證人分別請求五十萬元之懲罰性違約金。

法院判決：本件被上訴人所簽署之員工及專屬經紀人服務契約，承諾於離職後三個月內非經原告之同意，不得從事與原告同類性質或相似之業務，上揭三個月競業期間之限制，固尚稱合理適當，被上訴人並沒有於在職期間即至別家房屋仲介公司擔任業務員，均是離職後才加入○○房屋仲介公司，亦無法認定被上訴人有攜帶上訴人公司之營業機密例如客戶之資料、情報等到他公司，致損害上訴人公司之利益，本件純粹係勞工違反員工服務契約、保證契約而訴求懲罰性之賠償，上訴人公司在限制勞工競業行為之三個月期間內並無填補員工之代償措施；被上訴人在上訴人公司僅係房屋仲介經紀人，均屬職位不高之業務員，房屋仲介買賣之業務又不需較特別之技能，而時今房屋仲介公司員工之流動性，亦屬頻繁，亦為社會周知之事實；雖上訴人公司在仲介業界執牛耳居翹楚，本件並無可認有保護上訴人公司利益之必要；再者，雖現今交通便利，但被上訴人由台北市區之上訴人公司轉職至台北縣土城市工作，尚可認對原雇主利益之衝突與影響係屬較低輕微者，被上訴人之競業行為亦無顯著背信性或顯著違反誠實信用之情事，且亦未收受上訴人公司之任何代償金或津貼，是故，上訴人公司上揭競業禁止特約之約定即屬不當限制被上訴人之職業選擇自由，自屬不能准許。

本案評析：本案法院判決結果競業禁止約定無效，審理理由如下：

（一）雇主有無應保護之利益

本案法官認為房屋仲介買賣業務並不需要較特別的技能，而且時今房屋仲介公司員工之流動性相當頻繁，因此無法認定有保護原告公司利益之必要。

（二）勞工擔任之職務或職位

本案被上訴人在上訴人公司係擔任房屋仲介經紀人，屬於職位不高之業務員，且並非公司的主要營業幹部。而被上訴人離職後至台北縣土城市○○公司工作，尚可認為對原雇主利益之衝突與影響係屬較低輕微，因此太平洋房屋仲介公司要求簽訂之競業禁止約定應認有拘束勞工轉業自由，違反公序良俗而無效。

（三）限制之期間、區域、職業活動範圍是否合理

本案被上訴人所簽署之員工及專屬經紀人服務契約，承諾於離職後三個月內非經上訴人之同意，不得從事與上訴人公司同類性質或相似之業務，上揭三個月競業期間之限制，固尚稱合理適當。然該契約中並無限制其就業之區域，雖被上訴人離職後至台北縣工作，但對於原雇主利益之衝突與影響應屬較輕微。

（四）有無代償措施

本案係上訴人公司以被上訴人違反員工服務契約、保證契約而訴求懲罰性之賠償，但是在限制被上訴人競業行為之三個月期間內並無填補員工之代償措施。

（五）員工有無顯著背信性或違反誠信原則

本案被上訴人均於離職後始至別家房屋仲介公司擔任業務員，因此無法認定被上訴人有攜帶上訴人公司之營業機密例如客戶之資料、情報等到他公司，致損害了上訴人公司之利益，故被上訴人的競業行為亦無顯著背信性或顯著違反誠實信用之情事。

八、競業禁止相關法條

（一）《民法》

《民法》第 17 條第 2 項

自由之限制，以不背於公共秩序或善良風俗者為限。

《民法》第 250 條

當事人得約定債務人於債務不履行時，應支付違約金。

違約金，除當事人另有訂定外，視為因不履行而生損害之賠償總額。其約定如債務人不於適當時期或不依適當方法履行債務時，即須支付違約金者，債權人除得請求履行債務外，違約金視為因不於適當時期或不依適當方法履行債務所生損害之賠償總額。

《民法》第 251 條

債務已為一部履行者，法院得比照債權人因一部履行所受之利益，減少違約金。

《民法》第 252 條

約定之違約金額過高者，法院得減至相當之數額。

《民法》第 562 條

經理人或代辦商，非得其商號之允許，不得為自己或第三人經營與其所辦理之同類事業，亦不得為同類事業公司無限責任之股東。

（二）《營業秘密法》

《營業秘密法》第 2 條

本法所稱營業秘密，係指方法、技術、製程、配方、程式、設計或其他可用於生產、銷售或經營之資訊，而符合左列要件者：

一、非一般涉及該類資訊之人所知者。

二、因其秘密性而具有實際或潛在之經濟價值者。

三、所有人已採取合理之保密措施者。

《營業秘密法》第 10 條

有下列情形之一者，為侵害營業秘密。

一、以不正當方法取得營業秘密者。

二、知悉或因重大過失而不知其為前款之營業秘密，而取得、使用或洩漏者。

三、取得營業秘密後，知悉或因重大過失而不知其為第一款之營業秘密，而使使用或洩漏者。

四、因法律行為取得營業秘密，而以不正當方法使用或洩漏者。

五、依法令有守營業秘密之義務，而使用或無故洩漏者。

前項所稱之不正當方法，係指竊盜、詐欺、脅迫、賄賂、擅自重製、違反保密義務、引誘他人違反其保密義務或其他類似方法。

《營業秘密法》第 11 條第 1 項

營業秘密受侵害時，被害人得請求排除之，有侵害之虞者，得請求防止之。

《營業秘密法》第 12 條

因故意或過失不法侵害他人之營業秘密者，負損害賠償責任。數人共同不法侵害者，連帶負賠償責任。

前項之損害賠償請求權，自請求權人知有行為及賠償義務人時起，二年間不行使而消滅；自行為時起，逾十年者亦同。

（三）《公司法》

《公司法》第 29 條

公司得依章程規定置經理人，其委任、解任及報酬，依下列規定定之。但公司章程有較高規定者，從其規定：

一、無限公司、兩合公司須有全體無限責任股東過半數同意。

二、有限公司須有全體股東過半數同意。

三、股份有限公司應由董事會以董事過半數之出席，及出席董事過半數同意之之決議行之。

公司有第一百五十六條第七項之情形者，專案核定之主管機關應要求參與政府專案紓困方案之公司提具自救計畫，並得限制其發給經理人報酬或為其他必要之處置或限制；其辦法，由中央主機關定之。
經理人應在國內有住所或居所。

《公司法》第 32 條

經理人不得兼任其他營利事業之經理人，並不得自營或為他人經營同類之業務。但經依第二十九條第一項規定之方式同意者，不在此限。

《公司法》第 54 條第 2、3 項

執行業務之股東，不得為自己或他人為與公司同類營業之行為。
執行業務之股東違反前項規定時，其他股東得以過半數之決議，將其為自己或他人所為行為之所得，作為公司之所得。但自所得產生後逾一年者，不在此限。

《公司法》第 209 條第 1、5 項規定

董事為自己或他人為屬於公司營業範圍內之行為，應對股東會說明其行為之重要內容，並取得其許可。
董事違反第一項之規定，為自己或他人為該行為時，股東會得以決議，將該行為之所得視為公司之所得。但自所得產生後逾一年者，不在此限。

（四）《刑法》

《刑法》第 317 條

依法令或契約有守因業務知悉或持有工商秘密之義務而無故洩漏之者，處一年以下有期徒刑、拘役或一千元以下罰金。

第四章 無薪假

第一節 實務見解

勞動 2 字第 0980070071 號

要旨：勞雇雙方可透過勞資會議就應否採行所謂「無薪休假」進行討論，惟此協議，因涉個別勞工勞動條件之變更，仍應徵得勞工個人之同意，以求勞資關係和諧，保障勞工權益。

主旨：所詢「無薪休假」之實施應否經由勞資會議同意疑義一案，復請查照。

說明：一、復貴府 98 年 4 月 14 日府勞資字第 0980115202 號函。

二、查「無薪休假」（或行政假）並非法律名詞，更非雇主得以恣為之權利。因景氣因素所造成之停工，屬可歸責於雇主之事由，工資本應依約照付。雇主如片面減少工資，即屬違法，可依法裁罰。事業單位如受景氣影響必須減產或停工，為避免大量解僱勞工，可與勞工協商並經同意後，暫時縮減工作時間及依比例減少工資，以共度難關，惟對支領月薪資者，仍不得低於基本工資，以及逕自排定所謂「無薪休假」。為求勞資關係和諧，勞雇雙方可透過勞資會議，就應否採行所謂「無薪休假」進行討論，惟前開協議，因涉個別勞工勞動條件之變更，仍應徵得勞工個人之同意。

三、查事業單位如欲實施彈性工時、延長工時及女性夜間工作，其無工會者，非經其勞資會議之同意，均不得為之。本案請併就事業單位是否確符前開規定查明，有違法者，併請依法裁罰。

最高法院99年台上字第1836號民事裁定

案由摘要：給付資遣費

要旨：若以雇主單方公告實施無薪休假，而所扣除無薪假之薪資比例，係逐漸增加，以其比例觀之，顯達實質減少薪資之效果，且減少之之薪資已與公告內容不符，難認雇主已經兩造協商所為片面之彈性休假決定，而於此情形下，若無其他證據證明勞工同意雇主實施無薪假，並同意休假時雇主無庸給付工資，此時無薪假係可歸責於其事由而仍應照發工資。

第二節 無薪假定型化契約範本

勞雇雙方協商減少工時協議書（範例）

立協議書人：________公司（以下簡稱甲方）、勞工________（以下簡稱乙方）。緣乙方任職於甲方________部門，擔任________職務，原雙方約定正常工作日數及時間為每日____小時，每（雙）週____小時，每月薪資新台幣____元。

茲因受景氣因素影響致停工或減產，經雙方協商後，乙方同意在甲方不違反《勞動基準法》等相關法規的前提下配合甲方，暫時性減少工作時間及工資，並同意訂立協議書條款內容如下，以資共同遵守履行。

一、實施期間及方式：

1. 乙方自____年____月____日起至____年____月____日止，配合甲方變更工作時間及方式：

   □每日____小時，每週____日，每月____天。薪資新台幣____元

   □其他________。

2. 實施期間乙方得隨時終止勞動契約，此時，甲方仍應比照《勞動基準法》、《勞工退休金條例》規定給付資遣費，但符合退休資格者，應給付退休金。

3. 實施期間屆滿後，非經乙方同意，不得延長，甲方應立即回復雙方原約定之勞動條件。

4. 實施期間甲方承諾不終止與乙方之勞動契約。但有《勞動基準法》第 12 條或第 13 條但書或第 54 條規定情形時，不在此限。
5. 實施期間甲方營運（如公司產能、營業額）如恢復正常，甲方應立即回復雙方原約定之勞動條件，不得藉故拖延。

二、實施期間兼職之約定：

乙方於實施期間，在不影響原有勞動契約及在職教育訓練執行之前提下，可另行兼職，不受原契約禁止兼職之限制，但仍應保守企業之機密。

三、新制勞工退休金：

甲方應按乙方原領薪資為乙方提繳勞工退休金。

四、無須出勤日出勤工作之處理原則及工資給付標準：

實施期間無須出勤日甲方如須乙方出勤工作，應經乙方同意，並另給付工資。

五、權利義務之其他依據：

甲乙雙方原約定之勞動條件，除前述事項外，其餘仍依原約定之勞動條件為之，甲方不得作任何變更。

六、其他權利義務：

1. 實施期間乙方如參加勞工行政主管機關推動之短期訓練計畫，甲方應提供必要之協助。
2. 甲方於營業年度終了結算，如有盈餘，除繳納稅捐及提列股息、公積金外，應給予乙方獎金或分配紅利。

七、其他特別約定事項：

____

____

八、協議書修訂：

本協議書得經勞資雙方同意後以書面修訂之。

九、誠信協商原則：

以上約定事項如有未盡事宜，雙方同意本誠信原則另行協商。

十、協議書之存執：

本協議書 1 式作成 2 份，由雙方各執 1 份為憑。

十一、附則：

1. 甲方提供行政院勞工委員會訂定之「因應景氣影響勞雇雙方協商減少工時應行注意事項」供乙方詳細閱讀，乙方簽訂本協議書前已了解該注意事項之內容。
2. 本協議書如有爭議涉訟時，雙方合意由＿＿＿＿法院為第一審管轄法院。

立協議書人：

甲方：＿＿＿＿公司

負責人：＿＿＿＿（簽名）

乙方：＿＿＿＿（簽名）

中華民國　　　　年　　　　月　　　　日

備註：因勞雇雙方協商減少工時態樣不一，勞雇雙方可參照「因應景氣影響勞雇雙方協商減少工時應行注意事項」就具體狀況酌予調整。

第三節　因應景氣影響勞雇雙方協商減少工時應行注意事項

中華民國 100 年 12 月 1 日勞動 2 字第 1000133284 號函

一、行政院勞工委員會（以下簡稱本會）為因應事業單位受景氣因素影響，勞雇雙方協商減少工時時，保障勞工權益，避免勞資爭議，特訂定本注意事項。

二、事業單位受景氣因素影響致停工或減產，為避免資遣勞工，經勞雇雙方協商同意，始得暫時縮減工作時間及減少工資。

三、事業單位如未經與勞工協商同意，仍應依約給付工資，不得片面減少工資。勞工因雇主有違反勞動契約致有損害其權益之虞者，可依《勞動基準法》第 14 條規定終止勞動契約，並依法請求資遣費。

四、事業單位如確因受景氣因素影響致停工或減產，應優先考量採取減少公司負責人、董事、監察人、總經理及高階經理人之福利、分紅等措施。如仍有與勞工協商減少工時及工資之必要時，該事業單位有工會組織者，宜先與該工會協商，並經與個別勞工協商合意。

五、事業單位實施勞資雙方協商減少工時及工資者，就對象選擇與實施方式，應注意衡平原則。

六、勞雇雙方協商減少工時及工資者，對於按月計酬全時勞工，其每月工資仍不得低於基本工資。

七、勞雇雙方終止勞動契約者，實施減少工時及工資之日數，於計算平均工資時，依法應予扣除。

八、事業單位實施減少工時及工資之期間，以不超過 3 個月為原則。如有延長期間之必要，應重行徵得勞工同意。事業單位營運如已恢復正常或勞資雙方合意之實施期間屆滿，應即恢復勞工原有勞動條件。

九、勞雇雙方如同意實施減少工時及工資，應參考本會「勞雇雙方協商減少工時協議書（範例）」，本誠信原則，以書面約定之，並應確實依約定辦理。

十、事業單位與勞工協商減少工時及工資者，應依「地方勞工行政主管機關因應事業單位實施勞雇雙方協商減少工時通報及處理注意事項」，確實通報事業單位所在地勞工行政主管機關。

十一、勞工欲參加勞工行政主管機關推動之短期訓練計畫者，雇主應提供必要之協助。

十二、事業單位於營業年度終了結算，如有盈餘，除繳納稅捐及提列股息、公積金外，對於配合事業單位實施減少工時及工資之勞工，於給予獎金或分配紅利時，宜予特別之考量。

十三、事業單位或雇主未參照本注意事項辦理，致有違反勞動法令情事者，依各該違反之法令予以處罰。

第五章 勞動派遣

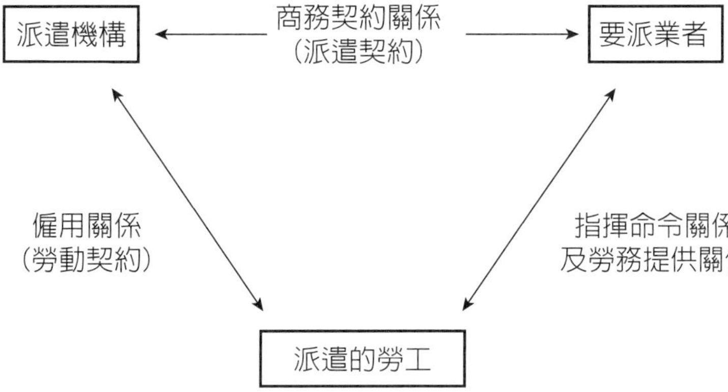

第一節 勞動派遣權益指導原則

一、行政院勞工委員會（法規修正日期為 103.1.16）為使派遣單位與要派單位確實符合勞動法令，保障派遣勞工權益，特訂定本指導原則。

二、本指導原則用詞，定義如下：

（一）勞動派遣：謂指派自己僱用之勞工，接受他人指揮監督管理，為該他人提供勞務。

（二）派遣單位：謂從事人力派遣之單位。

（三）要派單位：謂依據要派契約，實際使用派遣勞工者。

（四）派遣勞工：謂受派遣單位僱用，並為要派單位提供勞務者。

（五）要派契約：謂派遣單位與要派單位就勞動派遣事項所訂立之契約。

三、派遣單位僱用派遣勞工應注意下列事項：

（一）人力供應業於中華民國八十七年四月一日起納入勞動基準法適用範圍，派遣單位僱用派遣勞工從事工作，應遵循勞動基準法及相關勞動法令之規定。

（二）有關勞動基準法施行細則第七條規定之事項，派遣單位與派遣勞工應本誠信原則協商，且不得低於法律規定，並宜以書面載明，由勞雇雙方各執一份為憑。

（三）派遣單位應為投保單位，為派遣勞工辦理勞工保險、就業保險及全民健康保險，並依規定覈實申報投保薪資（金額）。

（四）派遣單位應依勞動基準法及勞工退休金條例辦理勞工退休事項。

（五）招募或僱用派遣勞工應遵守就業服務法及性別工作平等法規定，不得有就業歧視。

（六）對派遣勞工不得扣留證件、財物或收取保證金。

（七）有繼續性工作應為不定期契約。派遣單位僱用派遣勞工從事經常性工作，不得配合要派單位之需求與派遣勞工簽訂定期契約。

（八）要派單位與派遣單位終止要派契約，不影響派遣勞工為派遣單位工作之受僱者權益。派遣單位無適當工作可供安置者，有關勞動契約之終止，應依勞動基準法等相關規定辦理。

（九）派遣單位僱用勞工人數在三十人以上者，應依其事業性質，訂立工作規則，報請主管機關核備後公開揭示。

四、要派單位使用派遣勞工應注意下列事項：

（一）事業單位不得為規避勞動法令上雇主義務，強迫正職勞工離職，改用派遣勞工。

（二）勞動派遣關係有其特殊性，有關派遣勞工提供勞務時之就業歧視禁止、性騷擾防治、勞工安全衛生等事項，要派單位亦應積極辦理。

（三）派遣勞工於要派單位工作期間之福利事項，除法律另有規定外，應本公平原則，避免差別待遇。

五、派遣單位與要派單位訂立要派契約應注意下列事項：

（一）派遣單位依法應全額定期給付工資，不得以任何理由遲延或拒絕給付工資。其與要派單位因履約所生爭議，派遣單位應另循司法程序救濟，不得以要派單位拖欠費用為由積欠派遣勞工工資或其他給與。

（二）要派單位支付派遣單位任何費用前，應確認派遣單位已依約按期支付派遣勞工工資，以確保無積欠派遣勞工工資或其他給與情事。

（三）派遣單位應與要派單位於要派契約中明定派遣勞工延長工時或變更工

作事項，並應先經派遣勞工所組織工會同意；無工會者，經勞資會議同意後，始可為之。

（四）要派單位因經營因素，有要求派遣勞工配合延長工時或變更工作時間需要者，有關延長工時事項，延長工時之時數限制以及延長工時工資計給方式、如何給付、正常工作時間分配調整等，應與派遣單位先行確認有無徵得勞工同意，並於要派契約中約定。

（五）要派單位認為派遣勞工有無法勝任工作情事者，應要求派遣單位依要派契約改派適任勞工，不得決定派遣勞工之任用。

（六）派遣勞工因遭遇職業災害而致死亡、殘廢、傷害或疾病時，派遣單位應給予職業災害補償。為確保派遣勞工之工作安全及健康，並避免責任歸屬爭議，派遣單位與要派單位間權利義務關係，應於要派契約明確約定。

（七）派遣單位與要派單位訂定之要派契約，宜明定提前終止契約之預告期間。

六、勞工從事派遣工作應注意下列事項：

（一）充分瞭解勞動派遣特性，並評估自身能力、意願及職涯規劃後，再決定是否從事勞動派遣工作。

（二）慎選派遣單位，考量其規模、成立時間、服務客戶素質、派遣勞工人數、員工訓練制度及有無重大勞資爭議歷史等。

（三）與派遣單位簽訂勞動契約，宜以書面為之，其內容除勞動基準法施行細則第七條列舉事項外，仍宜針對勞動派遣關係中較特殊事項，例如安全衛生、職業災害補償、就業歧視禁止、性騷擾防治、擔任職務或工作內容、獎勵懲戒、應遵守之紀律有關事項或獎金紅利等詳細約定，避免日後爭議。該勞動契約應至少一式二份，一份由派遣勞工收執。

（四）接受勞動派遣時，應要求派遣單位以書面載明要派單位名稱、工作地點、擔任職務、工作內容、工作時間（含休息、休假、請假）等事項。

（五）請求派遣單位除辦理一般教育訓練外，派遣之前應針對職務特性辦理職前訓練。

（六）應確認派遣單位是否於到職當日為勞工加保勞工保險、就業保險及全民健康保險，及是否覈實申報投保薪資（金額）。

（七）派遣期間內，應確認派遣單位是否已按勞工退休金條例提繳退休金。

（八）派遣勞工於勞動契約終止時，得請求派遣單位開立服務證明書。

（九）派遣單位僱用勞工人數在三十人以上者，受僱勞工可依法組織產業工會，團結勞工力量，維護勞工權益。

（十）派遣勞工權益受有損害者，可提供具體事實及訴求向當地勞工行政主管機關（勞工局、處）申訴處理。

第二節 要派單位與派遣事業單位要派契約書參考範本

行政院勞工委員會 101 年 6 月 26 日 勞資二字第 1010125521 號函發布

行政院勞工委員會 102 年 10 月 3 日 勞資二字第 1020127734 號函修訂

立契約人：

派遣事業單位：________（下稱「甲方」）

要派單位：________（下稱乙方）

就甲方派遣其所僱勞工（下稱「派遣勞工」）為乙方服務之事宜，雙方同意訂立本要派契約書（下稱「本契約」），俾共同遵守。

第一條　派遣關係

甲方依本契約，指派派遣勞工為乙方提供勞務，並接受乙方之指揮監督管理，由乙方給付甲方服務費用。

第二條　契約期間

自　　年　　月　　日至　　年　　月　　日。

第三條　甲方義務

甲方主要義務如下：

（一）依雙方同意之派遣勞工確認單內容，按時提供派遣勞工予乙方。

（二）甲方所指派之派遣勞工對於所應履約之工作有不能勝任或有不當行為情事時，乙方得要求更換，甲方不得拒絕，並應於乙方通知後____日內更換。

（三）與派遣勞工訂立書面勞動契約，乙方得隨時抽查。

（四）收到乙方針對派遣勞工記載之出勤記錄後，計算工資及加班費，於每月____日前將上述工資及加班費匯入派遣勞工提供之帳戶。

（五）對於派遣勞工之請假、延長工作時間、休息、休假之工資給付、獎金、分配紅利等勞動條件，不違反《勞動基準法》及其《施行細則》、《勞工請假規則》、《性別工作平等法》等規定辦理。

（六）依法投保勞工保險、就業保險、全民健康保險、繳納相關保險費及提繳勞工退休金，並履行其他雇主依法應辦理之事項。並應將派遣勞工之名冊（包括派遣勞工姓名、出生年月日、身分證字號及住址）、勞工保險被保險人投保資料表（明細）影本及切結書（具結已依法為派遣勞工投保勞工保險、就業保險、全民健康保險及提繳勞工退休金，並依規定繳納前述保險之保險費及提繳勞工退休金）送乙方備查。

（七）每月依法扣繳派遣勞工個人所得稅，並發給派遣勞工扣繳憑單及相關單據。

（八）教育並促使派遣勞工於派遣期間遵守乙方之合理指揮監督，並遵守乙方包括工作規則等內部規定。

第四條　乙方義務

乙方主要義務如下：

（一）依甲方派遣費用提報單，給付雙方合意之服務費用。

（二）依派遣勞工確認單所載工作內容，對派遣勞工為合理之指揮監督。

（三）派遣勞工因執行乙方職務侵害第三人權益，致甲方須負擔民法僱用人責任時，乙方對甲方所負之責任，應予以賠償。

（四）為派遣勞工記載並保留出勤記錄，並於每月底前將該出勤記錄送交甲方。

（五）於使用派遣勞工時，就性別工作平等法性別歧視禁止及就業服務法就業歧視禁止事項，應與甲方共同履行雇主義務。

（六）應設置處理性騷擾申訴之專線電話、傳真、專用信箱或電子信箱，並將相關資訊於工作場所顯著之處公開揭示。派遣勞工如遭受乙方所屬人員性騷擾時，乙方應受理申訴後並與甲方共同調查，如調查屬實，乙方應對所屬人員進行懲處，並將結果通知甲方及當事人。

（七）依勞工安全衛生法及其他相關法規辦理派遣勞工之勞工安全衛生事項，維護派遣勞工之健康、安全及福祉。

第五條　派遣勞工與甲乙雙方之法律關係

（一）甲方為派遣勞工之唯一法定雇主，除本契約另有規定者外，依法單獨承擔所有《勞動基準法》及相關勞動法規之雇主責任，包括但不限於勞工保險、全民健康保險、退休金提繳及工資發放等責任。若因甲方未能履行上述義務，致對派遣勞工發生賠償責任時，由甲方自行負責，與乙方無涉。

（二）派遣勞工於派遣期間，應服從乙方合理之指揮監督，及乙方包括工作規則等內部規定。

（三）派遣勞工於為乙方執行職務時發生職業災害，乙方應連帶負擔勞動基準法職業災害補償責任，乙方得就職業災害補償部分，向甲方求償。但如同一事故，依勞工保險條例或其他法令規定，已由甲方支付費用補償者，乙方得主張抵充。

第六條　派遣勞工服務內容

（一）甲乙雙方簽訂本契約後，派遣勞工開始為乙方提供勞務前，甲方應提交乙方一份派遣勞工確認單，其上應記載下列事項：

1. 乙方名稱。
2. 派遣期間。
3. 派遣勞工之職務及工作內容。
4. 派遣勞工之工作地點、工作時間、休息及休假。
5. 甲方收費標準（載明於另附之「派遣費用提報單」）。
6. 派遣勞工工資及相關費用。
7. 派遣勞工之福利事項。
8. 乙方對派遣勞工之指揮監督事項。
9. 乙方工作場所之安全衛生相關事項。
10. 其他甲乙雙方合意及中央主管機關規定之事項。

（二）乙方於確認派遣勞工確認單之內容無誤後，應簽署並送還甲方留存。乙方對派遣勞工確認單之記載有任何疑義者，應於收到確認單後＿＿日內與甲方聯繫並修正內容。若乙方未於前開時間內與甲方聯繫或送交簽署之確認單者，視為同意確認單上所載條件及內容。

（三）派遣勞工服務內容，除甲乙雙方另有書面約定外，以派遣勞工確認單之記載為準。

第七條　契約價金

（一）服務費用：

依雙方合意之派遣費用提報單所載。（內涵包含如招募費用、派遣勞工出勤管理費、計撥薪資作業費……等）

（二）派遣勞工費用：

1. 工資

派遣勞工工資依雙方合意之派遣費用提報單所載，工資以

□按月計酬。每月工資按契約所載工作人員月薪計算。

□按日計酬。每日工資按契約所載工作人員日薪計算。

□按時計酬。每時工資按契約所載工作人員時薪計算。

2. 延長派遣勞工工作時間之工資

(1) 派遣勞工在正常工作時間外從事本契約工作，工資以：

延長工時 2 小時內，每人每小時延長工時工資為＿＿元。

延長工時超過 2 小時，每人每小時延長工時工資為＿＿元。

(2) 因天災、事變或突發事件，使派遣勞工在正常工作時間以外從事本契約工作，工資以每人每小時延長工時工資為＿＿元。

3. 假日、例假日及休假日工資

(1) 派遣勞工在應休假日從事本契約工作在 8 小時以內者，工資以每人每日為＿＿元。

(2) 因天災、事變或突發事件，派遣勞工停止《勞動基準法》第三十六條至第三十八條有關之例假、應放假日及特別休假，從事本契約工作在 8 小時以內者，工資每人每日為＿＿元。

（註：以上工資皆不得低於法令規定）

4. 保險費用

□法定保險費用（包括勞保、就保、健保），各依相關法令規定辦理。

□商業保險費用

5. 退休金提撥費用，依勞工退休金條例辦理。

（三）請款及付款方式：

□ 甲方將前月____日起至____月____日止所發生費用之相關資料及請款單等文件交寄乙方，乙方應於每月____日前，給付甲方契約價金（包含服務費用及派遣勞工費用等），甲方應依法及依勞動契約支付派遣勞工相關費用。甲方應於每月____日前將費用證明寄送乙方。

□ 甲方應於每月____日前，將前月____日起至____月____日止所生下列之派遣勞工費用相關文件（請勾選）、請款單及發票交寄至乙方，向乙方請領派遣勞工費用，乙方應於收到前款資料後____個工作天內進行付款：

□ 成本或費用證明。

□ 工資支付證明。

□ 明列所有保險費用項目。

□ 其他。

（四）暫停給付服務費用

甲方有下列情形之一者，乙方得暫停給付契約價金至情形消滅為止：

1. 甲方對派遣勞工，未依法給付工資，未依規定繳納勞工保險費、就業保險費、全民健康保險費或未提繳勞工退休金。前開情形係可歸責於甲方，經主管機關或乙方通知甲方改正而逾期未改正者。
2. 甲方經勞動檢查有重大違反勞動法令情事。
3. 派遣勞工發生不能勝任或有不當行為之情事，經乙方依本契約通知更換而甲方未及時辦理者。
4. 甲方有其他違反本契約情事。

第八條　派遣勞工請假、休息、休假

派遣勞工請假，其代理方式應依下列勾選方式辦理：

□ 任何請假，甲方均應指派相同資格及能力人員代理並經乙方同意，乙方不另行支付價金。

☐ 依相關勞動法令規定請假者，每人每次請假未超過____個工作日或特別休假未累積超過____日者，甲方不必派員代理，亦不扣服務費用；如超過上述天數，甲方應指派相同資格及能力人員代理並經乙方同意，乙方不另行支付價金。

☐ 依相關勞動法令規定請假者，每人每次請假未超過____個工作日或特別休假未累積超過____日者，甲方不必派員代理，亦不扣服務費用；如超過上述天數，甲方應指派相同資格及能力人員代理並經乙方同意，代理人員之工資由乙方支付。

☐ 其他。________________________________

上開請假，甲方應派而未派適當之勞工代理者，乙方得扣除相當之服務費用，且甲方須繳回乙方已支付之派遣勞工費用。

第九條 保密義務

甲乙雙方對於因履行本契約所得知之所有他方相關資料及機密資訊，包括但不限於公司業務、技術、價格等，非經他方書面同意，不得告知、洩漏、或交付予非執行業務相關之第三人。本契約期滿或經終止後亦同。甲方並應於與派遣勞工之僱用契約中為與本條相同之保密義務規定。

第十條 契約終止、解除及暫停執行

（一）甲方有下列情形之一者，經乙方通知於合理期限改正而不改正，乙方得以書面通知甲方終止本契約之部分或全部，且無須補償甲方因此所生之損失：

1. 派遣非其僱用之勞工提供勞務。
2. 偽造或變造履約相關文件者。
3. 因可歸責於自身之事由，未及時履行契約義務或有其他違反契約義務之情形，情節重大者。

（二）乙方違反本契約義務，情節重大，經甲方通知於合理期限改正而不改正者，甲方得以書面通知甲方終止本契約之部分或全部，且無須補償乙方因此所生之損失。

（三）甲乙方因破產或其他重大情事，致無法繼續履約者，他方得逕行終止本契約，因此造成他方損失，他方得請求損害賠償。

（四）本契約終止後，雙方仍互負相關保密義務。

第十一條　準據法及管轄法院

（一）本契約以中華民國法律為準據法。本契約未載明之事項，依中華民國勞動法令及民法等相關法令辦理。

（二）如因本契約涉訟，雙方同意以乙方所在地之地方法院為第一審管轄法院。

第十二條　契約份數

本契約正本一式二份，甲乙方雙方各執一份，並由雙方各依規定貼用印花稅票。

立契約書人：

甲方：

代表人：

地址：

乙方：

代表人：

地址：

中華民國　　　　年　　　　月　　　　日

（附註：事業單位於簽定要派契約時可參考「行政院運用勞動派遣應行注意事項」「（五）各機關與新派遣事業單位另訂定要派契約時，應於契約中明定新派遣事業單位如僱用原機關使用之派遣勞工，並仍在該機關提供勞務時，應要求新派遣事業單位併計其於該機關服務之年資，計算特別休假日數，以保障其休假權益。」以優於勞動基準法規定計算派遣勞工之特別休假）

第三節 | 派遣勞動契約應約定及不得約定事項

中華民國 101 年 6 月 26 日勞資二字第 1010125521 號函發布

壹、依勞動基準法等有關規定應約定下列事項：

一、工作場所及應從事之工作有關事項。
二、工作開始及終止之時間、休息時間、休假、例假、請假及輪班制之換班有關事項。
三、工資之議定、調整、計算、結算及給付之日期與方法有關事項。
四、有關勞動契約之訂定、終止及退休有關事項。
五、資遣費、退休金及其他津貼、獎金有關事項。
六、勞工應負擔之膳宿費、工作用具費有關事項。
七、安全衛生有關事項。
八、勞工教育、訓練有關事項。
九、福利有關事項。
十、災害補償及一般傷病補助有關事項。
十一、應遵守之紀律有關事項。
十二、獎懲有關事項。
十三、其他勞資權利義務有關事項。

貳、不得約定事項：

一、與派遣勞工簽訂定期契約。
二、要求勞工離職預告期間超過《勞動基準法》第 16 條規定期間。
三、雇主有權單方決定調降或不利變更薪資。
四、約定限制勞工請（休）假權益、請（休）假未依法給薪或懲罰性扣薪。
五、延長工作時間未依規定加給工資。
六、預扣薪資作為違約金或賠償費用。
七、約定女性勞工於懷孕期間仍須輪值夜班。
八、未依規定提繳勞工退休金或將應提繳 6% 金額內含於工資。

九、約定雇主得不依規定記載勞工出勤情形。

十、勞工保險、全民健康保險、就業保險、職業災害保險未依相關規定辦理。

十一、約定雇主得扣留勞工身分證明等文件、證書或收取保證金，於離職時方能領回。

十二、約定勞工有結婚、懷孕、分娩或育兒情事，應離職、留職停薪或同意終止勞動契約。

第四節 派遣勞工保護法草案總說明

近年來由於國內企業面臨產業結構調整、追求經營效率及彈性運用人力資源，促成了就業型態的多元發展及非典型僱用型態的興起。根據行政院主計總處公布人力運用調查，一百零二年五月從事臨時性或人力派遣工作者已有五十九萬人，公部門派遣勞工人數依行政院人事行政總處一百零二年第三季統計情形有一萬零三百六十五人，足見我國勞動派遣之勞務給付樣態業已存在於勞動市場中。

又參考日本於一九八五年制定有關勞動者派遣事業妥適營運之確保及派遣勞動者就業條件整備等之法律，歐洲大部分國家亦針對勞動派遣制定特別的法律，足見制定勞動派遣法為世界潮流立法所趨。考量「勞動派遣」涉及「派遣事業單位」、「要派單位」及「派遣勞工」三方關係，其為「僱用」與「使用」分離的勞動關係，而現行勞動法令係針對傳統勞動關係中，雇主與勞工之權利及義務不同，尚無法完整規範派遣勞動所衍生相關問題。為避免派遣勞動三方關係無法律明確規範，且派遣勞工權益未受完善保障，衍生三方之間爭議頻生，爰擬制定相關規範。為保障派遣勞工之勞動權益，並明確派遣勞動之三方關係，爰擬具「派遣勞工保護法」草案，分為五章，共計三十二條，其要點如下：

一、本法之立法目的、主管機關及用詞定義。（草案第一條至第三條）

二、要派單位及派遣事業單位應訂定書面要派契約及提供派遣勞工派遣工作單。（草案第四條及第五條）

三、派遣事業單位應與派遣勞工簽訂不定期契約。（草案第六條）

四、要派單位不得指定派遣特定勞工，及違反規定時派遣勞工之勞動關係擬制轉換為要派單位之自僱員工。（草案第七條）

五、派遣勞工於同一要派單位工作滿一年，並繼續為該要派單位提供勞務者，得以書面向要派單位提出訂定勞動契約之意思表示。（草案第八條）

六、針對性別工作平等法之性別歧視、性騷擾防治、哺乳時間及工作時間調整、就業服務法之就業歧視禁止、勞動基準法之工作時間、休息、休假、童工及女工等相關事項，規範要派單位有視同雇主責任，另要派單位不得拒絕、妨礙或限制派遣勞工依法令規定請假或申請育嬰留職停薪。（草案第九條至第十條、第十二條）

七、要派單位負有確認派遣事業單位已依法完備工會或勞資會議同意之法定程序之責任。（草案第十一條）

八、禁止僱用或使用未滿十六歲之人為派遣勞工。（草案第十三條）

九、於派遣事業單位積欠工資時，要派單位應負工資給付補充責任；派遣勞工於要派單位發生職業災害時，要派單位與派遣事業單位對於職業災害補償有連帶補償責任。（草案第十四條及第十五條）

十、派遣勞工於要派單位工作期間之工資、使用設施、設備與托兒措施及工作機會資訊權，應受均等對待權益之保護。（草案第十六條至第二十條）

十一、事業單位從事派遣業務採登記管理制，並課予其應定期提報派遣相關資料。（草案第二十一條及第二十二條）

十二、使用派遣之範圍及限制。（草案第二十三條至第二十五條）

十三、派遣事業單位與要派單位違反本法規定之罰則及裁罰主管機關。（草案第二十六條至第三十條）

十四、本法施行細則及施行日期。（草案第三十一條及第三十二條）

第五節　派遣勞工保護法草案

條文	說明
第一章　總則	章名
第一條　為規範勞動派遣法律關係，保障派遣勞工權益，促進派遣勞工之就業安定，調和勞動力之供需，特制定本法；本法未規定者，適用其他法律之規定。	一、本法制定目的在明確規範不同於傳統勞資關係之派遣勞動關係、明確要派單位及派遣事業單位對派遣勞工之責任，以保障派遣勞工權益，以及因應國際競爭與產業轉型，企業人力資源運用兼顧彈性與安全原則下，限制與管制派遣勞動，以促進派遣勞工之就業安定，並調和勞動力之供需。 二、本法未規定者，始適用其他法律之規定。
第二條　本法所稱主管機關：在中央為勞動部；在直轄市為直轄市政府；在縣（市）為縣（市）政府。	本法之主管機關在中央為勞動部，在地方為直轄市、縣（市）政府。
第三條　本法用詞，定義如下： 一、勞動派遣：指派遣事業單位指派所僱用之勞工至要派單位，接受該要派單位指揮監督管理，提供勞務之行為。 二、派遣事業單位：指從事勞動派遣業務之事業單位。 三、要派單位：指依據要派契約，實際指揮監督管理派遣勞工從事工作者。 四、派遣勞工：指受派遣事業單位僱用，並向要派單位提供勞務者。 五、要派契約：指要派單位與派遣事業單位就勞動派遣事項所訂立之契約。	一、本條規定本法所使用重要名詞之定義。 二、按本條第一款係對「勞動派遣」之定義予以明文規定，以避免在適用上發生疑義。 三、派遣之法律關係為一種三方之勞動關係，其主體有三，分別為派遣事業單位、要派單位及派遣勞工；而其契約關係則分別存在於派遣事業單位與派遣勞工之間，以及派遣事業單位與要派單位之間，故於本條第二款至第五款分別就其主體與契約之定義予以規定。其中為避免要派單位範圍僅限於適用勞動基準法之事業單位，爰於第三款明定依據要派契約，實際指揮監督管理派遣勞工從事工作者，為要派單位，而非派遣事業單位。

條文	說明
第二章　勞動派遣之權利及義務	章名
第四條　要派契約應以書面為之，契約內容應約定下列事項： 一、派遣事業單位之名稱及登記證明字號。 二、派遣勞工人數及從事之工作內容。 三、派遣期間。 四、派遣勞工之工作地點、工作時間、休息及休假。 五、派遣勞工提供勞務時，對其之指揮監督。 六、派遣勞工之安全衛生。 七、支付派遣勞工所需費用之計算。 八、派遣勞工之申訴方式及處理。 九、其他經中央主管機關規定之事項。	為規範派遣事業單位與要派單位間之權利義務關係，爰參考德國勞動派遣法第十二條第一項及日本勞動派遣法第二十六條之規定，必須在要派契約中約定一定之事項。
第五條　派遣事業單位派遣勞工從事派遣工作時，應提供記載下列事項之派遣工作單予派遣勞工及要派單位： 一、派遣事業單位及要派單位之名稱。 二、派遣事業單位之登記證明字號。 三、派遣期間。 四、工資及其他約定之給與。 五、工作地點。 六、工作內容、工作時間、休息及休假。 七、申訴方式及處理。 八、其他經中央主管機關規定之事項。	為保障派遣事業單位與派遣勞工間之權利義務，爰參考國際勞工組織第一八八號建議書，應有明確規定其僱傭條件之書面派遣單；並參考德國勞動派遣法第十一條第一項、日本勞動派遣法第三十四條、第三十五條及韓國勞動派遣法第二十條、第二十六條、第二十七條之規定，派遣雇主於派遣勞工時，必須將派遣關係之重要內容記載於派遣工作單，並交給派遣勞工及要派單位，以避免派遣勞工受到不利之對待。

條文	說明
第六條　派遣事業單位應與派遣勞工訂定不定期勞動契約。	對於派遣勞工所從事工作係屬繼續性或非繼續性，於該業適用勞動基準法（人力供應業自八十七年四月一日起適用勞動基準法）後，為使派遣業者確實遵守勞動基準法之相關規範，勞動部（改制前為行政院勞工委員會）於八十九年三月十一日台勞資二字第○○一一三六二號函及九十八年四月十四日台勞資二字第○九八○一二五四二四號函釋重申人力派遣為派遣公司之經常性業務，不得配合客戶需求，與所僱勞工簽訂定期契約。此函釋亦受最高行政法院一百零一年度判字第二三○號判決認同。為明確我國派遣勞工與派遣事業單位以長僱目的維持僱傭關係，避免派遣事業單位以要派契約期間作為與派遣勞工訂定定期契約之理由，以規避勞工法令相關終止契約及給付資遣費之責任，又為兼顧派遣勞工之僱用安定，爰制定本條。
第七條　要派單位不得於派遣事業單位依要派契約派遣其派遣勞工前，有面試該派遣勞工或其他指定特定派遣勞工之行為。 要派單位違反前項規定，且已受領派遣勞工勞務者，自要派單位受領勞務之時點起，視為要派單位以不定期契約直接僱用該派遣勞工。 前項派遣勞工與派遣事業單位之勞動契約，於要派單位受領勞務之時點起視為終止，派遣事業單位應發給資遣費，其資遣費之給付標準依勞動基準法或勞工退休金條例規定計算。 派遣勞工於知悉第一項情形之日起三十日內，或於要派單位提供勞務之日起九十日內表示不同意者，不適用前二項規定。	一、要派單位若使用所指定之特定派遣勞工，且對其勞務提供有指揮監督權，實已有人格從屬性之展現，要派單位應屬雇主。為避免實務上常見要派單位與派遣事業單位約定所謂「人員轉掛」服務，爰參考日本勞動派遣法第二十六條第七項之立法意旨，制定第一項。 二、為保障派遣勞工之工作權益，要派單位違反第一項規定時，擬制其直接與派遣勞工成立僱傭關係，爰於第二項擬制僱傭關係之起點。又因前條規定派遣事業單位應與派遣勞工簽訂不定期契約，爰規定要派單位與派遣勞工之契約亦應為不定期契約。 三、另派遣勞工與要派單位成立勞雇關係後，其與派遣事業單位之契約依法視為終止。又為避免派遣勞工原有工作年資中斷影響權益極大，爰第三項規定派遣事業單位應給付資遣費予以補償，避免勞工權益受損。 四、又如派遣勞工對於勞動契約之移轉，不得表達異議，將有限制其選擇從事職業自由之虞，另為避免因勞工異議權造成勞資關係處於不穩定狀態，爰參考日本相關規範及德國之法院判決，於第四項規定派遣勞工如因要派單位違反第一項規定，致發生其與要派單位擬制直接成立勞雇關係之情形時，擁有於除斥期間內表達異議之權利，又該除斥期間之起算，係以知悉情形之當日或於要派單位提供勞務之首日為起始日。

條文	說明
第八條　派遣勞工於同一要派單位工作滿一年，並繼續為該要派單位提供勞務者，得以書面向要派單位提出訂定勞動契約之意思表示，要派單位未於收到通知之日起十日內以書面表示反對者，該派遣勞工與要派單位成立勞動契約。 前項派遣勞工與要派單位勞動契約成立時，該勞工與原派遣事業單位之勞動契約視為終止，且不適用勞動基準法第十五條第二項預告之規定。 依前項規定終止勞動契約之派遣勞工，不受其與原派遣事業單位所約定最低服務年限之拘束。	一、為避免企業長期使用派遣勞工，以規避勞工法令應有之義務，而影響一般受僱勞工之工作權益，爰規範派遣勞工於同一要派單位工作滿一定期期間，並繼續為該要派單位提供勞務者，該勞工有請求與要派單位成立勞動契約之權利，要派單位未有反對意思表示時，雙方勞動契約即成立。 二、考量要派單位對於派遣勞工締結勞動契約之要約未表異議時，依第一項規定該派遣勞工與要派單位即成立勞動契約，而該勞工與原派遣事業單位之勞動契約雖未經雙方當事人終止意思表示，惟勞工轉換雇主之前提在於勞工主動提出意思表示，因此，於第二項規定該勞工與原派遣事業單位之勞動契約視同終止，另為避免法律適用疑義，規定第二項擬制終止時，勞工不需有預告義務。 三、另實務上最低服務年限條款多為二年，為避免該條款成為派遣勞工轉換契約之不利限制，爰於第三項規定。
第九條　要派單位使用派遣勞工時，視為性別工作平等法第七條至第九條、第十一條至第十三條、第十八條、第十九條及就業服務法第五條第一項規定事項之雇主。 要派單位違反前項規定者，依性別工作平等法或就業服務法所定罰則處罰。	一、考量派遣勞工係於要派單位指揮監督下在要派單位工作場所或組織分工提供勞務，且與其分工合作之同儕亦多為要派單位之自僱員工，故於性別歧視、性騷擾防治、哺乳時間及工作時間調整等相關規範及就業歧視禁止，要派單位應與派遣事業單位同樣負有不違反上開性別工作平等法及就業服務法規定之義務，爰於第一項所列事項，要派單位視為該等法規之雇主。 二、明確規範要派單位違反第一項視同雇主責任之法律效果在於主管機關除處罰雇主（派遣事業單位）外，並得依性別工作平等法及就業服務法規定處罰要派單位。

條文	說明
第十條　適用勞動基準法之要派單位使用派遣勞工時，視為勞動基準法第五條、第三十條第一項至第三項、第五項、第三十條之一第一項、第三十二條第二項、第三十四條至第三十七條、第四十條第一項、第四十二條、第四十九條、第五十一條及第五十二條規定事項之雇主。 前項有關勞動基準法第三十條第二項、第三項、第三十條之一第一項及第四十九條第一項所定經工會或勞資會議同意之程序，由派遣事業單位為之。要派單位不適用前項有關視為雇主之規定。 要派單位依勞動基準法第三十條第二項、第三項、第三十條之一第一項第一款規定已實施分配或變更工作時間者，其所使用之派遣勞工亦適用之。派遣勞工於要派單位工作期間配合實施分配或變更工作時間者，派遣事業單位不受勞動基準法第三十條第四項及第三十條之一第二項規定之限制。 要派單位違反第一項規定者，依勞動基準法所定罰則處罰。	一、考量派遣勞工係於要派單位指揮監督下在其工作場所或組織分工提供勞務，故對於工作時間、休息、休假及女工等相關保護規範事項，明確規範要派單位應與派遣事業單位同樣負有不違反上開勞動基準法規定之義務，爰於第一項所列事項，要派單位視為該等法規之雇主。另有涉及請假或申請育嬰留職停薪相關規範，考量將要派單位視同雇主，將造成勞工請假程序過於複雜，爰將要派單位相關責任另於本法第十二條另行規範之。 二、惟勞動基準法第三十條第二項、第三項、第三十條之一第一項及第四十九條雇主經工會同意，如事業單位無工會者，經勞資會議同意，始得使勞工調整工時、在正常工作時間外工作及女性夜間工作之程序，因派遣勞工依法得加入或組織之企業工會非屬要派單位企業工會，且要派單位之勞資會議勞方代表亦無派遣勞工，爰前開程序透過派遣事業單位之工會或勞資會議同意即可，毋需重複再要求派遣勞工未加入之要派單位工會或勞資會議應同意之程序。 三、勞動基準法第三十條及第三十條之一所規定之彈性工時，僅適用於中央主管機關指定之行業。考量派遣事業單位僱用之派遣勞工有可能同時分別被派到該法指定之行業或未指定之行業，如派遣勞工派至經指定得實施彈性工時且已實施彈性工時之要派單位時，其係與要派單位自僱員工於同一工作場所提供勞務，且要派單位為派遣勞工「使用上的雇主」，基此，該派遣勞工於要派期間，應容許其與要派單位自僱員工相同地調整工作時間，以避免同一工作場所出現兩種工作時間制度之情事。 四、明確規範要派單位違反第一項視同雇主責任之法律效果在於主管機關除處罰雇主（派遣事業單位）外，並得依勞動基準法罰則規定處罰要派單位。

條文	說明
第十一條　要派單位有使派遣勞工在正常工作時間以外工作、變更或分配工作時間，或使女性派遣勞工於午後十時至翌晨六時之時間內工作之必要者，應確認派遣事業單位有依勞動基準法第三十條第二項、第三項、第三十條之一第一項、第三十二條第一項或第四十九條第一項規定經工會或勞資會議同意後，始得為之。	派遣勞工依法得加入或組織之企業工會非屬要派單位企業工會，且要派單位之勞資會議勞方代表亦無派遣勞工，爰前項經工會或勞資會議同意程序雖於要派單位不適用之，惟要派單位仍應負有確認派遣事業單位已完備前開程序之責任。
第十二條　要派單位不得拒絕、妨礙或限制派遣勞工依法令規定請假或申請育嬰留職停薪。	基於派遣勞工提供勞務之對象為要派單位，避免實務上有派遣勞工向雇主（派遣事業單位）請假時，遭要派單位拒絕、妨礙或限制，致影響派遣勞工依法令規定請假或申請育嬰留職停薪之權利，爰制定本條禁止規定。至派遣勞工依勞工請假規則第五條申請留職停薪，因屬勞雇雙方協商事項，非在本條規範之範圍。
第十三條　派遣事業單位或要派單位，不得僱用或使用未滿十六歲之人為派遣勞工。	參考國際勞工組織第一三八號公約及第一八二號公約，應對最低就業年齡及消除最惡劣形式的童工勞動有適當規範，又考量未滿十六歲之人的生理與心理發展均未成熟，爰禁止未滿十六歲之人為派遣勞工。
第十四條　派遣事業單位積欠派遣勞工工資，經該勞工請求仍未給付時，要派單位應負給付責任。 　　要派單位依前項給付部分，得向派遣事業單位求償。 　　派遣事業單位有第一項情事時，要派單位得扣抵要派契約應付款項。	一、工資為派遣勞工之經濟來源，為避免派遣事業單位積欠工資嚴重影響勞工生計，並明確派遣事業單位與要派單位之雇主與使用者之角色，爰規定勞工遭受積欠之工資，經請求派遣事業單位給付仍未給付時，要派單位應負擔給付責任後，再向派遣事業單位求償，以確保勞工經濟生活來源。 二、為使派遣勞工得儘速領取派遣事業單位所積欠之工資，且要派單位因上開補充給付責任所生之債權得獲清償，並直接給付派遣勞工，爰於第三項規定。

條文	說明
第十五條　要派單位使用派遣勞工發生職業災害時，要派單位應與派遣事業單位連帶負勞動基準法職業災害補償責任。 　　前項之職業災害依勞工保險條例或其他法令規定，已由要派單位或派遣事業單位支付費用補償者，得主張抵充。	為確保派遣勞工之受補償權利，應由要派單位與雇主（派遣事業單位）連帶負勞動基準法職業災害補償責任。惟如同一事故，依勞工保險條例或其他法令規定，已由派遣事業單位支付費用補償者，要派單位得主張抵充。
第十六條　派遣事業單位給付派遣勞工於要派單位工作期間內之工資，不得低於要派單位僱用從事相同工作性質、內容及職務勞工之工資。但基於績效、工作經驗或其他非因派遣勞工身分之正當理由者，不在此限。	參考歐盟一九九一年頒布「派遣工作指令」明定平等待遇原則，德國、日本及韓國等國家皆有相關派遣勞工勞動條件平等待遇規範，此係明確企業彈性運用勞動派遣之前提，不應為降低勞工薪資節省人事成本為考量，造成派遣勞工遭受剝削，爰派遣勞工與要派單位之正職員工在有可比較對象之前提下，應同工同酬。
第十七條　派遣事業單位依前條規定給付派遣勞工於要派單位工作期間內之工資，得要求要派單位提供其僱用從事相同工作、工作性質或職務之勞工相關必要資訊，要派單位負有提供之義務。	為要求派遣事業單位遵守前條規定，要派單位對與派遣勞工從事相同工作性質、內容及職務之受僱勞工之相關必要資訊，應有提供義務，爰制定本條文。本條所稱之「相關必要資訊」係指要派單位從事相同工作性質、內容及職務之自僱勞工工資水準等，相關規範另訂於本法細則。
第十八條　要派單位於工作場所內提供勞工使用之設施及設備，不得因派遣勞工之身分而有差別待遇。	派遣勞工係於要派單位之工作場所內為其提供勞務，因此，要派單位基於照顧義務，應讓派遣勞工得使用服務單位內之共用設施、設備或托兒措施。爰參考德國勞動派遣法第十三條之二規定，制定本條文。
第十九條　要派單位辦理招募時，應將招募全部內容於派遣勞工工作之場所公告之。 　　要派單位對派遣勞工應徵正職工作時，不得因其身分而有差別待遇。	為促進派遣勞工就業安定，要派單位辦理招募有提供相關資訊與派遣勞工之義務，使派遣勞工得增加轉換為要派單位員工之機會。

條文	說明
第二十條　派遣事業單位或要派單位違反第十六條、第十八條或第十九條第二項規定之認定及其程序，得準用就業服務法就業歧視之規定。	派遣事業單位或要派單位有無違反本法均等對待之規定，應經由地方主管機關本職權調查，經認定有違反情事時，依法裁罰。考量本法所規範之均等對待相關規範，亦有涉及歧視認定，爰地方主管機關就認定程序得準用就業服務法中就業歧視之認定程序，協助認定有無違反本法均等對待相關規範之情事，如認定結果有違反情事，地方主管機關得參考該認定結果予以裁量處分。另地方主管機關對於有無違反本法均等對待相關規範認為無需透過就業歧視機制協助認定，得本職權自行調查認定依法裁罰。
第三章　派遣事業單位之設立及管理	章名
第二十一條　派遣事業單位及其分支機構非經向主營業場所所在地之主管機關申請登記，不得為派遣業務。但本法施行前已經營派遣業務者，應於本法施行後三個月內，依本法規定，向主管機關申請登記。 派遣事業單位應於每年一月及七月底前，向主管機關提報派遣人數及件數等相關資料。 前二項派遣事業單位及其分支機構申請登記之資格條件、程序、變更、撤銷或廢止登記、提報資料內容及其他管理事項之辦法，由中央主管機關定之。 派遣事業單位依第一項所取得登記證明，應在其營業處所公開揭示。	一、事業單位於本法施行後欲經營派遣業務者，應向主管機關申請登記並取得登記證明，始得從事派遣業務。但於本法施行前已經營派遣業務者，則應於本法施行後三個月內申請登記；如該業者逾期未申請或申請後無法取得登記，而仍繼續從事派遣業務者，應予處罰。 二、參酌德國勞動派遣法第八條、日本勞動派遣法第二十三條及韓國勞動派遣法第十八條之立法例，課予雇主應定期提報派遣相關資料之義務，以建立派遣相關統計資料，有效掌握國內派遣勞動之發展狀況，俾利派遣業務範圍、相關措施及法制調整之參考。具體資料項目由中央主管機關另以法規命令定之。 三、為確保派遣事業單位能妥適的經營派遣業務及使所僱用之派遣勞工之勞動權益獲得保障，授權中央主管機關針對申請登記之條件、程序、變更、撤銷、廢止及其他應遵行事項等管理事項另以辦法定之。違反前開管理辦法者，主管機關得依該辦法規定撤銷或廢止登記。 四、為確保派遣事業單位係合法經營業務，以免要派單位或派遣勞工權益受到不當侵害，派遣事業單位應公開揭示由勞工主管機構核發之登記證明。
第二十二條　派遣事業單位不得出借登記證明供他人從事派遣業務。	派遣事業單位之登記證不得借予他人使用，以避免其規避相關管理規範。

條文	說明
第二十三條　派遣事業單位或要派單位，不得僱用或使用下列人員為派遣勞工： 一、醫事人員。 二、保全人員。 三、航空人員。 四、漁船船員以外之船員、遊艇駕駛、動力小船駕駛及助手。 五、大眾運輸行車及駕駛人員。 六、採礦人員。 七、其他經中央主管機關公告之工作者。	明確規範特定工作者不得為派遣業務，各款說明如下： 一、依據醫療法第十條規定，已對醫事人員予以定義。因醫療服務著重由醫師、護士、藥劑師、麻醉醫師等專門職業所形成的團隊服務，為提供適當和正確的醫療，該團隊必須掌握成員能力或治療方針等，在充分溝通下實施業務，若由派遣事業單位決定該團隊的成員和其勞動條件，將對醫療團隊產生不良影響。爰此，該等人員不得以派遣勞動為之。 二、參考保全業法第十條規定，保全業應置保全人員，執行保全業務，並於僱用前檢附名冊，送請當地主管機關審查合格後僱用之。該等人員之僱用與指揮監督等使用關係不可分離，爰依法不得以派遣勞動為之。 三、參考民用航空法第二條規定，航空人員係指航空器駕駛員、飛航機械員、地面機械員、飛航管制員、維修員及航空器簽派人員等，另同法第二十五條規定，航空人員經學、術科檢定合格，由民航局發給檢定證後，方得執行業務。該等人員應維持長期穩定之僱傭關係，俾利相關專業訓練及熟悉事業單位執行飛航作業相關事項，以保障民眾之航空安全。 四、參考船員法及航行船舶船員最低安全配置標準及漁船船員管理規則之規定，船員之雇用人有向航政主管機關申請船員配額編制等義務，船員年齡、體格檢查、訓練及執業證書亦應符合相關規範，爰此，船員不宜以派遣勞動樣態提供勞務。 五、參考發展大眾運輸條例第二條規定，所稱大眾運輸，係指具有固定路（航）線、固定班（航）次、固定場站及固定費率，提供旅客運送服務之公共運輸事業單位。又考量該等業務涉及大眾生活及安全，爰針對大眾運輸相關行車及駕駛人員限制以派遣勞動樣態為之。 六、參考礦業法第四條規定，採礦指採取礦為經濟有效之利用。而參考歐洲部分國家規定採礦工作禁止以派遣形式為之。 七、由於派遣相對於典型之勞動關係不穩定，為避免從事派遣勞工者之安全、衛生及公共利益受到損害，故經中央主管機關公告之工作者亦排除於派遣業務範圍外。

條文	說明
第二十四條　要派單位運用派遣勞工總人數不得逾其僱用總人數百分之三。 要派單位應將使用派遣勞工之人數、期間及工作內容，於工作場所公告之。	一、行政院主計總處公布「人力運用調查」顯示，我國一百零二年五月從事臨時性或人力派遣工作者計五十九萬人，占全體就業者百分之五點三九。為避免派遣勞動關係影響一般正職員工及長期僱用勞工之工作權，企業應朝自僱員工以穩定勞資關係，而選擇補充性及臨時性人力彈性運用方式，應限制合理比率，以避免造成勞工就業不安定，爰限制企業不得使用於總僱用人數一定比率。 二、為避免勞工對於企業內使用派遣勞工情形不清楚，爰於第二項規定要派單位公告派遣勞工使用情形之義務。
第二十五條　下列各款所列機關運用派遣勞工總人數及僱用總人數之計算，應包含其所屬各級機關（構）、公立學校及所管理監督事業機構： 一、總統府。 二、國家安全會議。 三、行政院。 四、立法院。 五、司法院。 六、考試院。 七、監察院。 八、直轄市政府。 九、縣（市）政府 前項所定僱用總人數，包含機關所任用、進用及僱用之人員。	參考「中央政府機關總員額法」員額採總量控管精神，並就施政優先順序、實際業務消長情形等進行統籌調配，爰公部門以各一級機關及所屬運用派遣勞工人數為計算範圍，並不得逾其僱用總人數之百分之三。

條文	說明
第四章　罰　則	章名
第二十六條　違反第五條、第十一條、第十二條、第十七條、第二十一條第二項、第四項、第二十二條、第二十三條或第二十四條第二項規定者，處新臺幣二萬元以上三十萬元以下罰鍰。	本條規定違反（提供派遣工作單義務）第五條、（要派單位確認派遣事業單位符合法令義務）第十一條、（派遣勞工請假或育嬰留職停薪權益之確保）第十二條、（要派單位提供必要資訊予派遣事業單位之義務）第十七條、（定期提報派遣資料義務）第二十一條第二項、（派遣登記證明公開揭示）第二十一條第四項、（出借登記證明之禁止）第二十二條、（派遣使用範圍之限制）第二十三條及（公告派遣使用資訊）第二十四條第二項之行政處罰。
第二十七條　違反第六條、第十三條或第二十四條第一項規定者，處新臺幣九萬元以上四十五萬元以下罰鍰。	本條規定違反（派遣勞工簽訂定期契約之禁止）第六條、（派遣童工之禁止）第十三條及（派遣使用比率上限）第二十四條第一項之行政處罰。
第二十八條　違反第十六條、第十八條、第十九條第二項或第二十一條第一項規定者，處新臺幣三十萬元以上一百五十萬元以下罰鍰。	本條規定違反（派遣事業申請登記）第二十一條第一項、（工資均等對待）第十六條、（公用設備及托兒措施均等對待）第十八條及（招募時派遣身分歧視禁止）第十九條規定之行政處罰。
第二十九條　有前三條規定行為之一者，得公布其事業單位或事業主之名稱、負責人姓名，並限期令其改善；屆期未改善者，得按次連續處罰至改善為止。	為使違法之事業單位積極改善，以避免繼續損及勞工權益，主管機關得對違法事業單位公布事業單位名稱並限期改善；如屆期仍未改善者，得按次連續處罰至改善為止。
第三十條　本法所定罰則，由直轄市及縣（市）主管機關處罰之。	違反本法之裁罰權責機關為直轄市及縣（市）主管機關。
第五章　附　則	章名
第三十一條　本法施行細則，由中央主管機關定之。	本法施行細則由中央主管機關訂定。
第三十二條　本法除第二十四條自公布後三年施行外，自公布後一年施行。	規定本法之施行日期，因涉及勞動關係之重大變革，需一定期間之緩衝期俾利勞動市場進行調整。

第貳篇

工資、工時及休假、職業災害、退休

第貳篇　工資、工時、休假、職業傷害、退休
伊～
嘿！
那東西不輕耶！
還好吧怡君？
像我這種男生來當搬運工就算了但是連妳也來實在太不合理了！
這次職務調動實在太扯了！
我覺得我的腰已經受傷了！
呼！累死了下班後我要去看醫生！
妳的專長明明就是企劃啊！
啊！我不是這個意思啦…
你意思是說女生做不了苦力嗎？

根本就是因為派遣員工薪水比較低，又不用退休金！
把我們調來這裡就是想要我們自動辭職！
說什麼讓我們了解公司所有業務的情形也是一種學習，
真的很爛！
我也這麼覺得，感覺這家公司沒什麼前途了！
老闆這種只顧降低成本不顧員工品質的作法，最後一定會出大事的！
咚！
！
而且可以學習的工作經驗也蠻多的我比較重視這個…
虧我還跟王小凱說那種話……
現在想想還真是丟臉啊！

員工學習跟公司守法是二回事吧！
……
我請客！
先別想那麼多了！今天是領薪日～
嘟嘟嘟…
什麼誰的福？我又沒說要請你～
唷～超級扣門又節儉的小鄭竟然要請客？到底是託誰的福呀？
等一下…學長是誰啊？
要找我一起出去吃飯啊？當然好啊！
啊！是學長！
喂？
咦？學長？

發薪日
是不是搞錯了啊？
這……
薪資袋
發薪月份：年 月
姓名：
應發金額
月薪
日薪
職務津貼
全勤獎金
伙食津貼
交通津貼
加班費
合計
健保費
勞保費
所得稅
你們被調職前沒人跟你們講嗎？
我也是！這到底怎麼一回事？
而且沒有計算加班費！
主管！為什麼我的薪水變少了？
我們是ｘｘ公司的子公司，公司規則不一樣！
哪有？我以前在企劃組就有！
職務調動當然薪水也會調整啊～
還有就是本公司是責任制，所以沒有加班費！
經理室

§84-1 責任制

意思就是
你們是從不同的公司
調過來的新員工！
什麼叫不一樣？
這意思我不懂啊！
妳跟我大小聲
也沒用！
我又不是老闆！
還有妳
最好安份點！
新員工有三個月
試用期，如果
本公司覺得不適任
的話，可以直接
開除的！
哪有這樣的！
不是同一個老闆嗎？
嗯～～～～～～
怡君……

怎麼全部都叫我學長啦…
怡君叫我學長就算了…
拜託您了！學長！
xx餐廳
這二位是我的同事
小鄭！
阿旺！學長您好！
啊…抱歉！忘記介紹…
請問你們二位是…
這次我真的忍無可忍了！
可是現在發現老闆根本不是為了讓員工成長而調動職務！
純粹只是為了節省成本！
老實說…我也不是不能吃苦的人，從進公司以來我一直是抱著學習的心態在工作的！就算被調到較辛苦的單位我也當作是學習…

來看看你們有多少權益受損吧！
依照你們所說的…
侵犯任何一方的權益都是不應該的！
其實也不要說忍無可忍…
為什麼…難道你跟我不一樣嗎？
咦？怡君妳為什麼是18000？
像怡君的薪資18000就很明顯低於基本工資了！
工資由勞雇雙方議定，但不能低於基本工資21009元！
如果沒有別的因素，雇主不得因性別有差別待遇，工作與效率相同，工資要同等！
我一萬九千二…
咦？我們職位一樣為什麼你多一千二？

越來越生氣了！
可惡！
厚！原來老闆還歧視女生！
不得用轉任同雇主控制的不同公司年資不足為由拒付退休金！
勞動條件不得做不利變更，工作內容不超過勞工負擔雇主須協助，考量勞工家庭的生活利益！
再來雇主調動勞工職務及工資，
延長工時要給付加班費，更不能強迫勞工加班！
除了一些特定的行業可彈性調整，或勞工與雇主已有成立契約同意！
每日不得超過8小時，每週時數不得超過40小時（每月延長工作時間總時數不得超過46小時）
勞工每週工時最低標準是每週40小時，

§38 特休假
那無薪假呢？這也是違法吧？
休假日工作者，工資加倍，
勞工婚喪病或其他正常理由請假，工資照付！
工作滿一定期間，每年應給予特休：
六個月以上未滿一年：三天，
一年以上未滿二年：七天，
二年以上未滿三年：十天，
三年以上未滿五年：十四天，
五年以上未滿十年：十五天，
十年以上，每一年加一天，
最多三十日。
只有一開始的降薪協議
其他根本就沒有！
降薪、職務調動、超時工作…
碰！
若公司以景氣差為由與員工協議放無薪假，日後公司恢復獲利立即解除無薪假！
無薪假要勞雇雙方同意，
對不起，我先去上個廁所…
沒那麼厲害啦怡君妳喝多了！
這下子看老闆還敢不敢假肖！
我就說我學長很厲害吧！

還有怡君
那個同事小鄭…
那股敵視
的眼神…
怎麼變得
這麼麻煩…
嘩啦啦啦
真是的…
本來只是想跟
怡君吃個飯說…
嗯？
幹嘛攔我啦～
怡君！
快把手機放下！
如果能幫上
怡君一點忙
也不錯啦～
算了！
已經觸法了！
老闆你給我聽著！
你沒有經過員工同意
就降薪、職務調動、
超時工作、沒加班費
還放無薪假！
該不會…

結果你竟然把我降職！
上次王小凱出包，我幾乎一個禮拜天天只睡三小時！讓發表會不開天窗！
我把吃苦當吃補、不合理的要求當磨練！沒想到換來的是公司得寸進尺的壓榨！
不然老娘就不客氣了！
限你一個禮拜內還我們原本的薪水！
到底把我們員工當作什麼？老闆你還有良心嗎？
怡君！
不然我就要告你！
聽到沒有！
快把她手機搶下來！

這個女人怎麼還在我的公司啊！
徐經理！
……
嗶
這個…
怎麼又打電話來鬼叫鬼叫的？
啊是！
你不是說你已經處理好了嗎？
我回去馬上處理好！
老闆您把她封鎖就好了啦！
拜託你不要再讓我聽到這女人的聲音！

這…
妳昨天打電話跟老闆說了什麼應該記得吧？
所有人都可以證明妳所說的話！
當時老闆正在跟公司所有幹部開會，
毀謗污辱董事長？
公司要告我損害公司名譽？
你們二個那天也跟怡君一起吧？
?!
不過如果妳自動辭職的話…公司就不追究！
……
……

咦…？
我才沒有喝酒鬧事…
妳就做到這個月底吧！
真是的！年輕人只知道喝酒鬧事，希望這次教訓能給妳一點警惕！
我說了什麼話我都一清二楚！
我喝酒不會醉，只是講話會變大聲而已！
呃…
這樣合乎勞動基準法嗎？
經理我問你！公司無故要求員工調職降薪、放無薪假，而且還同工不同酬，超時工作沒加班費，
什麼？

連協議書都沒有！
是嗎？我怎麼不記得公司有跟我協商過調職、降薪、超時工作、放無薪假？
再來職務不同當然薪水也不一樣，公司是責任制沒加班費這之前也說過了！
放無薪假也是因應公司財務調整，跟員工協調後就可以實施的！
公司調動職務是針對員工屬性決定的，當然合法！
呃…
咦？鄭博文你在做什麼？
出錢的是公司，公司不想用不能用的員工就是要滾！
林怡君！這是妳對上司的態度嗎？不要以為上網查法條就可以這麼囂張！
啊…
做會議記錄啊…

怡君妳真行～把那個爛經理嚇得說不出話來！
真是把我給嚇死了！
不然經理也不會這麼輕易妥協…
還好事前學長有交待說談判要錄影存證，
我整個腿軟快來扶我一下！
救命！
抱歉！因為我的關係把你們拖下水了…
不知道以後會變怎麼樣？
老闆跟那個經理應該恨死我們三個了吧！
總之先靜觀其變吧！
不過公司也只有撤回解雇的命令，其他問題還沒有回覆，打算無視當作沒這回事嗎？
伊…
嗯？

你還好吧！
危險！
啊！糟糕！
呀！
我沒事！謝謝你！
台灣美少女綜藝團的小安安！
等一下妳…
嗯？
你是xx節目的…

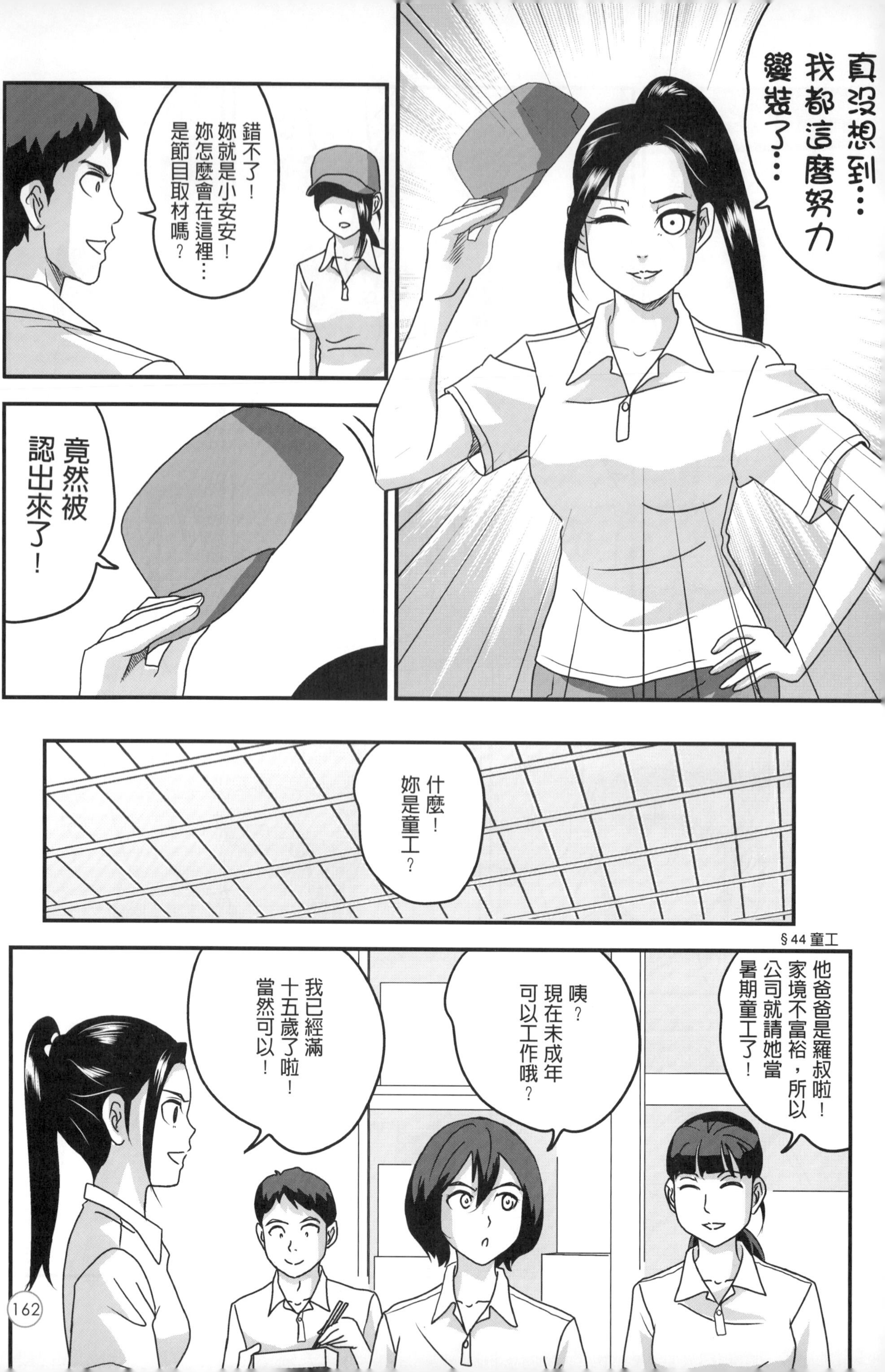
真沒想到…我都這麼努力變裝了…
錯不了！妳就是小安安！妳怎麼會在這裡…是節目取材嗎？
竟然被認出來了！
什麼！妳是童工？
§44 童工
他爸爸是羅叔啦！家境不富裕，所以公司就請她當暑期童工了！
咦？現在未成年可以工作哦？
我已經滿十五歲了啦！當然可以！

什麼啦！是我弟每天都準時收看，我是被迫知道的好不好！
小鄭！想不到你這麼變態！竟然會看那種未成年美少女節目！
哇～真了不起～
所以妳要一邊上節目一邊來公司上班⋯
家裡又有急用，所以就請爸爸跟公司講讓我來打工了！
我其實不是很紅啦！沒有接到很多通告，
剛看妳差點被重物壓到，超危險的！
是說妳既然已經在上節目了，為什麼還要來這裡做苦工呢？
是！謝謝姊姊！
原來如此，真是個乖巧的孩子！以後妳要搬那麼重的東西可以叫別人來幫忙知道嗎？
真的嗎？幫我謝謝大哥弟弟的支持！
不會啊！我弟就是妳的超級粉絲！迷妳迷得要死！

竟然還被對方錄下你的醜樣！
連一個小小的員工都搞不定！
張經理！我開始懷疑你的能力了！
如果造成邪魔亂世那一定是你跟林怡君造成的！
這把上古魔刀的由來相信你應該很了解了吧！
哇啊…
請再給我一次機會！
老闆！對不起！是我一時大意了！
怎麼可能為了三個員工把公司搞垮！
開什麼玩笑！我好不容易把公司資金問題解決，
董事長，我是建議直接讓那三個人調回原職，
這樣會比較省事！畢竟他們原本就專長企劃部。

而且被媒體爆料的話，對公司的聲譽恐怕影響會很大！
如果都不回應的話，難安軍心！
那至少先把同工不同酬的問題解決，這點不只子公司那邊有聲音，
也只能這樣了！
嗯～
還要煩一個肖婆員工！
公司的事情已經夠煩的了！
自從她來公司以後什麼事都往壞的方向走！
可惡！這個女人根本是個瘟神！
等她自己受不了辭職吧！
暫時不要去管她了！省得她一天到晚找公司麻煩！

嗯?
嘔~
嗯…
妙姐!妳還好吧?
呃?
嘔~嘔~~~~~~~
可是妳剛剛…
沒…我沒事…
我真的沒…

啊？
噓！小聲一點！
恭喜！
哇～已經三個月了！
幹嘛這麼緊張？
呼！還好沒人聽見！
…………
東張西望
我朋友懷孕後，她公司就調她去做較輕鬆的工作，而且沒減薪！
妳不能再做這麼粗重的工作了，對小孩子不好！
為什麼？員工懷孕要讓公司知道呀！
我現在暫時不想讓公司知道……

吃母奶的小孩可在公司哺乳二次算在工作時間內！
產假八星期做滿半年以上的話產假可領薪，
妊娠期間產檢假五日，
我知道！
而且…日子久了大家都會看出來的！
那妳為什麼要隱瞞呢？
這些都是勞基法規定的！
那邊還一堆老菸槍！
?!
以前有二位女同事也是懷孕，公司知道後，就把她們調去空調很差的地方工作…
怡君，妳剛調過來妳不知道，

這可以向勞工局
申訴了！
這太過份了吧！
怎麼可以這樣對待
懷孕的員工！
後來那二位同事
受不了就自動離職了！
之後在工作上
就一直找碴，
所以…
就麻煩妳先幫我
保守秘密了！
我不想日子
提前難過…
我知道！
但是距離我分娩
的時間還很長，
公司這樣
真的令人生氣！
只是覺得…
妙姐…
我當然一定會
幫妳保密…

履歷表
技能：
文書軟體、企劃提案
學歷：
Xx中學
Xx大學
經歷：
Xx行銷顧問公司
Xx公司助理
姓名：林惠菁
性別：女
出生：XX年XX月
就這位好了！
嗯…
XX國際股份有限公司
XX International Co., Ltd.
就服法 §5 就業平等
這個男的專長我一看就知道都是唬爛的！
履歷表
技能：
文書軟體、策展活
英／日文、活動
學歷：
Xx中學
Xx管理學院
經歷：
Xx顧問公司主管
Xx活動展覽公司企劃
姓名：劉銘人
性別：男
出生：XX年XX月
你懂什麼？
咦？王組長，可是我覺得這個男的比較適合耶！
這個女的怎麼看…都比較優！
……
後來又找到工作
在ｘｘ公司當組長
的王小凱

林惠菁！這些資料麻煩你了！
是！
請問是今天要做好嗎？
組長！
……
太多了嗎？
是的…我想我今天無法完成！
沒關係…
我會幫妳的…

……
今晚我們一起努力吧…♥
王組長？
林姐，你會不會覺得王組長怪怪的啊？
妳進公司時組長也是這樣嗎？
應該是因為妳剛進公司，才會盯著妳看吧？
盯著妳看？
我總覺得他常常盯著我看…
聽說他是靠關係進來的！
其實我對他也不是很了解…
呵！組長比我還晚來呢！

摳手心…
會摳我的手心…
他跟我握手的時候…
我們去外面休息一下吧！
辛苦你了！惠菁！
呼！照這個進度應該勉強可以在十點前完成！
走吧！
那個…
呃…不用了…我想趕快把事情做完…
妳也坐一整天了不起來運動一下小心長骨刺喔～

怎麼樣？風景不錯吧？
你不覺得現在的氣氛很好嘛！
小事！我可以送妳回家！
我帶了酒來了！
組長…我不能喝酒！等一下我還要騎車回家…
我們來做吧…
別再ㄍ一ㄥ了…惠菁…
?!
摸
組長！你做什麼？

那是因為你一直看我
我不知道你想幹嘛！
你上班時偷看我
我有注意到哦～
組長你在說什麼…
做…？
哎呀…沒想到妳這麼沒文化…
我根本不知道你摳我手掌是手指抽筋還是怎樣啊？
我摳你手掌心你也沒拒絕我，還跟我上頂樓…
夠了！
不相信的話我們可以來試…
這點男生女生都一樣，憋著不做的話是會生病的～妳的老師沒教過妳嗎？
其實人的性慾是自然的，

這個不知感恩的傢伙…
妳…
我會告你性騷擾！
我不喜歡這樣！請你以後不要再騷擾我了！
我能讓妳進公司…同樣我也能讓妳滾…
當初我可是特意讓妳進公司的，不然你以為憑妳的資歷怎麼可能錄取？
你真是讓人感到噁心！
老娘的老師是搏擊教練啦！
啪！
滾你個頭
王小凱組長…你紅啦～

哎！你這樣就是歧視了！
我覺得女生真的不適合做這麼晚的工作！
否則工作跟性別是沒什麼關係的～
除非有特定性別才能勝任的工作，
怡君妳看！那個王小凱出事了！
司主管王小凱
對員工性騷擾
用職權逼迫員工性服務
××公司已將該名主管開除
性騷主管被毆打將提告
想不到他除了有暴力傾向，還會性騷擾！
哼！懶得跟你爭！
性侵犯的犯罪意圖跟受害者的自身危機意識應該分開來看吧！
還跟上司上頂樓有點太不小心了！
喂！那個女生是受害者耶你檢討被害人哦⋯
是她自願跟我上頂樓
說到歧視，我們公司對女性根本滿滿的大歧視啊！

……
啊就…不小心就聽到了！
咦？你怎麼知道？
妳是說妙姐懷孕的事嗎？
任職滿六個月，每一子女滿三歲前可留職停薪至三歲！
女工妊娠期間產檢假五日，妻子分娩時陪產假五日，期間薪資照給！
而且妙姐還少說幾條福利，
我們公司對女性職員真的過分！真想向勞工局檢舉！
哼哼！上網查法條我也會，怡君那個學長實在沒什麼了不起啊！
還有女生生理期的話，
每月可以請生理假一天哦～

性平法§14 生理假

我說錯了什麼嗎…
什麼真噁心…
休息時間到了，工作了啦！
小鄭不要再說了！真噁心！
危險！
轟轟轟轟
?!
怡君！

可能會殘廢？
什麼？雙腳被壓斷？
醫生說…因為神經似乎也受到損傷…
貨架倒塌的原因查出來了嗎？
目前還在調查中，不過也不排除是員工疏失…
調查員工有個屁用啊！失事發生在公司裡，不管怎麼樣都要賠的！
你現在把公司裡所有的設備都給我檢查一遍！
有問題的全部給我換掉！
明天開會你好好給我解釋清楚！
你這個經理到底在幹什麼…
這個…我也還在了解中…
公司有設備過舊，你怎麼都沒發現？檢查報告不是都說沒問題嗎？

經理！公司的儲貨架很多都生鏽了，
不趕快換掉的話倒下來壓到人會出大事的！
難道真的被那個討厭的老頭說中了…
糟糕…
…………
掛
沒想到這麼倒楣就給我遇上！
那時因為公司缺錢，想說等過一陣子再來處理…
真x他的倒楣！
勞工受傷或患職業病，雇主須補償及醫療費，
醫療期間薪資照算，勞工可維持正常生活為止，
雇主一次付四十個月平均工資後可免除補償責任，
勞工經醫療後變殘廢（醫療中薪資照給），
雇主依平均工資及殘廢程度一次給予殘廢補償
（依勞工保險條例）
又要付員工醫療費…又要設材維修費…

手臂骨折…
倒是你…為了救我，
還好…皮肉挫傷…
妳的傷勢如何？怡君…
恐怕現在躺在醫院的人就是我了…
那時候要不是你推倒我…
啊啊～好啊～
我帶了水果來了要不要削給你吃？
別這麼說啦！救人是應該的更何況是…
害你變成這樣，我真的…

你們二個真過分…
哎唷…
看來有機會跟那個學長一拚！
哦哦～受這個傷還真值得！
我這個傷勢最嚴重的都沒來關心…
這還差不多！
我也有帶輝伯的水果禮盒哦～一起削給你吃吧！
這樣我受的傷就一點意義都沒有了！
討厭的老頭！
輝伯！你醒啦？
輝伯剛手術完要好好休養啦～
你們二個這麼吵我怎麼休息？

一直向公司反映貨架有問題，卻成了最大的受害者…
不過輝伯你也真夠倒楣的！
哎呀輝伯你別亂動啦！才剛手術完…
哎唷…
這次把我害成這樣，看我不把他告死才怪！
我也不知道那個經理在撐什麼？
照勞基法規定，因為職災而受傷，公司要付薪到你康復！不然也有四十個月的平均工資可以領～
輝伯你別擔心啦！
以後不知道該怎麼辦…
唉…我這把年紀還斷腿…

這我攏災啦～
哇老先天內！
十三年半……
再一年半就可以
退休了～
而且輝伯
是公司最資深
的員工……
還可向勞工保險局
請領生活津貼補助，
不要這麼想，
醫生說復元的
機率還是
很高的！
我寧願沒
發生這種事……
只是拿兩條腿
來換還是很
不值得，
輝伯……
?!
老闆！
輝伯我們
來看您了！

今天還好只有我兩條腿，
現在講這些有什麼用？早就跟你反應你就在那邊撐嘛！
這真的要怪我督導不周…
發生這種事真是非常抱歉…
這樣的話就不用付退休金…
為什麼躺在床上的不是這個女人…唔…
要是這二個年輕人也爛了，我看你怎麼辦！
謝謝輝伯！
好啦好啦，你都照規定來我不會告公司的～
我們一定會負起全部的責任！
輝伯請您放心好好養病，

都差點出人命，他再假肖就不用混了～
哦哦，老闆這次怎麼這麼乖？
徐經理！後面的事你來說明吧！
那麼我先回公司了！
還有病假薪資！
總之公司會負責三位的一切醫療費用，
所以公司一次性發四十個月的薪水！
輝伯因為雙腿骨折較嚴重，
總覺得那裡怪怪的…
哇～四十個月的薪水！
然後因為年資不足十五年，就不用給退休金？
所以要我離職對吧？
別肖想了！
你們這種爛招我看多了！

有啊～
可是他說這樣他的
退休金就沒了，
所以等他好了，
他要回來上班…
你沒跟他講
公司會負責嗎？
什麼？
不辭？
這些員工只會
一直跟公司挖錢！
可惡！
都給他那麼多錢了，
還有一堆補助
還不夠嗎？
都殘廢了我還
讓他回來上
什麼班啊！
乾脆公司錢全部
給員工倒一倒算了！
勞基法！
這年頭怎麼員工
都只懂勞基法不懂
怎麼幫公司賺錢！
碰！
沒辦法…
這是勞基法
規定的…

第六章　工資

第一節 | 法條：勞動基準法

《勞動基準法》第 21 條

工資由勞雇雙方議定之。但不得低於基本工資。

前項基本工資，由中央主管機關設基本工資審議委員會擬訂後，報請行政院核定之。

前項基本工資審議委員會之組織及其審議程序等事項，由中央主管機關另以辦法定之。

「基本工資」只是臺灣勞工問題的一環而非全部！

工資問題涉及《所得稅法》，然而長期以來臺灣的學術界無法跨領域整合，因此總在一個小問題上鑽牛角尖。以林志玲案而言，[1]國稅局認定林志玲為僱傭關係而逃漏薪資所得。但如果認定林志玲是承攬而以執行業務所得申報，林志玲雖享有租稅上優惠卻有可能因此增加數個工作機會，[2]例如增加 1 至 2 個助理、1 至 2 位司機。如此一來，增加就業機會就能增加國稅收入以及消費能力，過度的行政干預結果只是使得「勞動彈性」的概念在我國永遠只是空談！[3]

---

[1] 參本書頁 192，臺北高等行政法院 100 年簡字第 418 號判決暨釋字第 745 號大法官解釋。

[2] 《所得稅法》第 11 條第 1 項：「本法稱執行業務者指律師、會計師、建築師、技師、醫師、藥師、助產士、著作人、經紀人、代書人、工匠、表演人及其他以技藝自力營生者。」

[3] 《所得稅法》第 14 條：「個人之綜合所得總額，以其全年下列各類所得合併計算之：
第二類：執行業務所得：凡執行業務者之業務或演技收入，減除業務所房租或折舊、業務上使用器材設備之折舊及修理費，或收取代價提供顧客使用之藥品、材料等之成本、業務上雇用人員之薪資、執行業務之旅費及其他直接必要費用後之餘額為所得額。執行業務者至少應設置日記帳一種，詳細記載其業務收支項目；業務支出，應取得確實憑證。帳簿及憑證最少應保存五年；帳簿、憑證之設置、取得、保管及其他應遵行事項之辦法，由財政部定之。執行業務者為執行業務而使用之房屋及器材、設備之折舊，依固定資產耐用年數表之規定。
執行業務費用之列支，準用本法有關營利事業所得稅之規定；其帳簿、憑證之查核、收入

勞動 2 字第 1010132874 號

要旨：依據勞動基準法第 24、39 條規定，按時計酬者勞資雙方以不低於每小時基本工資之數額約定其工資額，除另有約定外，毋須再行加給；適法定正常工時延時工作或於休假日出勤工作者，以約定之金額核計休假日（出勤）之工資（原行政院勞工委員會 99.12.14 勞動二字第 0990132066 號令自即日廢止）。

全文內容：核釋按時計酬者，勞資雙方以不低於每小時基本工資之數額約定其工資額，除另有約定外，允認已給付勞動基準法第三十九條所定例假照給之工資，毋須再行加給；其適法定正常工時延時工作或於休假日出勤工作者，應以前開約定之金額核計同法第二十四條之延時工資及第三十九條休假日（出勤）之工資。按日計酬者約定之日薪，於法定正常工作時間內，仍不得低於每小時基本工資之數額乘以工作時數之金額。至有關延時工資、休假日出勤加給工資之計算，依前開按時計酬者之核計規定辦理。本解釋令自即日生效。另本會九十九年十二月十四日勞動二字第○九九○一三二○六六號令，自即日廢止。

臺北高等行政法院 100 年簡字第 418 號判決（林志玲案）

裁判案由：綜合所得稅

裁判日期：民國 101 年 02 月 29 日

裁判要旨：稅法上所稱執行業務所得，著重在以技藝自力營生，取得報酬具有自由性及獨立性，不必受雇主拘束，得自由選擇是否執行、執行內容方式、為誰執行業務，如何支配執行利益，自行負擔執行業務所

與費用之認列及其他應遵行事項之辦法，由財政部定之。

第三類：薪資所得：凡公、教、軍、警、公私事業職工薪資及提供勞務者之所得：

一、薪資所得之計算，以在職務上或工作上取得之各種薪資收入為所得額。

二、前項薪資包括：薪金、俸給、工資、津貼、歲費、獎金、紅利及各種補助費。但為雇主之目的，執行職務而支領之差旅費、日支費及加班費不超過規定標準者，及依第四條規定免稅之項目，不在此限。

三、依勞工退休金條例規定自願提繳之退休金或年金保險費，合計在每月工資百分之六範圍內，不計入提繳年度薪資所得課稅；年金保險費部分，不適用第十七條有關保險費扣除之規定。」

需成本費用、自負盈虧及經營風險。而薪資所得，則著重在勞務之提供具專屬性、從屬性、受雇主指揮監督及競業禁止規範、不必負擔瑕疵擔保及盈虧之風險等特性。本件納稅義務人與雇主簽訂之節目承攬合約書，乃約定其提供之製播勞務，不論其品質及效果為何，均可領取固定之勞務報酬，且限於某時段播出，足認仍受該電臺製播節目之指揮拘束，並無獨立性，且未自負盈虧及經營風險，其經濟實質顯非執行業務所得，故其購買相關 CD 音樂帶、書籍、邀約人物專訪安排及上下節目計程車費等支出，僅係其領取固定勞務報酬所須具備之主持人個人本智才能、準備工作之支出，不能認為執行業務之成本而予扣除。

104 年重勞上字第 27 號（南山人壽案：是否為僱傭關係與是否參加勞保無關）

裁判日期：105 年 2 月 2 日

裁判案由：確認僱傭關係存在等

裁判要旨：按勞動契約與委任契約固均約定以勞動力之提供作為契約當事人給付之標的。惟勞動契約係當事人之一方，對於他方在從屬關係下提供其職業上之勞動力，而他方給付報酬之契約，與委任契約之受任人處理委任事務時，並非基於從屬關係不同。公司經理人與公司間之關係究為勞動關係或委任關係，應視其是否基於人格上、經濟上及組織上從屬性而提供勞務等情加以判斷。凡在人格上、經濟上及組織上完全從屬於雇主，對雇主之指示具有規範性質之服從，為勞動契約。反之，如受託處理一定之事務，得在委任人所授權限範圍內，自行裁量決定處理一定事務之方法，以完成委任之目的，則屬於委任契約（最高法院 97 年度台上字第 1542 號判決意旨參照）。

釋字第 740 號：保險業務員招攬保險勞務契約是否為勞動契約案

中華民國 105 年 10 月 21 日　院台大二字第 1050026814 號

解釋文：

保險業務員與其所屬保險公司所簽訂之保險招攬勞務契約，是否為勞動基準法第二條第六款所稱勞動契約，應視勞務債務人（保險業務員）得否自由決定勞務給付之方式（包含工作時間），並自行負擔業務風險（例如按所招攬之保險收受之保險費為基礎計算其報酬）以為斷，不得逕以保險業務員管理規則為認定依據。

理由書：

勞動基準法第二條第六款規定：「勞動契約：謂約定勞雇關係之契約。」（下稱系爭規定一）就保險業務員與保險公司間之法律關係是否屬系爭規定一之勞動契約關係，臺北高等行政法院一〇三年度簡上字第一一五號確定終局判決（下稱行政法院判決）認為，依保險業務員管理規則之規定，保險業對其所屬保險業務員具有強大之監督、考核、管理及懲罰處分之權，二者間具有從屬性；至報酬給付方式究係按計時、計日、計月、計件給付，或有無底薪，均非判斷其是否屬勞工工資之考量因素；故採取純粹按業績多寡核發獎金之佣金制保險業務員，如與領有底薪之業務員一般，均受公司之管理、監督，並從事一定種類之勞務給付者，仍屬勞動契約關係之勞工；勞動契約不以民法所規定之僱傭契約為限，凡勞務給付之契約，具有從屬性勞動之性質者，縱兼有承攬、委任等性質，仍應認屬勞動契約；又契約類型之判斷區分上有困難時，基於勞工保護之立場以及資方對於勞務屬性不明之不利益風險較有能力予以調整之考量，原則上應認定係屬勞動契約關係，以資解決。反之，臺灣高等法院九十四年度勞上字第四五號、九十九年度勞上字第五八號、一〇一年度勞上字第二一號等民事確定終局判決（下併稱為民事法院判決）則認為，保險業務員得自由決定招攬保險之時間、地點及方式，其提供勞務之過程並未受業者之指揮、監督及控制，認定保險業務員與保險業間之人格從屬及指揮監督關係甚為薄弱，尚難認屬勞動契約關係；又以保險業務員並未受最低薪資之保障，須待其招攬保險客戶促成保險契約之締結進而收取保險費後，始有按其實收保險費之比例支領報酬之權利，認保險業務員需負擔與保險業相同之風險，其勞務給付行為係為自己事業之經營，而非僅依附於保險公司為其貢獻勞力，故難謂其間有經濟上從屬性；再者，保險業務員管理規則係主管機關為健全保險業務員之管理及保障保戶權益等行政管理之要求而定頒，令保險公司遵守，不得因保險業務員管理規則之規定，即認為保險業務員與其所屬保險公司間具有人格從屬性。是民事法院與行政法院就保險業務員與其所屬保險公司間之保險招攬勞務契約是否屬系爭規定一所示之勞動契約，發生見解歧異，符合司法院大法官審理案件法第七條第一項第二款統一解釋之要件。

勞基法第二條第六款：「勞動契約：謂約定勞雇關係之契約。」並未規定勞動契約及勞雇關係之界定標準。勞動契約之主要給付，在於勞務提供與報酬給付。惟民法上以有償方式提供勞務之契約，未必皆屬勞動契約。是應就勞務給付之性質，按個案事實客觀探求各該勞務契約之類型特徵，諸如與人的從屬性（或稱人格從屬性）有關勞務給付時間、地點或專業之指揮監督關係，及是否負擔業務風險，以判斷是否為系爭規定一所稱勞動契約。

關於保險業務員為其所屬保險公司從事保險招攬業務而訂立之勞務契約，基於私法自治原則，有契約形式及內容之選擇自由，其類型可能為僱傭、委任、承攬或居間，其選擇之契約類型是否為系爭規定一所稱勞動契約，仍應就個案事實及整體契約內容，按勞務契約之類型特徵，依勞務債務人與勞務債權人間之從屬性程度之高低判斷之，即應視保險業務員得否自由決定勞務給付之方式（包含工作時間），並自行負擔業務風險（例如按所招攬之保險收受之保險費為基礎計算其報酬）以為斷。保險業務員與其所屬保險公司所簽訂之保險招攬勞務契約，雖僅能販售該保險公司之保險契約，惟如保險業務員就其實質上從事招攬保險之勞務活動及工作時間得以自由決定，其報酬給付方式並無底薪及一定業績之要求，係自行負擔業務之風險，則其與所屬保險公司間之從屬性程度不高，尚難認屬系爭規定一所稱勞動契約。再者，保險業務員管理規則係依保險法第一百七十七條規定訂定，目的在於強化對保險業務員從事招攬保險行為之行政管理，並非限定保險公司與其所屬業務員之勞務給付型態應為僱傭關係（金融監督管理委員會一〇二年三月二十二日金管保壽字第一〇二〇五四三一七〇號函參照）。該規則既係保險法主管機關為盡其管理、規範保險業務員職責所訂定之法規命令，與保險業務員與其所屬保險公司間所簽訂之保險招攬勞務契約之定性無必然關係，是故不得逕以上開管理規則作為保險業務員與其所屬保險公司間是否構成勞動契約之認定依據。

另聲請人認首開行政法院判決、最高行政法院一〇〇年度判字第二一一七號、第二二二六號、第二二三〇號判決（下併稱確定終局判決）所適用之勞工退休金條例第三條、第六條、第七條第一項第一款、第九條（下併稱系爭規定二）、行政訴訟法第一百八十九條第一項（下稱系爭規定三）、保險業務員管理規則第十二條第一項、第十三條、第十四條第一項、第十八條第一項、第十九條第一項（下併稱系爭規定四）及行政法院六十二年判字第二五二號判例

（下稱系爭判例）有違憲之疑義，聲請解釋憲法。經查，系爭規定三及系爭判例並未為確定終局判決所適用，聲請人自不得據之聲請解釋。其餘所陳，均尚難謂已客觀具體指摘系爭規定二、四究有何牴觸憲法之處。是上開聲請憲法解釋部分，核與司法院大法官審理案件法第五條第一項第二款規定不合，依同條第三項規定，應不受理，併予敘明。

第二節 | 基本工資審議辦法

《勞動基準法》第 1 條

本辦法依勞動基準法第二十一條第三項規定訂定之。

《勞動基準法》第 2 條

為審議基本工資，由勞動部設基本工資審議委員會，置主任委員一人，由勞動部部長兼任之；委員二十一人，由勞動部就下列人員聘（派）兼之，委員任期二年：

一、勞動部代表一人。

二、經濟部代表一人。

三、國家發展委員會代表一人。

四、勞方代表七人。

五、資方代表七人。

六、專家學者四人

《勞動基準法》第 3 條

基本工資審議委員會置執行秘書一人，由勞動部勞動條件及就業平等司司長兼任，承主任委員之命，辦理日常事務。置工作人員若干人，協助工作，由有關單位調兼之。

《勞動基準法》第 4 條

基本工資審議委員會為審議基本工資，應蒐集左列資料並研究之。

一、國家經濟發展狀況。

二、躉售物價指數。

三、消費者物價指數。

四、國民所得與平均每人所得。

五、各業勞動生產力及就業狀況。

六、各業勞工工資。

七、家庭收支調查統計。

《勞動基準法》第 5 條

基本工資審議委員會原則於每年第三季進行審議。

基本工資經基本工資審議委員會審議通過擬予調整時，由勞動部報行政院核定後公告實施。

基本工資審議委員會得組成工作小組，就基本工資審議事宜研究之。

《勞動基準法》第 6 條

基本工資審議委員會委員、職員均為無給職。

《勞動基準法》第 7 條

本辦法自發布日施行。

第三節｜基本工資之制訂與調整經過

1. 民國 19 年我國政府批准國際勞工組織「設釐定最低工資機構公約」。
2. 民國 25 年 12 月 23 日國民政府公布最低工資法，法規定成年工資以維持其本身足以供給無工作能力親屬二人之必要生活為準。惜因歷經抗戰、勦匪、致未施行。遷台後，因該法所定標準稍高，工業正起步，故未施行。該法已於 75 年 12 月 3 日總統令廢止。
3. 民國 44 年 11 月中國國民黨會議，總裁指示每月所得不足 300 元者，應予改善。
4. 民國 45 年初訂基本工資為每月 300 元（新台幣、下同）。
5. 民國 53 年調整基本工資為每月 450 元。
6. 民國 57 年 3 月 16 日發布「基本工資暫行辦法」，並調整基本工資為每月 600 元，每日 20 元。

7. 民國67年11月29日發布，自12月1日起實施，調整基本工資為每月2,400元，每日80元。
8. 民國69年4月29日發布，自5月1日起實施，調整基本工資為每月3,300元，每日110元。
9. 民國72年4月29日發布，自5月1日起實施，調整基本工資為每月5,700元，每日190元。
10. 民國73年6月14日發布，自7月1日起實施，調整基本工資為每月6,150元，每日205元。
11. 民國75年10月27日發布，自11月1日起實施，調整基本工資為每月6.900元，每日230元。
12. 民國77年6月28日發布，自7月1日起實施，調整基本工資為每月8,130元，每日271元。
13. 民國78年6月26日發布，自7月1日起實施，調整基本工資為每月8,820元，每日294元。
14. 民國79年7月25日發布，自8月1日起實施，調整基本工資為每月9,750元，每日325元。
15. 民國80年8月1日發布，自8月1日起實施，調整基本工資為每月11,040元，每日368元。
16. 民國81年8月13日發布，自8月1日起實施，調整基本工資為每月12,365元，每日412元，每小時51.5元。
17. 民國82年8月13日發布，自8月16日起實施，調整基本工資為每月13,350元，每日445元，每小時55.5元。
18. 民國83年8月19日發布，自8月20日起實施，調整基本工資為每月14,010元，每日467元，每小時58.5元。
19. 民國84年7月17日發布，自8月1日起實施，調整基本工資為每月14,880元，每日496元，每小時62元。
20. 民國85年8月31日發布，自9月1日起實施，調整基本工資為每月15,360元，每日512元，每小時64元。
21. 民國86年10月16日發布，自10月16日起實施，調整基本工資為每月15,840元，每日528元，每小時66元。

22. 民國 96 年 6 月 22 日發布，自 7 月 1 日起實施，調整基本工資為每月 17,280 元，每小時 95 元。
23. 民國 99 年 9 月 29 日發布，自 100 年 1 月 1 日起實施，調整基本工資為每月 17,880 元，每小時 98 元。
24. 民國 100 年 9 月 6 日發布，自 101 年 1 月 1 日起實施，調整基本工資為每月 18,780 元，每小時 103 元。
25. 民國 101 年 10 月 16 日發布，自 102 年 1 月 1 日起實施，每小時基本工資調整為 109 元。
26. 民國 102 年 4 月 2 日發布，自 102 年 4 月 1 日起實施，每月基本工資調整為 19,047 元。
27. 民國 102 年 10 月 3 日發布，自 103 年 1 月 1 日起實施，每小時基本工資調整為 115 元。
28. 民國 102 年 10 月 3 日發布，自 103 年 7 月 1 日起實施，每月基本工資調整為 19,273 元。
29. 民國 103 年 9 月 15 日發布，自 104 年 7 月 1 日起實施，每月基本工資調整為 20,008 元，每小時基本工資調整為 120 元。
30. 民國 105 年 9 月 19 日發布，自 105 年 10 月 1 日起實施，每小時基本工資調整為 126 元。
31. 民國 105 年 9 月 19 日發布，自 106 年 1 月 1 日起實施，每月基本工資調整為 21,009 元，每小時基本工資調整為 133 元。
32. 民國 107 年 1 月 1 日預計實施，每月基本工資調整為 22,000 元，每小時基本工資調整為 140 元（尚未實施）。

資料來源：勞動部。

《勞動基準法》第 22 條

工資之給付，應以法定通用貨幣為之。但基於習慣或業務性質，得於勞動契約內訂明一部以實物給付之。工資之一部以實物給付時，其實物之作價應公平合理，並適合勞工及其家屬之需要。

工資應全額直接給付勞工。但法令另有規定或勞雇雙方另有約定者，不在此限。

《勞動基準法》第 23 條

工資之給付，除當事人有特別約定或按月預付者外，每月至少定期發給二次，並應提供工資各項目計算方式明細；按件計酬者亦同。

雇主應置備勞工工資清冊，將發放工資、工資各項目計算方式明細、工資總額等事項記入。工資清冊應保存五年。

【舊法】工資之給付，除當事人有特別約定或按月預付者外，每月至少定期發給二次；按件計酬者亦同。

雇主應置備勞工工資清冊，將發放工資、工資計算項目、工資總額等事項記入。工資清冊應保存五年。

工資為何規定為「每月至少定期發給二次」？究其原因，勞工若薪資花罄，要向公司借薪，《公司法》第 15 條規定：「公司之資金，除有下列各款情形外，不得貸與股東或任何他人……。」因此《勞動基準法》立法之初只好規定以發給兩次為原則，嗣後經濟部解釋員工與公司間預借薪資不受《公司法》第 15 條限制，[4] 以現今狀況本條實無存在之必要，即便保留本條，透過《民法》第一條：「民事，法律所未規定者，依習慣；無習慣者，依法理。」若公司與員工間向來即以月薪方式支付薪資，勞工當不能以公司未按月給付兩次為理由指謫公司違法。

《勞動基準法》第 24 條

雇主延長勞工工作時間者，其延長工作時間之工資依下列標準加給：

一、延長工作時間在二小時以內者，按平日每小時工資額加給三分之一以上。

二、再延長工作時間在二小時以內者，按平日每小時工資額加給三分之二以上。

三、依第三十二條第三項規定，延長工作時間者，按平日每小時工資額加倍發給。

雇主使勞工於第三十六條所定休息日工作，工作時間在二小時以內者，其工資

[4] 資金貸款之限制：

二、查勞動部民國 68 年 11 月 17 日經商字第 39514 號函釋：員工向公司預支薪津，約定就僱用人薪津及獎金於存續期限內扣還，非屬一般貸款性質，先予敘明。

三、上開函釋係考量公司與員工間之依存關係及社會通念，認為非屬一般貸款性質，並不構成違反《公司法》第 15 條之規定。惟預支予員工之薪資如超過一般薪資之合理範圍，或所預支之薪資無法由員工自由意志支配，則無上開函釋之適用。（經濟部 101 年 11 月 28 日經商字第 10102144470 號函）

按平日每小時工資額另再加給一又三分之一以上；工作二小時後再繼續工作者，按平日每小時工資額另再加給一又三分之二以上。

前項休息日之工作時間及工資之計算，四小時以內者，以四小時計；逾四小時至八小時以內者，以八小時計；逾八小時至十二小時以內者，以十二小時計。

【舊法】雇主延長勞工工作時間者，其延長工作時間之工資依左列標準加給之：

一、延長工作時間在二小時以內者，按平日每小時工資額加給三分之一以上。

二、再延長工作時間在二小時以內者，按平日每小時工資額加給三分之二以上。

三、依第三十二條第三項規定，延長工作時間者，按平日每小時工資額加倍發給之。

勞動條3字第1040130857號

發文日期：民國104年05月14日

資料來源：勞動部

相關法條：勞動基準法第24、32條（104.02.04）

要旨：勞工在非約定出勤時間出席法定會議期間，除各該法律或法規命令有明定該會議期間應視為工作時間外，非屬勞動基準法所稱工作時間；又該法所規範係勞動條件最低標準，勞雇雙方如有優於法令約定，當可從其約定。

主旨：有關實施輪班制工作之事業單位，其輪班人員於非約定出勤時間出席董事會、勞資會議、職工福利委員會、職業安全衛生委員會及勞工退休準備金監督委員會等法定會議之時間相關疑義乙案，復請查照。

說明：一、復桃園市產業總工會103年6月20日桃產工行字第103062003號函及全國產業總工會103年6月12日103全產總字第1030000110號函。

二、查勞動基準法所稱工作時間，指勞工在雇主指揮監督之下，於雇主之設施內或指定之場所，提供勞務或受令等待提供勞務之時間。旨揭法定會議之召開係應法令要求，勞工之與會若非雇主所指派，其與會期間非於雇主指揮監督之下，與前開工作時間之定義有別，故除各該法律或法規命令有明定會議期間應視為工作時間外，勞工於非約定出勤時間出席旨揭法定會議期間，非屬勞動基準法所稱工作時間。

三、另，勞動基準法所規範者係勞動條件之最低標準，勞雇雙方如有優於法令之約定，當可從其約定。

103 年台上字 838 號

裁判案由：給付加班費

裁判要旨：按勞工法上之勞動契約，雖以勞工生存權作為其基礎理念，然並非完全摒除契約自由原則之適用，勞雇雙方仍得藉由私法自治以達符合其共同之利益。因此勞雇雙方對正常工作以外之時間約定由勞工於該時間從事與其正常工作不同，且屬勞基法第 84 條之 1 第 1 項第 2 款所稱監視性、間歇性，或其他非屬該條項所定而性質相類之工作時，就勞工於該段時間工資之議定，如已依正義公平之方法，確定並實現權利之內容，以勞雇之利益衡平為依歸，斟酌各主、客觀等因素，兼顧避免勞雇間犧牲他方利益以圖利自己，並考量該約定工資是否合乎一般社會之通念並具合理性，及非法所不許。

《勞動基準法》第 25 條

雇主對勞工不得因性別而有差別之待遇。工作相同、效率相同者，給付同等之工資。

臺灣高等法院 85 年勞上字第 9 號民事判決

裁判案由：給付退休金等

裁判要旨：勞動基準法第 25 條之立法理由為「我國於民國 47 年 3 月 1 日已批准國際勞工組織『男女勞工同工同酬公約』，為確立男女同工同酬之原則，爰於本法作明確規定」，足見上開條文係性別歧視之禁止，確立男女同工同酬之規定。並非規定同性別擔任相同工作之勞工，其工資均應相同，蓋雇主得依同性別勞工各人之年齡、身體狀況、教育程度、經驗等各種因素而個別議定工資，此為當然之道理。上訴人既不能證明其工作效率相同，當亦無從援引勞動基準法第 25 條之規定而主張被上訴人亦應按月發給生活津貼。至於被上訴人公司之管理規章第 5 條第 2 項規定僅係一般性之管理準則，將本薪之內容為列舉，並非每一公司員工之薪資當然包括上開列舉之各項，仍應就每一員工之工作性質及條件為各別之約定，上訴人以上開管理規章之規定，據以主張其薪資包括生活津貼、工作津貼云云，尚非可採。

《勞動基準法》第 26 條

雇主不得預扣勞工工資作為違約金或賠償費用。

《勞動基準法》第 27 條

雇主不按期給付工資者，主管機關得限期令其給付。

《勞動基準法》第 28 條

雇主有歇業、清算或宣告破產之情事時，勞工之下列債權受償順序與第一順位抵押權、質權或留置權所擔保之債權相同，按其債權比例受清償；未獲清償部分，有最優先受清償之權：

一、本於勞動契約所積欠之工資未滿六個月部分。

二、雇主未依本法給付之退休金。

三、雇主未依本法或勞工退休金條例給付之資遣費。

雇主應按其當月僱用勞工投保薪資總額及規定之費率，繳納一定數額之積欠工資墊償基金，作為墊償下列各款之用：

一、前項第一款積欠之工資數額。

二、前項第二款與第三款積欠之退休金及資遣費，其合計數額以六個月平均工資為限。

積欠工資墊償基金，累積至一定金額後，應降低費率或暫停收繳。

第二項費率，由中央主管機關於萬分之十五範圍內擬訂，報請行政院核定之。

雇主積欠之工資、退休金及資遣費，經勞工請求未獲清償者，由積欠工資墊償基金依第二項規定墊償之；雇主應於規定期限內，將墊款償還積欠工資墊償基金。

積欠工資墊償基金，由中央主管機關設管理委員會管理之。基金之收繳有關業務，得由中央主管機關，委託勞工保險機構辦理之。基金墊償程序、收繳與管理辦法、第三項之一定金額及管理委員會組織規程，由中央主管機關定之。

【舊法】雇主因歇業、清算或宣告破產，本於勞動契約所積欠之工資未滿六個月部分，有最優先受清償之權。

雇主應按其當月雇用勞工投保薪資總額及規定之費率，繳納一定數額之積欠工資墊償基金，作為墊償前項積欠工資之用。積欠工資墊償基金，累積至規定金額後，應降低費率或暫停收繳。

前項費率，由中央主管機關於萬分之十範圍內擬訂，報請行政院核定之。

雇主積欠之工資，經勞工請求未獲清償者，由積欠工資墊償基金墊償之；雇主應於規定期限內，將墊款償還積欠工資墊償基金。

積欠工資墊償基金，由中央主管機關設管理委員會管理之。基金之收繳有關業務，得由中央主管機關，委託勞工保險機構辦理之。第二項之規定金額、基金墊償程序、收繳與管理辦法及管理委員會組織規程，由中央主管機關定之。

釋字第 595 號：勞保局墊償雇主積欠工資後代位求償爭議之審判權？

解釋勞動基準法第二十八條第一項、第二項規定，雇主應繳納一定數額之積欠工資墊償基金（以下簡稱墊償基金）；於雇主歇業、清算或破產宣告時，積欠勞工之工資，未滿六個月部分，由該基金墊償，以保障勞工權益，維護其生活之安定。同條第四項規定「雇主積欠之工資，經勞工請求未獲清償者，由積欠工資墊償基金墊償之；雇主應於規定期限內，將墊款償還積欠工資墊償基金」，以及「積欠工資墊償基金提繳及墊償管理辦法」（以下簡稱墊償管理辦法）第十四條第一項前段規定：「勞保局依本法第二十八條規定墊償勞工工資後，得以自己名義，代位行使最優先受清償權（以下簡稱工資債權）」，據此以觀，勞工保險局以墊償基金所墊償者，原係雇主對於勞工私法上之工資給付債務；其以墊償基金墊償後取得之代位求償權（即民法所稱之承受債權，下同），乃基於法律規定之債權移轉，其私法債權之性質，並不因由國家機關行使而改變。勞工保險局與雇主間因歸墊債權所生之私法爭執，自應由普通法院行使審判權。

全國關廠工人連線抗爭事件，與上述工資墊償基金概念不同，其性質為公法上借貸。[5] 第一個時期是 1996 年左右，臺灣陸續發生多起紡織、製衣廠惡性倒閉，導致員工退休金與資遣費問題都求助無門。後來，數家關廠失業勞工組成「全國關廠工人連線」，進行了一系列的抗爭活動。第二個時期則是 2012

---

[5] 《行政程序法》第 131 條第 1 項：「公法上之請求權，於請求權人為行政機關時，除法律另有規定外，因五年間不行使而消滅；於請求權人為人民時，除法律另有規定外，因十年間不行使而消滅。」

年，勞委會由於當年的「關廠歇業失業勞工創業貸款」追訴期將近，因此發函要求未還款的關廠工人還款，並編列預算提起民事訴訟；但關廠工人認為這與當初勞委會承諾時的代位求償精神不符，因而引發了另一波的抗爭。2014 年 3 月勞動部宣布不再上訴關廠工人案後，抗爭事件大致結束。

臺北高等行政法院 102 年訴字第 1635 號判決

案由摘要：有關勞工事務

要旨：社會補償乃具有因性之社會福利措施，係以特定事件產生之損害為補償給付。因所進行者為補償，國家始能成為補償義務之歸屬主體，自應受各公法規範控管。故由國家基於社會國補償責任，撥給一定金錢予關廠歇業失業勞工，不因是否償還，而異其補償責任之性質。而基於就業安定基金管理機關地位，對於關廠歇業失業勞工，撥給國家所給與之補償給付，既係基於社會國精神、就業服務法、就業安定基金收支保管及運用辦法、貸款實施要點等公法規範而來，則其權利義務關係自應受公法規範，則於撥款前，要求勞工簽立的契約當亦屬公法契約。從而，因撥款而生之爭議，自屬公法上之爭議。

《勞動基準法》第 29 條

事業單位於營業年度終了結算，如有盈餘，除繳納稅捐、彌補虧損及提列股息、公積金外，對於全年工作並無過失之勞工，應給予獎金或分配紅利。

第四節 加薪法案

《公司法》第 235 條

股息及紅利之分派，除章程另有規定外，以各股東持有股份之比例為準。

《公司法》第 235-1 條

公司應於章程訂明以當年度獲利狀況之定額或比率，分派員工酬勞。但公司尚有累積虧損時，應予彌補。

公營事業除經該公營事業之主管機關專案核定於章程訂明分派員工酬勞之定額或比率外，不適用前項之規定。

前二項員工酬勞以股票或現金為之，應由董事會以董事三分之二以上之出席及出席董事過半數同意之決議行之，並報告股東會。

章程得訂明前項發給股票或現金之對象，包括符合一定條件之從屬公司員工。

本條規定，於有限公司準用之。

第七章 工時

第一節｜法條：勞動基準法

《勞動基準法》第30條

勞工正常工作時間，每日不得超過八小時，每週不得超過四十小時。

前項正常工作時間，雇主經工會同意，如事業單位無工會者，經勞資會議同意後，得將其二週內二日之正常工作時數，分配於其他工作日。其分配於其他工作日之時數，每日不得超過二小時。但每週工作總時數不得超過四十八小時。

第一項正常工作時間，雇主經工會同意，如事業單位無工會者，經勞資會議同意後，得將八週內之正常工作時數加以分配。但每日正常工作時間不得超過八小時，每週工作總時數不得超過四十八小時。

前二項規定，僅適用於經中央主管機關指定之行業。

雇主應置備勞工出勤紀錄，並保存五年。

前項出勤紀錄，應逐日記載勞工出勤情形至分鐘為止。勞工向雇主申請其出勤紀錄副本或影本時，雇主不得拒絕。

雇主不得以第一項正常工作時間之修正，作為減少勞工工資之事由。

第一項至第三項及第三十條之一之正常工作時間，雇主得視勞工照顧家庭成員需要，允許勞工於不變更每日正常工作時數下，在一小時範圍內，彈性調整工作開始及終止之時間。

【舊法】勞工每日正常工作時間不得超過八小時，每二週工作總時數不得超過八十四小時。

前項正常工作時間，雇主經工會同意，如事業單位無工會者，經勞資會議同意後，得將其二週內二日之正常工作時數，分配於其他工作日。其分配於其配於其他工作日之時數，每日不得超過二小時。但每週工作總時數不得超過四十八小時。

第一項正常工作時間，雇主經工會同意，如事業單位無工會者，經勞資會議同意後，得將八週內之正常工作時數加以分配。但每日正常工作時間不得超過八小時，每週工作總時數不得超過四十八小時。

第二項及第三項僅適用於經中央主管機關指定之行業。

雇主應置備勞工簽到簿或出勤卡，逐日記載勞工出勤情形。此項簿卡應保存一年。

第二節 現行工時制度

勞工在事業場所外工作時間指導原則

（勞動部一〇四年五月六日勞動條三字第一〇四〇一三〇七〇六號函）

一、近年來因產業變遷，經濟活動愈趨複雜多元，勞工在事業場所外從事工作之類型日益增加，與傳統或固定於雇主之設施內或指定場所提供勞務之型態不同，常有「工作時間認定」、「出勤紀錄記載」等爭議情事。為提供事業單位就新聞媒體工作者、電傳勞動工作者、外勤業務員及汽車駕駛在外工作之「工作時間」認定及「出勤紀錄」記載之參考，以保障其勞動權益，特訂定本指導原則。

二、在事業場所外從事工作之勞工，其工作時間認定及出勤紀錄記載應注意下列事項：

（一）有關正常工作開始及終止之時間、延長工作時間（加班）之認定、休息時間及輪班制之換班等有關事項，勞資雙方應以書面勞動契約約定，並訂入工作規則。

（二）工作時間（正常工作時間、延長工作時間），指勞工在雇主指揮監督下提供勞務或受指示等待提供勞務之時間。但勞工因出差或其他原因於事業場所外從事工作致不易計算工作時間者，其一日之正常工作時間以約定之起迄時間為準；延長工作時間（加班），應以實際勞務提供之起迄時間計算。

（三）休息時間，指勞工自雇主指揮、監督狀態下脫離，得自由利用之時間。勞工依約在事業場所外工作，雇主仍應依《勞動基準法》第三十五條規定給予勞工休息時間。除雇主要求勞工於休息時間繼續工作，或勞工舉證有依雇主要求在休息時間工作者外，該休息時間不視為工作時間。

（四）在事業場所外從事工作之勞工，應於約定正常工作時間內履行勞務，雇主應逐日記載勞工之正常工作時間。但發生需使勞工延長工作時間之情形者，雇主應記載交付工作之起始時間。勞工執行交付工作於正常工作時間將結束時，如認為應繼續工作始能完成者，經雇主使勞工延長工作時間，勞工於完成工作後，以勞資雙方約定之方式回報雇主，並留存紀錄，雇主應記載勞工回報延長工作時間之終止時間。

（五）勞工因工作性質特殊，在外工作有經常延長工作時間之必要，勞雇雙方得事先約定一定時數內免回報及徵得雇主同意，於工作完成後，雇主應記載勞工回報實際延長工作時間之時數。

（六）在外工作勞工之工作時間紀錄方式，非僅以事業單位之簽到簿或出勤卡為限，可輔以電腦資訊或電子通信設備協助記載，例如：行車紀錄器、GPS 紀錄器、電話、手機打卡、網路回報、客戶簽單、通訊軟體或其他可供稽核出勤紀錄之工具，於接受勞動檢查時，並應提出書面紀錄。

（七）勞工正常工作時間結束後，雇主以通訊軟體、電話或其他方式使勞工工作，勞工可自行記錄工作之起迄時間，並輔以對話、通訊紀錄或完成文件交付紀錄等送交雇主，雇主應即補登工作時間紀錄。

三、常見在事業場所外從事工作類型之勞工應注意下列事項：

（一）新聞媒體工作者

1. 因媒體工作性質特殊，常在事業場所外從事工作，或無須返回事業場所簽到退，致雇主不易認定工作時間及不易記載其出勤情形，有關一日正常工作時間之起迄、延長工作時間（加班）之處理及認定方式，應以書面勞動契約約定，並訂入工作規則。

2. 新聞媒體工作者常因突發之新聞事件，於正常工作時間結束後接獲雇主要求延長工作時間進行新聞處理，勞工延長工作之起迄時間，以各種形式記錄，如發稿紀錄、行車紀錄或勞工自行製作之紀錄，並輔以通訊軟體、電話、對話或其他方式告知雇主，雇主應記載之。

3. 勞資雙方得約定勞工延長工作時間免經雇主事前同意，於完成工作後，勞工應將工作起迄時間紀錄交付雇主，雇主應記載勞工回報之實際延長工作時間之時數。

（二）電傳勞動工作者

1. 本指導原則所稱之電傳勞動，指勞工於雇主指揮監督下，於事業場所外，藉由電腦資訊科技或電子通信設備履行勞動契約之型態。
2. 電傳勞動工作者工作時間之分配，應由勞雇雙方約定並依約履行。又電傳勞動工作者自主性高，較易自由調配工作時間及休息時間，有關實際出勤情形及確切休息時間，應由勞工自我記載（如工作日誌等），並透過電子設備（如線上登錄系統等）記錄後電傳雇主記載。
3. 因電傳勞動工作者工作場所多半非在雇主之事業場所，雇主對於勞工之延長工作時間難以管控或為反對之意思表示，有關延長工作時間，應採事前申請或約定等方式為之。

（三）外勤業務員

1. 外勤業務員可能僅有部分時間在固定之事業場所，或經常性在外工作，其主要工作時間常須配合客戶時間，例如保險業務員、不動產仲介經紀人員等。實務上，致雇主不易認定工作時間及不易記載其出勤情形。有關一日正常工作時間之起迄、延長工作時間（加班）之處理及認定方式，應以書面勞動契約約定，並訂入工作規則。
2. 出勤情形之記載方式，非僅以事業單位之簽到簿或出勤卡為限，可輔以其他可資證明勞工出勤時間之紀錄文件或資訊檔案。勞工延長工作時間後，得以電腦、電話、對話、通訊軟體或其他方式記錄起迄時間，交付或告知雇主，雇主應記載之。
3. 外勤業務員於正常工作時間結束後，因工作需要接獲雇主要求延長工作時間時，於完成工作後，應將結束時間回報雇主，雇主應記載交付工作之起迄時間。外勤業務員於正常工作時間結束後接獲客戶要求提供服務，應回報並徵得雇主同意，於工作完成後再將起迄時間回報雇主記載之。

（四）汽車駕駛

1. 汽車駕駛，包括客車、貨車及主管之駕駛，其工作時間以實際工作時間為準，包含熱車時間、駕駛時間、驗票時間、等班時間、洗車時間、加油時間、保養時間、待命時間、上下貨時間或其他在雇主指揮監督下從事相關工作之時間。

2. 駕駛得不受雇主之指揮、監督，並得自由利用之時間，為休息時間。
3. 客戶如要求增加行程，駕駛應回報並徵得雇主同意，於完成工作後，以勞資雙方約定之方式回報雇主，雇主應記載勞工延長工作時間紀錄。
4. 駕駛因行駛路線長短不一，交通離尖峰狀況差異甚大，其工作時間及休息時間與一般固定工時之勞工有別。依《勞動基準法》第三十五條但書所定「連續性」工作，因具有一旦執行工作即無法中斷之特性，事業單位如有符合前開但書規定之情形，得於勞工工作時間內另行調配休息時間，該休息時間仍應至少一次給足三十分鐘。雇主是否確依《勞動基準法》第三十五條規定給予勞工休息時間，得由勞動契約、工作規則、工作日誌等資料或訪談勞工以為判定。
5. 至於未行車之等候時間，是否屬工作時間及其工作時間如何計算，應先釐清該時段內是否受雇主指揮監督，並得否自由利用，例如遊覽車駕駛載運遊客至某景點後，遊客下車至景點遊憩二小時，該二小時期間，駕駛得自行利用者，得不認為是工作時間。至於有些許遊客停留於遊覽車上，該期間駕駛實際上無法自行利用，應屬工作時間。
6. 汽車駕駛工作時間之紀錄，除輔以行車紀錄器、GPS 紀錄、駛車憑單（派車單）外，亦可輔以客戶簽收紀錄以為佐證。主管座車之主管，亦應負有記錄駕駛工作時間或簽認工作時間紀錄之義務。

（五）其他經常在外之工作者，得經主管機關檢討後，納入適用本指導原則。

四、勞雇雙方依本指導原則所約定之勞動條件，不得違反勞動基準法相關規定。

《勞動基準法》第 30-1 條

中央主管機關指定之行業，雇主經工會同意，如事業單位無工會者，經勞資會議同意後，其工作時間得依下列原則變更：

一、四週內正常工作時數分配於其他工作日之時數，每日不得超過二小時，不受前條第二項至第四項規定之限制。

二、當日正常工作時間達十小時者，其延長之工作時間不得超過二小時。

三、女性勞工，除妊娠或哺乳期間者外，於夜間工作，不受第四十九條第一項之限制。但雇主應提供必要之安全衛生設施。

依中華民國八十五年十二月二十七日修正施行前第三條規定適用本法之行業，除第一項第一款之農、林、漁、牧業外，均不適用前項規定。

【舊法】中央主管機關指定之行業，雇主經工會同意，如事業單位無工會者，經勞資會議同意後，其工作時間得依下列原則變更：

一、四週內正常工作時數分配於其他工作日之時數，每日不得超過二小時，不受前條第二項至第四項規定之限制。

二、當日正常工時達十小時者，其延長之工作時間不得超過二小時。

三、二週內至少有二日之休息，作為例假，不受第三十六條之限制。

四、女性勞工，除妊娠或哺乳期間者外，於夜間工作，不受第四十九條第一項之限制。但雇主應提供必要之安全衛生設施。

依民國八十五年十二月二十七日修正施行前第三條規定適用本法之行業，除第一項第一款之農、林、漁、牧業外，均不適用前項規定。

《勞動基準法》第 31 條

在坑道或隧道內工作之勞工，以入坑口時起至出坑口時止為工作時間。

《勞動基準法》第 32 條

雇主有使勞工在正常工作時間以外工作之必要者，雇主經工會同意，如事業單位無工會者，經勞資會議同意後，得將工作時間延長之。

前項雇主延長勞工之工作時間連同正常工作時間，一日不得超過十二小時。延長之工作時間，一個月不得超過四十六小時。

因天災、事變或突發事件，雇主有使勞工在正常工作時間以外工作之必要者，得將工作時間延長之。但應於延長開始後二十四小時內通知工會；無工會組織者，應報當地主管機關備查。延長之工作時間，雇主應於事後補給勞工以適當之休息。

在坑內工作之勞工，其工作時間不得延長。但以監視為主之工作，或有前項所定之情形者，不在此限。

我國對一般勞工並無所謂「颱風假」，依據「天然災害停止上班及上課作業辦法」放假之機關學校，❶若有涉及民間企業例如台灣證券交易所之類，其員工因颱風放假當然不得予以扣除當天薪水。至於其他勞工則依據《勞動基準法》基本原則「no work no pay」，雇主得予以扣除當天薪水，並非像論者所言颱風假是領薪水換在家一天休息的嚴重錯誤概念！❷勞工遇有天然災害是依據「天然災害發生事業單位勞工出勤管理及工資給付要點」，交由勞資協商，但不得強迫上班；如果雇主要求勞工上班，則必須考慮通勤災害的風險性！

天然災害發生事業單位勞工出勤管理及工資給付要點

一、天然災害發生時（後），為保護勞工生命安全及兼顧事業單位營運需求，特訂定本要點。

二、本要點所稱天然災害，指颱風、洪水、地震及其他經目的事業主管機關認定屬天然災害者。

三、天然災害發生時（後），勞工之出勤管理及工資給付事項，除相關法令已有規定者外，應參照本要點事先於勞動契約、團體協約中約定或工作規則中規定；未有約定或工作規則未規定者，參照本要點辦理。

四、事業單位因業務性質需要，需特定勞工於天然災害發生時（後）出勤者，應由勞雇雙方於事前約定；有工會者，應徵得工會同意，無工會者，應經勞資會議同意。

五、工作場所因天然災害發生致勞工繼續工作有發生危險之虞時，雇主或工作場所負責人應即採取足以保障勞工安全之必要措施。

六、天然災害發生時（後），有下列情形之一者，雇主不得視為曠工、遲到或強迫勞工以事假或其他假別處理，且不得強迫勞工補行工作、扣發全勤獎金、解僱或為其他不利之處分：

（一）勞工工作所在地經轄區首長依「天然災害停止辦公及上課作業辦法」（以下稱作業辦法）規定通報停止辦公，勞工因而未出勤時。

---

❶ 「天然災害停止上班及上課作業辦法」第1條：「政府為使各級機關及公、私立學校在天然災害發生或有發生之虞時，停止上班及上課作業有所依據，特訂定本辦法。」

❷ 呂秋遠，〈颱風假，是我們拿一天薪水換得一天在家休息〉，http://www.ettoday.net/news/20150929/571771.htm，最後檢索日：2016年4月5日。（某種程度，律師真的不是有找就好。就像保險不是有買就好，而是買足 vs. 不足的問題，而律師是找對 vs. 找錯的問題！）

（二）勞工工作所在地未經轄區首長依作業辦法規定通報停止辦公，惟勞工確因颱風、洪水、地震等因素阻塞交通致延遲到工或未能出勤時。

（三）勞工工作所在地未經轄區首長依作業辦法規定通報停止辦公，惟其居住地區或其正常上（下）班必經地區，經該管轄區首長依作業辦法規定通報停止辦公，致未出勤時。

七、勞工因前點所定之情形無法出勤工作，雇主宜不扣發工資。但應雇主之要求而出勤，雇主除當日工資照給外，宜加給勞工工資，並提供交通工具、交通津貼或其他必要之協助。

八、公務機關（構）、公私立學校、公用事業、郵電事業、交通事業及其他性質特殊之事業，天然災害發生時（後），勞工出勤管理及工資給付事項，其他法令另有規定者，依其規定辦理；未有規定者，參照本要點辦理。

九、事業單位或雇主未參照本要點辦理，致有違反勞動法令情事者，依各該違反之法令予以處罰。

《勞動基準法》第 33 條

第三條所列事業，除製造業及礦業外，因公眾之生活便利或其他特殊原因，有調整第三十條、第三十二條所定之正常工作時間及延長工作時間之必要者，得由當地主管機關會商目的事業主管機關及工會，就必要之限度內以命令調整之。

《勞動基準法》第 34 條

勞工工作採輪班制者，其工作班次，每週更換一次。但經勞工同意者不在此限。

依前項更換班次時，至少應有連續十一小時之休息時間。

中華民國一百零五年十二月六日修正之前項規定，其施行日期由行政院定之。

【舊法】勞工工作採晝夜輪班制者，其工作班次，每週更換一次。但經勞工同意者不在此限。

依前項更換班次時，應給予適當之休息時間。

《勞動基準法》第 35 條

勞工繼續工作四小時，至少應有三十分鐘之休息。但實行輪班制或其工作有連續性或緊急性者，雇主得在工作時間內，另行調配其休息時間。

《勞動基準法》第 36 條

勞工每七日中應有二日之休息，其中一日為例假，一日為休息日。

雇主有下列情形之一，不受前項規定之限制：

一、依第三十條第二項規定變更正常工作時間者，勞工每七日中至少應有一日之例假，每二週內之例假及休息日至少應有四日。

二、依第三十條第三項規定變更正常工作時間者，勞工每七日中至少應有一日之例假，每八週內之例假及休息日至少應有十六日。

三、依第三十條之一規定變更正常工作時間者，勞工每二週內至少應有二日之例假，每四週內之例假及休息日至少應有八日。

雇主使勞工於休息日工作之時間，計入第三十二條第二項所定延長工作時間總數。但因天災、事變或突發事件，雇主使勞工於休息日工作之必要者，其工作時數不受第三十二條第二項規定之限制。

【舊法】勞工每七日中至少應有一日之休息，作為例假。

《勞動基準法》第 37 條

內政部所定應放假之紀念日、節日、勞動節及其他中央主管機關指定應放假之日，均應休假。

中華民國一百零五年十二月六日修正之前項規定，自一百零六年一月一日施行。

【舊法】紀念日、勞動節日及其他由中央主管機關規定應放假之日，均應休假。

節日	日期	備註
中華民國開國紀念日	一月一日	
和平紀念日	二月二十八日	
春節	農曆正月初一	放假三日
民族掃墓節	四月四日	偶爾是四月五日或六日
端午節	農曆五月初五	
中秋節	農曆八月十五	
農曆除夕	農曆十二月三十	
兒童節	四月四日	兒童節與民族掃墓節同一日時，於前一日放假。但逢星期四時，於後一日放假。
勞動節	五月一日	勞工放假
軍人節	九月三日	依國防部規定放假

依《勞動基準法》第 37 條所規定之國定假日已列於上表。以下這 7 天假則已被刪除，勞工和公務員的國定假日將一致，但勞工比公務員多一天勞動節休假。

節日	日期
1 月 2 日	中華民國開國紀念日之翌日
3 月 29 日	青年節
9 月 28 日	教師節
10 月 25 日	臺灣光復節
10 月 31 日	先總統蔣公誕辰紀念日
11 月 12 日	國父誕辰紀念日
12 月 25 日	行憲紀念日

《勞動基準法》第 38 條

勞工在同一雇主或事業單位，繼續工作滿一定期間者，應依下列規定給予特別休假：

一、六個月以上一年未滿者，三日。

二、一年以上二年未滿者，七日。

三、二年以上三年未滿者，十日。

四、三年以上五年未滿者，每年十四日。

五、五年以上十年未滿者，每年十五日。

六、十年以上者，每一年加給一日，加至三十日為止。

前項之特別休假期日，由勞工排定之。但雇主基於企業經營上之急迫需求或勞工因個人因素，得與他方協商調整。

雇主應於勞工符合第一項所定之特別休假條件時，告知勞工依前二項規定排定特別休假。

勞工之特別休假，因年度終結或契約終止而未休之日數，雇主應發給工資。

雇主應將勞工每年特別休假之期日及未休之日數所發給之工資數額，記載於第二十三條所定之勞工工資清冊，並每年定期將其內容以書面通知勞工。

勞工依本條主張權利時，雇主如認為其權利不存在，應負舉證責任。

中華民國一百零五年十二月六日修正之本條規定，自一百零六年一月一日施行。

檢討例假更動函釋，避免勞工連續工作

內政部民國 75 年函釋

允許雇主遇必要時，得徵得勞工同意於各該週期內酌情更動例假，極端情況下可能產生連續工作 12 天情況。

現行規定

	第 1 天	第 2 天	第 3 天	第 4 天	第 5 天	第 6 天	第 7 天
第一週	8H	8H	8H	8H	8H	加班	例
第二週	8H	8H	8H	8H	8H	加班	例

- 外界對此調移例假之方式存有疑慮。
- 立法委員正式提案要求廢止此函釋。
- 勞動部將檢討內政部民國 75 年 5 月 17 日台內勞字第 398001 號函。

資料來源：勞動部。

週休二日 ＋ 一例一休 ＝ 雙贏解決方案

每週不超過 40 小時的正常工時，有些企業會怎麼做……

	第一天	第二天	第三天	第四天	第五天	第六天	第七天
企業A	6h40m	6h40m	6h40m	6h40m	6h40m	6h40m	休
企業B	7h	7h	7h	7h	7h	5h	休

連上 6 天班

「未」達到週休二日的目標

資料來源：勞動部。

為何要修正《勞動基準法》？

① 落實週休二日 ▶ 改善勞工每週工作雖然未超過 40 小時，卻可能被要求上班六天的現象

修法前 每 7 日至少 1 日休息為例假

雇主若刻意安排前 5 日單日排班少於 8 小時，星期六勞工就有可能被要求上班。

修法後 每 7 日至少 2 日休息

- 勞工若是休息日被要求上班，就視為加班，加班會被計入延長工時總數。
- 雇主不能要求勞工於例假日上班（除非遭遇天災、事變或突發事件）。

資料來源：勞動部。

為何要修正《勞動基準法》？

2 一例一休 勞資雙贏

增加勞工休息日出勤的加班費
降低雇主要求休息日加班誘因

週休為 2 例假日

- 若皆為例假，同事請假代班或企業趕單時，將短少協議加班的彈性。且各國皆無 2 天例假的規定。
- 依《公務員服務法》，公務員兩天例假均可出勤，不限理由，與勞工例假日原則上不可出勤定義不同。

週休為 1 例假日 +1 休息

「1 例 1 休」勞資雙方仍保有休息日加班的選項，惟需受兩項範例箝制：

- 「工時安排」：休息日出勤納入延長工時總數（46H）計算，可避免雇主濫用。
- 「工資成本」：休息日出勤 4 小時以內以 4 小時計，逾 4 小時至 8 小時以內以 8 小時計，前 2 個小時加班費另給予 $1\frac{1}{3}$，第 3 個小時起加班費另給予 $1\frac{2}{3}$，雇主成本增加，降低要求勞工出勤誘因。

資料來源：勞動部。

為何要修正《勞動基準法》？

3 國定假日全國一致

	公務員		勞工	
	工時	國定假日	工時	國定假日
民國86年1月1日起	隔週休	11天	每週48小時 1天例假	19天
民國90年1月1日起	每週40小時 2天例假	11天	A 每二週84小時 1天例假	19天
民國105年1月1日起	每週40小時 2天例假	11天	B 每週40小時 1天例假	12天

★民國 90 年即有意讓全國假日一致，但因勞工工時仍未降至「單週 40 小時」而作罷，如今條件已經成熟。

★A－B 1 年少了104 小時的工時，等於多了13 天的休假。

資料來源：勞動部。

週休二日為何不是兩例假，要一例一休？

勞工

例假

出勤要件受嚴格要求

- 需發生天災、事變或突發事件。
- 非上開事由，勞工自願加班也違法。

出勤權益

- 出勤工資加倍發給。

≠

公務人員

例假

出勤要件

依《公務員服務法》，雖有每週 2 日例假之規定，但

- 隨時可能被要求出勤。
- 無任何限制規範。

出勤權益

- 加班費申請有上限，其餘以補休方式處理。

「一例一休」勞資雙方仍保有休息日加班的選項，惟休息日工作應徵得勞工同意。

資料來源：勞動部。

例假、休息日有何差異？

一般勞工

例假

出勤要件受嚴格要求

- 需發生天災、事變或突發事件。
- 事後 24 小時內報請當地主管機關核備。

出勤權益

- 出勤工資加倍發給。
- 工作時數**不計入**每月延長工時總數 (46H)

休息日

出勤要件有協商空間

- 比照延長工時程序。
- 再經個別勞工同意。

出勤權益

- 出勤工資 2 小時內另給予 $1\frac{1}{3}$，第三小時起另給予 $1\frac{2}{3}$。
- 工作時數計入每月延長工時總數 (46H)

公務人員

例假

出勤要件

依《公務員服務法》，雖有每週 2 日例假之規定，但

- 隨時可能被要求出勤。
- 無任何限制規範。

公務員例假 ≠ 勞基法例假

資料來源：勞動部。

現行與修法後的加班費計算

假設 勞工月薪 36,000 元，一日工資為 1,200 元，每小時工資為 150 元。

項目	前2小時	後6小時	加班費	休息時間規範
現行（一例）	$\frac{1}{3}$	$\frac{2}{3}$	700元	未規定休息日，雇主可將正常工時在非例假時間內作分散配置。
修法後（一例一休）	$1\frac{1}{3}$	$1\frac{2}{3}$	1,900元	明訂1日「休息日」，休息日出勤的工時屬性與加班費比照延長工時工資。

正常工時：單週40小時
延長工時：每月不得超過46小時

資料來源：勞動部。

休息日出勤的加班費試算

假設 勞工月薪 36,000 元，一日工資為 1,200 元，每小時工資為 150 元，勞工於某休息日出勤工作 8 小時。

修法後 3,100 元 > 現行規定 1,900 元

依現行規定：（前兩小時）$1+\frac{1}{3}=1\frac{1}{3}$ ／（第三小時開始）$1+\frac{2}{3}=1\frac{2}{3}$

$150 \times \frac{1}{3} \times 2$（前兩小時）＝100元
$150 \times \frac{2}{3} \times 6$（後六小時）＝600元
→ 700 元

當日工資
1,200 元＋700 元＝1,900 元
（原有工資）（加班費）

修法後規定：（前兩小時）$1+1\frac{1}{3}=2\frac{1}{3}$ ／（第三小時開始）$1+1\frac{2}{3}=2\frac{2}{3}$

$150 \times 1\frac{1}{3} \times 2$（第1～2小時）＝400元
$150 \times 1\frac{2}{3} \times 2$（第3～4小時）＝500元
4小時內，以4小時計
$150 \times 1\frac{2}{3} \times 4$（第5～8小時）＝1,000元
→ 1,900 元

當日工資
1,200元＋1,900 元＝3,100 元
（原有工資）（加班費）

資料來源：勞動部。

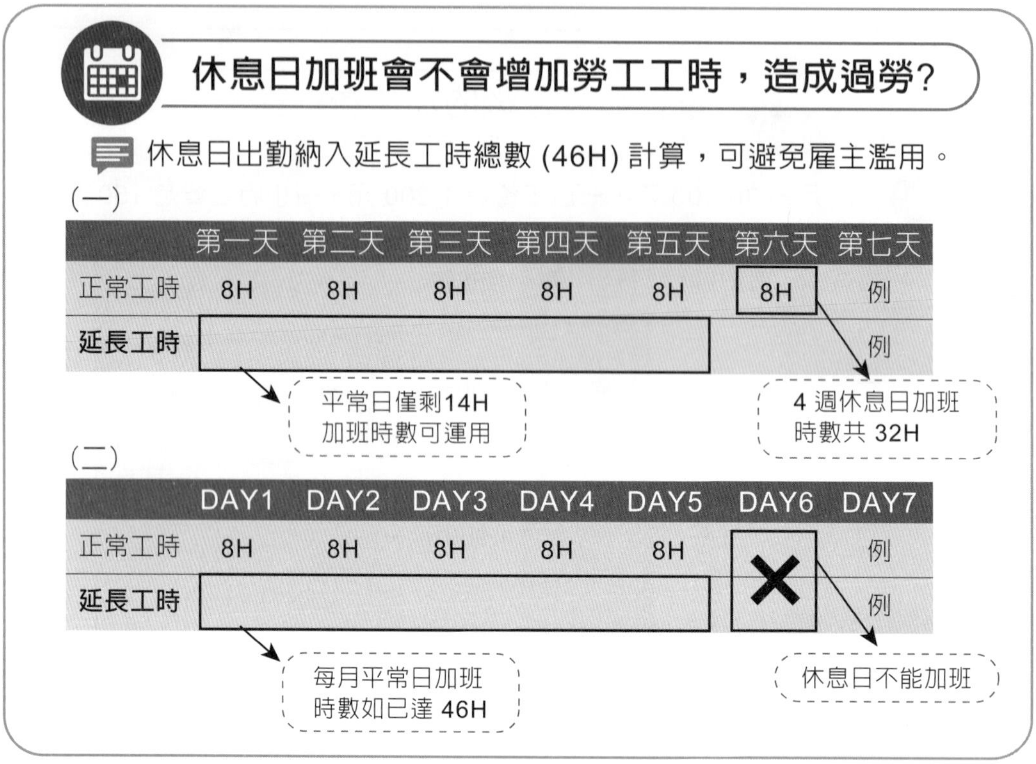

資料來源：勞動部。

《勞動基準法》第 39 條

第三十六條所定之例假、休息日、第三十七條所定之休假及第三十八條所定之特別休假，工資應由雇主照給。雇主經徵得勞工同意於休假日工作者，工資應加倍發給。因季節性關係有趕工必要，經勞工或工會同意照常工作者，亦同。

【舊法】第三十六條所定之例假、第三十七條所定之休假及第三十八條所定之特別休假，工資應由雇主照給。雇主經徵得勞工同意於休假日工作者，工資應加倍發給。因季節性關係有趕工必要，經勞工或工會同意照常工作者，亦同。

最高法院 103 年台上字第 1047 號民事判決

裁判案由：請求給付退休金等

裁判要旨：按勞動基準法第 39 條規定，雇主經徵得勞工同意於休假日工作者，工資應加倍發給。又所謂「工資」，係指勞工工作所獲得之報酬，包括工資、薪金及按計時、計日、計月、計件以現金或實物等方式給付

《勞動基準法》修法前後勞工權益比較

修法條文	修法前	修法後
第 24 條 休息日 加班費	前 2 小時：按平日每小時工資加給 $\frac{1}{3}$ 以上	前 2 小時：按平日每小時工資另再加給 $1\frac{1}{3}$ 以上
	前 3 小時：按平日每小時工資加給 $\frac{2}{3}$ 以上	前 3 小時：按平日每小時工資另再加給 $1\frac{2}{3}$ 以上
	按實際加班時間計算	4 小時內，以 4 小時計；逾 4 小時至 8 小時內，以 8 小時計；逾 8 小時至 12 小時內，以 12 小時計
第 34 條 輪班換班 休息時間	適當休息時間	至少應有連續 11 小時
第 36 條 週休二日	每 7 日應有 1 日例假	每 7 日應有 1 日例假 +1 日休息日
第 37 條 國定假日	勞工與公務人員不一致	回歸內政部規定 全國一致

資料來源：勞動部。

之獎金、津貼及其他任何名義之經常性給與。勞工因雇主之限制而未請特別休假，雇主自應給付未休特別休假之工資。惟雇主未依該條規定計算給付金額，僅以各該年度之月平均工資計算，於法未符。

《勞動基準法》第 40 條

因天災、事變或突發事件，雇主認有繼續工作之必要時，得停止第三十六條至第三十八條所定勞工之假期。但停止假期之工資，應加倍發給，並應於事後補假休息。

前項停止勞工假期，應於事後二十四小時內，詳述理由，報請當地主管機關核備。

《勞動基準法》修法前後勞工權益比較

修法條文	修法前	年資	修法後
第38條 特別休假	無	6個月以上未滿1年	3日
	7日	1年以上未滿2年	7日
	7日	2年以上未滿3年	10日
	10日	3年以上未滿5年	14日
	14日	5年以上未滿10年	15日
	每年加1日，最高加至30日	10年以上	每年加1日，最高加至30日
			未休完特休須結算工資
第74條 申訴保護	雇主不得因勞工申訴而予解僱、調職或其他不利之處分		雇主不得因勞工申訴而予解僱、降調、減薪或其他不利處分 主管機關或檢查機構應對申訴人身分資料嚴守秘密
第79條 罰則 （違反工資、工時等重要條文）	2萬～30萬元		2萬～100萬元 依事業規模、違反人數或違反情節，可加重至150萬元

資料來源：勞動部。

《勞動基準法》第41條

公用事業之勞工，當地主管機關認有必要時，得停止第三十八條所定之特別休假。假期內之工資應由雇主加倍發給。

《勞動基準法》第42條

勞工因健康或其他正當理由，不能接受正常工作時間以外之工作者，雇主不得強制其工作。

《勞動基準法》第 43 條

勞工因婚、喪、疾病或其他正當事由得請假；請假應給之假期及事假以外期間內工資給付之最低標準，由中央主管機關定之。

《勞動基準法》第 84-1 條

經中央主管機關核定公告之下列工作者，得由勞雇雙方另行約定，工作時間、例假、休假、女性夜間工作，並報請當地主管機關核備，不受第三十條、第三十二條、第三十六條、第三十七條、第四十九條規定之限制。

一、監督、管理人員或責任制專業人員。

二、監視性或間歇性之工作。

三、其他性質特殊之工作。

前項約定應以書面為之，並應參考本法所定之基準且不得損及勞工之健康及福祉。

第三節 大法官釋字第 726 號解釋

有關責任制導致我國勞工工時過長甚至引發過勞死爭議，在王如玄擔任部長任內，提及透過修法解決此一亂象。[3] 其實勞動部本來依職權就可以解決此一問題，但勞動部卻放任不處理，實則為行政怠惰！蓋依據該條文意指，勞動部「核定」哪些工作可以適用責任制，至於要適用責任制之企業則必須報「地方」主管機關核備才行；然而地方主管機關為了避免審查困難幾乎照單全收。我國政府體制有中央與地方之分，本條立法最主要目的就是由地方政府自行判斷該行業在地方是否能適用責任制，頗有「因地制宜」之意，既然地方政府不願負起責任，中央政府當然可以依職權直接將已核定為責任制之行業依行政命令公告廢止！

釋字第 726 號：勞基法第 84 條之 1 另行約定而未經核備之效力案

解釋爭點：勞雇雙方就工作時間等另行約定未經核備，是否仍受《勞動基準

---

[3] 〈勞委會擬修法！員工過勞死雇主要負刑責〉，http://www.justlaw.com.tw/News01.php?id=5587，最後檢索日：2016 年 4 月 5 日。

法》相關規定之限制？

勞動基準法第 84 條之 1 有關勞雇雙方對於工作時間、例假、休假、女性夜間工作有另行約定時，應報請當地主管機關核備之規定，係強制規定，如未經當地主管機關核備，該約定尚不得排除同法第 30 條、第 32 條、第 36 條、第 37 條及第 49 條規定之限制，除可發生公法上不利於雇主之效果外，如發生民事爭議，法院自應於具體個案，就工作時間等事項另行約定而未經核備者，本於落實保護勞工權益之立法目的，依上開第 30 條等規定予以調整，並依同法第 24 條、第 39 條規定計付工資。

第四節 | 請假解釋令

勞工請假解釋規則

《勞工請假規則》第 1 條

本規則依勞動基準法（以下簡稱本法）第四十三條規定訂定之。

《勞工請假規則》第 2 條

勞工結婚者給予婚假八日，工資照給。

《勞工請假規則》第 3 條

勞工喪假依下列規定：

一、父母、養父母、繼父母、配偶喪亡者，給予喪假八日，工資照給。

二、祖父母、子女、配偶之父母、配偶之養父母或繼父母喪亡者，給予喪假六日，工資照給。

三、曾祖父母、兄弟姊妹、配偶之祖父母喪亡者，給予喪假三日，工資照給。

《勞工請假規則》第 4 條

勞工因普通傷害、疾病或生理原因必須治療或休養者，得在左列規定範圍內請普通傷病假：

一、未住院者，一年內合計不得超過三十日。
二、住院者，二年內合計不得超過一年。
三、未住院傷病假與住院傷病假二年內合計不得超過一年。
經醫師診斷，罹患癌症（含原位癌）採門診方式治療或懷孕期間需安胎休養者，其治療或休養期間，併入住院傷病假計算。
普通傷病假一年內未超過三十日部分，工資折半發給，其領有勞工保險普通傷病給付未達工資半數者，由雇主補足之。

《勞工請假規則》第 5 條

勞工普通傷病假超過前條第一項規定之期限，經以事假或特別休假抵充後仍未痊癒者，得予留職停薪。但留職停薪期間以一年為限。

《勞工請假規則》第 6 條

勞工因職業災害而致殘廢、傷害或疾病者，其治療、休養期間，給予公傷病假。

《勞工請假規則》第 7 條

勞工因有事故必須親自處理者，得請事假，一年內合計不得超過十四日。事假期間不給工資。

《勞工請假規則》第 8 條

勞工依法令規定應給予公假者，工資照給，其假期視實際需要定之。

《勞工請假規則》第 9 條

雇主不得因勞工請婚假、喪假、公傷病假及公假，扣發全勤獎金。

《勞工請假規則》第 10 條

勞工請假時，應於事前親自以口頭或書面敘明請假理由及日數。但遇有急病或緊急事故，得委託他人代辦請假手續。辦理請假手續時，雇主得要求勞工提出有關證明文件。

台北高等行政法院 103 年度簡上字第 104 號判決

台北高等行政法院日前表示，有民眾雖然以通訊軟體向雇主申請育嬰留職停薪，並且第二次申請仍舊採口頭方式告知，但是因為事後並沒有正式補送書面申請資料，所以不符合請假程序，因此雇主未同意請假並未違法。

高等行政法院判決指出，本起案件因於民眾在幼稚園擔任保母一職，並且曾經向園長告知有意願申請《性別工作平等法》第 16 條第 1 項規定的育嬰留職停薪，此時園長告知有確定日期且有替代人力完成交接，並提出書面文件及同意育嬰假。不過後來該民眾就讀於同幼稚園的小孩因為受傷發生糾紛，致園長要求民眾自行離職或辦理孩子轉學手續；此時民眾向地方勞工局申請勞資爭議調解，雙方在進行調解時，民眾再次提出育嬰留職停薪，但遭園長拒絕並要求辦理交接，民眾因此對園長不准育嬰假舉動提出申訴。

本件經由勞工局調查後，認為園長以違反《性別工作平等法》第 21 條第 1 項規定，並且依照同法第 38 條規定，裁處園長罰鍰新台幣一萬元。不過高等行政法院表示，育嬰留職停薪並非短暫期間，所以申請時必須按「育嬰留職停薪實施辦法」第 2 條規定以正式書面詳載留職停薪期間起日及聯絡方式等事項，否則將會嚴重影響雇主人力調度情形。若申請人只有口頭或手機通訊軟體向雇主告知的話，並不行因此認定以符合書面申請程序。

高等行政法院說明，雖然依照《性別工作平等法》第 16 條第 1 項規定，受雇者得以申請育嬰留職停薪，而雇主不得任意拒絕此項育嬰申請，但受雇者仍應當循正式程序申請，並非受雇者得隨意主張留職停薪權利。若是受雇者為以書面提出申請，因而遭雇主拒絕的話，則不得處罰。又本項權利受雇者得先告知在透過事後補送書面申請資料補正，但本次案件申請人因事後皆未提出書面申請，所以並未合法補正，因此認定申請人不符請假程序，所以判決幼稚園勝訴得不必罰鍰。

《勞工請假規則》第 11 條

雇主或勞工違反本規則之規定時，主管機關得依本法有關規定辦理。

《勞工請假規則》第 12 條

本規則自發布日施行。

第八章 童工、女工、性別工作平等法

第一節 童工

《勞動基準法》第 44 條

十五歲以上未滿十六歲之受僱從事工作者，為童工。

童工及十六歲以上未滿十八歲之人，不得從事危險性或有害性之工作。

【舊法】十五歲以上未滿十六歲之受僱從事工作者，為童工。

童工不得從事繁重及危險性之工作。

《勞動基準法》第 45 條

雇主不得僱用未滿十五歲之人從事工作。但國民中學畢業或經主管機關認定其工作性質及環境無礙其身心健康而許可者，不在此限。

前項受僱之人，準用童工保護之規定。第一項工作性質及環境無礙其身心健康之認定基準、審查程序及其他應遵行事項之辦法，由中央主管機關依勞工年齡、工作性質及受國民義務教育之時間等因素定之。

未滿十五歲之人透過他人取得工作為第三人提供勞務，或直接為他人提供勞務取得報酬未具勞僱關係者，準用前項及童工保護之規定。

從本條文的修正歷程來看，實則跟童星「小小彬」超時工作有關。[1] 當初案件發生時，台北市政府勞動局急著依照《勞動基準法》開罰。最後懸崖勒馬的最主要原因正是，演藝工作根本不是「僱傭」而是「承攬」或「委任」，因為演藝工作絕對不會有「同工同酬」、「退休金」相關問題，所以勞動局當然不會是主管機關，而是社會局應該依照《兒童及少年福利與權益保障法》處理。最後才透過修法，將非僱傭關係之未滿 15 歲人「準用」童工之相關規定。對於

---

[1] 〈童星超時工作　經紀罰 30 萬〉，何哲欣，《蘋果日報》，http://www.appledaily.com.tw/appledaily/article/headline/20131127/35466368/，最後檢索日：2016 年 4 月 5 日。

立法者最後採取正確立法實屬欣慰，但對於行政體系的勞動部與財政部錯誤認知不同勞務關係實感憂心！

《勞動基準法》第 46 條

未滿十八歲之人受僱從事工作者，雇主應置備其法定代理人同意書及其年齡證明文件。

【舊法】未滿十六歲之人受僱從事工作者，雇主應置備其法定代理人同意書及其年齡證明文件。

《勞動基準法》第 47 條

童工每日之工作時間不得超過八小時，例假日不得工作。

《勞動基準法》第 48 條

童工不得於午後八時至翌晨六時之時間內工作。

第二節 女工

一、《勞動基準法》

《勞動基準法》第 49 條

雇主不得使女工於午後十時至翌晨六時之時間內工作。但雇主經工會同意，如事業單位無工會者，經勞資會議同意後，且符合下列各款規定者，不在此限：

一、提供必要之安全衛生設施。

二、無大眾運輸工具可資運用時，提供交通工具或安排女工宿舍。

前項第一款所稱必要之安全衛生設施，其標準由中央主管機關定之。但雇主與勞工約定之安全衛生設施優於本法者，從其約定。

女工因健康或其他正當理由，不能於午後十時至翌晨六時之時間內工作者，雇主不得強制其工作。

第一項規定，於因天災、事變或突發事件，雇主必須使女工於午後十時至翌晨六時之時間內工作時，不適用之。
第一項但書及前項規定，於妊娠或哺乳期間之女工，不適用之。

《勞動基準法》第 50 條

女工分娩前後，應停止工作，給予產假八星期；妊娠三個月以上流產者，應停止工作，給予產假四星期。
前項女工受僱工作在六個月以上者，停止工作期間工資照給；未滿六個月者減半發給。

勞動條 2 字第 1030131931 號

裁判要旨：核釋勞動基準法第 50 條第 2 項規定所稱「停止工作期間工資照給」之定義。

裁判內容：核釋勞動基準法第 50 條第 2 項規定：「前項女工受僱工作在六個月以上者，停止工作期間工作照給；未滿六個月者減半發給。」所稱「停止工作期間工資照給」，指該女工分娩前工作日正常工作時間所得之工資。其為計月者，以分娩前已領或已屆期可領之最近一個月工資除以三十所得之金額，作為計算產假停止工作期間之工資，但該金額低於平均工資者，以平均工資為準，並自即日生效。

《勞動基準法》第 51 條

女工在妊娠期間，如有較為輕易之工作，得申請改調，雇主不得拒絕，並不得減少其工資。

《勞動基準法》第 52 條

子女未滿一歲須女工親自哺乳者，於第三十五條規定之休息時間外，雇主應每日另給哺乳時間二次，每次以三十分鐘為度。
前項哺乳時間，視為工作時間。

二、《性別工作平等法》

修正日期：民國 105 年 5 月 18 日

中華民國 105 年 5 月 18 日總統華總一義字第 10500042821 號令修正公布第 18、23、27、38 條條文

第一章　總則

《性別工作平等法》第 1 條

為保障性別工作權之平等，貫徹憲法消除性別歧視、促進性別地位實質平等之精神，爰制定本法。

《性別工作平等法》第 2 條

雇主與受僱者之約定優於本法者，從其約定。

本法於公務人員、教育人員及軍職人員，亦適用之。但第三十三條、第三十四條、第三十八條及第三十八條之一之規定，不在此限。

公務人員、教育人員及軍職人員之申訴、救濟及處理程序，依各該人事法令之規定。

本法於雇主依勞動基準法規定招收之技術生及準用技術生規定者，除適用高級中等學校建教合作實施及建教生權益保障法規定之建教生外，亦適用之。但第十六條及第十七條之規定，不在此限。

實習生於實習期間遭受性騷擾時，適用本法之規定。

《性別工作平等法》第 3 條

本法用詞，定義如下：

一、受僱者：指受雇主僱用從事工作獲致薪資者。

二、求職者：指向雇主應徵工作之人。

三、雇主：指僱用受僱者之人、公私立機構或機關。代表雇主行使管理權之人或代表雇主處理有關受僱者事務之人，視同雇主。要派單位使用派遣勞工時，視為第八條、第九條、第十二條、第十三條、第十八條、第十九條及第三十六條規定之雇主。

四、實習生：指公立或經立案之私立高級中等以上學校修習校外實習課程之學生。

五、要派單位：指依據要派契約，實際指揮監督管理派遣勞工從事工作者。
六、派遣勞工：指受派遣事業單位僱用，並向要派單位提供勞務者。
七、派遣事業單位：指從事勞動派遣業務之事業單位。
八、薪資：指受僱者因工作而獲得之報酬；包括薪資、薪金及按計時、計日、計月、計件以現金或實物等方式給付之獎金、津貼及其他任何名義之經常性給與。
九、復職：指回復受僱者申請育嬰留職停薪時之原有工作。

《性別工作平等法》第 4 條

本法所稱主管機關：在中央為勞動部；在直轄市為直轄市政府；在縣（市）為縣（市）政府。
本法所定事項，涉及各目的事業主管機關職掌者，由各該目的事業主管機關辦理。

《性別工作平等法》第 5 條

為審議、諮詢及促進性別工作平等事項，各級主管機關應設性別工作平等會。
前項性別工作平等會應置委員五人至十一人，任期兩年，由具備勞工事務、性別問題之相關學識經驗或法律專業人士擔任之，其中經勞工團體、女性團體推薦之委員各二人，女性委員人數應占全體委員人數二分之一以上。
前項性別工作平等會組織、會議及其他相關事項，由各級主管機關另定之。
地方主管機關如設有就業歧視評議委員會，亦得由該委員會處理相關事宜。該會之組成應符合第二項之規定。

《性別工作平等法》第 6 條

直轄市及縣（市）主管機關為婦女就業之需要應編列經費，辦理各類職業訓練、就業服務及再就業訓練，並於該期間提供或設置托兒、托老及相關福利設施，以促進性別工作平等。
中央主管機關對直轄市及縣（市）主管機關辦理前項職業訓練、就業服務及再就業訓練，並於該期間提供或設置托兒、托老及相關福利措施，得給予經費補助。

《性別工作平等法》第 6-1 條

主管機關應就本法所訂之性別、性傾向歧視之禁止、性騷擾之防治及促進工作平等措施納入勞動檢查項目。

第二章　性別歧視之禁止

《性別工作平等法》第 7 條

雇主對求職者或受僱者之招募、甄試、進用、分發、配置、考績或陞遷等，不得因性別或性傾向而有差別待遇。但工作性質僅適合特定性別者，不在此限。❷

勞綜 4 字第 1020155155 號

要旨：雇主對求職人或所僱用員工，限定須具備中華民國身分證者，違反就業服務法第 5 條禁止出生地就業歧視。另機關辦理採購，限制投標廠商資格須具中華民國國民身分者，則不適用之。

發文字號：勞職業字第 1010073004 號

要旨：依據就業服務法第 1、5 條，為保障國民就業機會平等，雇主對求職人或所僱用員工，不得以種族、階級、語言、勞工有所差別待遇，若遭受雇主不公平對待之申訴機制及裁處應適用本國法律，以達國際人權保障之國家。

主旨：有關貴府勞工局函請釋明就業服務法第 5 條第 1 項規定之適用對象疑義乙案，復如說明，請查照。

說明：一、復貴府勞工局 101 年 7 月 16 日北市勞就字第 10130176300 號函。

---

❷ 《就業服務法》第 5 條：
為保障國民就業機會平等，雇主對求職人或所僱用員工，不得以種族、階級、語言、思想、宗教、黨派、籍貫、出生地、性別、性傾向、年齡、婚姻、容貌、五官、身心障礙或以往工會會員身分為由，予以歧視；其他法律有明文規定者，從其規定。
雇主招募或僱用員工，不得有下列情事：
一、為不實之廣告或揭示。
二、違反求職人或員工之意思，留置其國民身分證、工作憑證或其他證明文件，或要求提供非屬就業所需之隱私資料。
三、扣留求職人或員工財物或收取保證金。
四、指派求職人或員工從事違背公共秩序或善良風俗之工作。
五、辦理聘僱外國人之申請許可、招募、引進或管理事項，提供不實資料或健康檢查檢體。

二、有關函詢就業服務法第1條及第5條規定有明文；同法所稱「國民」是否應指具中華民國國籍者？若是，前揭函釋（93年11月11日以勞職業字第0930204733號令）稱6類人員未持有中華民國身分證，是否為同法所指「國民」？若非屬國民，是否有就業服務法第5條第1項就業歧視規定之適用？以上疑義，說明如下：

（一）查工作「平等」，是國際勞動組織所彰顯勞動者基本人權；不論在已開發國家或開發中國家，各態樣就業歧視之禁止，其重要性已逐漸凌駕一般傳統勞資爭議問題，尤其在全球化步代益加速後，所謂「公益勞動法」（public-interest labor laws）所規範之勞僱關係，也就是由國家公權力直接介入，而以制定法來規範雇主與受僱者在職場上之各類關係，其中尤以就業歧視法制之建構最受重視。

（二）依就業服務法第5條第1項規定，為保障國民就業機會平等，雇主對求職人或所僱用員工，不得以種族、階級、語言、勞工有所差別待遇，若遭受雇主不公平對待之申訴機制及裁處應適用本國法律，以達國際人權保障之國家。

勞職業字第1000506072號

要旨：雇主招聘人才或僱用員工應遵守就業服務法第5條第1項規定，不得予以就業歧視，違者將依法處以罰鍰，故保全（警衛勤務）集中採購共同供應契約有關職務之身高、體重條件限制，應研議修正之。

主旨：有關貴公司所定「臺○銀行股份有限公司辦理中央政府各機關、學校、國營事業100年度保全（警衛勤務）集中採購共同供應契約」乙案，如說明，請查照。

說明：一、依據100年1月26日立法院黃委員淑英召開「長工時、低薪資、高流動，保全員沒『保全』！記者會」決議事項辦理。

二、查就業服務法第5條第1項規定：「為保障國民就業機會平等，雇主對求職人或所僱用員工，不得以種族、階級、語言、思想、宗教、黨派、籍貫、出生地、性別、性傾向、年齡、婚姻、容貌、五官、身心障礙或以往工會會員身分為由，予以歧視；其他法律有明文規定者，從其規定。」

三、有關雇主招聘人才或僱用員工均須遵守前項法律規定，不得將就業歧視禁止項目列為徵才條件，違反者，依同法第 65 條規定，處新臺幣 30 萬元以上 150 萬元以下罰鍰。

四、又「就業歧視」係指當雇主以求職人或所僱用員工「與執行該項特定工作無關之特質」來決定受僱與否或其勞動條件，且雇主在該項特質上的要求有不公平且不合理之情事，可認定為雇主對求職人或所受僱員工歧視。就業歧視可能出現在招聘廣告、甄試、考績、晉升、調職或培訓、僱用條款和條件、組織裁員資遣、退休政策以及申訴程序等給予差別待遇。

最高法院 100 年台上字第 1062 號民事判決

裁判案由：損害賠償等

裁判要旨：按性別工作平等法第二十六條雖規定受僱者或求職者因第七條之情事，受有損害者，雇主應負賠償責任，而未如民法第一百八十四條第二項但書設有舉證責任轉換之明文，惟該法係為保障性別工作權之平等，貫徹憲法消除性別歧視、促進性別地位實質平等之精神而制定（該法第一條規定參照），性質上應同屬保護他人之法律，且尋繹性別工作平等法第二十六條規定之立法過程，將原草案「故意或過失」文字予以刪除，及其立法理由提及參考德國民法第六百十一條之一（該條文捨德國一般侵權行為之舉證責任原則，將雇主違反兩性平等原則致勞工受損害者，改採舉證責任轉換為雇主）規定，明定雇主違反第七條規定時之賠償責任，並參照性別工作平等法第三十一條規定揭櫫舉證責任轉換為雇主之趣旨，應認雇主如有違反該法第七條因性別或性傾向而差別待遇之情事，依同法第二十六條規定負賠償責任時，雇主當受過失責任之推定，亦即舉證責任轉換為雇主，僅於證明其行為為無過失時，始得免其責任。

《性別工作平等法》第 8 條

雇主為受僱者舉辦或提供教育、訓練或其他類似活動，不得因性別或性傾向而有差別待遇。

勞職業字第 1010073004 號

要旨：依據就業服務法第 1、5 條，為保障國民就業機會平等，雇主對求職人或所僱用員工，不得以種族、階級、語言、勞工有所差別待遇，若遭受雇主不公平對待之申訴機制及裁處應適用本國法律，以達國際人權保障之國家。

《性別工作平等法》第 9 條

雇主為受僱者舉辦或提供各項福利措施，不得因性別或性傾向而有差別待遇。

《性別工作平等法》第 10 條

雇主對受僱者薪資之給付，不得因性別或性傾向而有差別待遇；其工作或價值相同者，應給付同等薪資。但基於年資、獎懲、績效或其他非因性別或性傾向因素之正當理由者，不在此限。

雇主不得以降低其他受僱者薪資之方式，規避前項之規定。

《性別工作平等法》第 11 條

雇主對受僱者之退休、資遣、離職及解僱，不得因性別或性傾向而有差別待遇。

工作規則、勞動契約或團體協約，不得規定或事先約定受僱者有結婚、懷孕、分娩或育兒之情事時，應行離職或留職停薪；亦不得以其為解僱之理由。

違反前二項規定者，其規定或約定無效；勞動契約之終止不生效力。

台灣高等法院台南分院 98 年重勞上字第 2 號民事判決

案由摘要：確認僱傭關係存在等

要旨：雇主將勞工解雇是否涉有違反勞動基準法規定，應就其終止僱傭契約，是否正當，該終止契約之時點是否得宜，有無違反任何其他法律或者解雇最後原則而定；若以業務緊縮為由，則應證明其業務緊縮範圍，是否非解雇不能解決之程度，又勞工認有性別工作平等法第 11 條之懷孕歧視情形，但同時受解雇之勞工僅有一人懷孕，實難認有懷孕歧視情形。

第三章　性騷擾之防治

《性別工作平等法》第 12 條

本法所稱性騷擾，謂下列二款情形之一：

一、受僱者於執行職務時，任何人以性要求、具有性意味或性別歧視之言詞或行為，對其造成敵意性、脅迫性或冒犯性之工作環境，致侵犯或干擾其人格尊嚴、人身自由或影響其工作表現。

二、雇主對受僱者或求職者為明示或暗示之性要求、具有性意味或性別歧視之言詞或行為，作為勞務契約成立、存續、變更或分發、配置、報酬、考績、陞遷、降調、獎懲等之交換條件。

前項性騷擾之認定，應就個案審酌事件發生之背景、工作環境、當事人之關係、行為人之言詞、行為及相對人之認知等具體事實為之。

台灣高等法院台中分院 99 年勞上字第 2 號民事判決

案由摘要：確認聘僱關係存在

要旨：若學校、雇主於知悉性騷擾之情形時，參照性騷擾防治法第 7 條第 1 項後段、性別工作平等法第 13 條第 2 項等規定，應採取立即有效之糾正及補救措施；而性別平等教育法第 24 條亦規定，學校或主管機關處理校園性侵害或性騷擾事件，應告知被害人或其法定代理人其得主張之權益及各種救濟途徑，或轉介至相關機構處理，必要時，應提供心理輔導、保護措施或其他協助。故以私立學校之教師受教職員工之性騷擾而申訴，不但未受校方依上述規定進行糾正及補救，反受校方以該申訴案破壞校譽為由，而不再續聘教師，此自有不當解僱之情形，而應認兩造間原有之僱傭關係仍屬存在。

《性別工作平等法》第 13 條

雇主應防治性騷擾行為之發生。其僱用受僱者三十人以上者，應訂定性騷擾防治措施、申訴及懲戒辦法，並在工作場所公開揭示。

雇主於知悉前條性騷擾之情形時，應採取立即有效之糾正及補救措施。第一項性騷擾防治措施、申訴及懲戒辦法之相關準則，由中央主管機關定之。

第四章　促進工作平等措施

《性別工作平等法》第14條

女性受僱者因生理日致工作有困難者，每月得請生理假一日，全年請假日數未逾三日，不併入病假計算，其餘日數併入病假計算。

前項併入及不併入病假之生理假薪資，減半發給。

勞動3字第1020132872號

要旨：核釋有關102年12月13日施行之性別工作平等法第14條規定疑義，以利政策落實。

主旨：有關102年12月13日施行之性別工作平等法第14條規定疑義，詳如說明，請查照。

說明：一、查性別工作平等法第14條規定，女性受雇者因生理日致工作有困難者，每月得請生理假1日，全年請假日數未逾3日，不併入病假計算，其餘日數併入病假計算。前項併入及不併入病假之生理假薪資，一個該病假規定辦理。上開條文已自102年12月13日生效。上開規定之立法意旨，係為減輕女性受雇者因請生理假致影響其病假天數之情形，並兼顧勞雇雙方權益衡平。

二、依前項規定，女性受雇者每月得請生理假1日，一年最多共計得請生理假13日，適用勞動基準法之工作者，生理假連同普通傷病假全年請假日數未逾30日部分，依勞工請假規則第4條第3項規定，工資折半發給。

三、例如某甲於9月底前已請畢未住院普通傷病假30日（未請生理假）者，則10月、11月及12月仍得依法分別請無薪之生理假1日；某乙6月底前已請畢未住院普通傷病假30日（含請生理假6日）者，因全年請生理假日數未逾3日不併入病假計算，爰該受雇者全年仍得請無心之未住院普通傷病假3日。又事業單位如有優於法令規定者，從其規定。

四、為使貴單位所屬（轄）受雇者及事業單位瞭解相關規定，請協助積極宣導，俾利政策落實。

《性別工作平等法》第 15 條

雇主於女性受僱者分娩前後，應使其停止工作，給予產假八星期；妊娠三個月以上流產者，應使其停止工作，給予產假四星期；妊娠二個月以上未滿三個月流產者，應使其停止工作，給予產假一星期；妊娠未滿二個月流產者，應使其停止工作，給予產假五日。

產假期間薪資之計算，依相關法令之規定。

受僱者經醫師診斷需安胎休養者，其治療、照護或休養期間之請假及薪資計算，依相關法令之規定。

受僱者妊娠期間，雇主應給予產檢假五日。

受僱者於其配偶分娩時，雇主應給予陪產假五日。

產檢假及陪產假期間，薪資照給。

勞動條 4 字第 1030132632 號

發文日期：民國 103 年 12 月 22 日

資料來源：行政院公報第 20 卷 245 期 47619 頁

相關法條：性別工作平等法第 15 條（103.12.11）

要旨：受僱者配偶於 103.12.23 前分娩，受僱者如仍在配偶分娩之當日及其前後合計十五日請假期間內，103.12.23 後受僱者得於陪產假請假期間內請求最多五日之陪產假全文內容：核釋中華民國一百零三年十二月十一日總統華總一義字一〇三〇〇一八九一九一號令公布修正性別工作平等法（以下簡稱本法）第十五條第五項陪產假規定，並自一百零三年十二月十三日生效。按受僱者配偶於本法修正生效前分娩，受僱者如仍在本法施行細則第七條所定配偶分娩之當日及其前後合計十五日請假期間內，基於陪產假之立法意旨在於為紓解婦女分娩前後身心壓力，亟需配偶陪伴及協助照顧，本法修正生效後，受僱者得依修正後規定，於上開陪產假請假期間內請求最多五日之陪產假。

《性別工作平等法》第 16 條

受僱者任職滿六個月後，於每一子女滿三歲前，得申請育嬰留職停薪，期間至該子女滿三歲止，但不得逾二年。同時撫育子女二人以上者，其育嬰留職停薪期間應合併計算，最長以最幼子女受撫育二年為限。

受僱者於育嬰留職停薪期間，得繼續參加原有之社會保險，原由雇主負擔之保險費，免予繳納；原由受僱者負擔之保險費，得遞延三年繳納。

依家事事件法、兒童及少年福利與權益保障法相關規定與收養兒童先行共同生活之受僱者，其共同生活期間得依第一項規定申請育嬰留職停薪。

育嬰留職停薪津貼之發放，另以法律定之。

育嬰留職停薪實施辦法，由中央主管機關定之。

勞動條 4 字第 1050132607 號

發文日期：民國 105 年 11 月 08 日

資料來源：勞動部

相關法條：性別工作平等法第 16 條（105.05.18）

要旨：雇主於符合性別工作平等法第 16 條第 1 項後段情形，而適用同條第 2 項規定時，育嬰留職停薪期間仍應符合「於每一子女滿三歲前，得申請育嬰留職停薪，期間至該子女滿三歲止，但不得逾二年」之規定

全文內容：核釋性別工作平等法（以下簡稱本法）第十六條規定。為鼓勵雇主建立友善家庭職場環境，使受僱者之工作得與生活平衡發展，雇主優於本法第十六條第一項後段規定，同意受僱者同時撫育子女二人以上，其育嬰留職停薪期間不予合併計算者，該等人員育嬰留職停薪期間社會保險及原由雇主負擔之保險費，適用本法第十六條第二項之規定。上開育嬰留職停薪期間仍應符合「於每一子女滿三歲前，得申請育嬰留職停薪，期間至該子女滿三歲止，但不得逾二年」之規定。

本解釋令自中華民國一百零五年十二月一日生效。

《性別工作平等法》第 17 條

前條受僱者於育嬰留職停薪期滿後，申請復職時，除有下列情形之一，並經主管機關同意者外，雇主不得拒絕：

一、歇業、虧損或業務緊縮者。

二、雇主依法變更組織、解散或轉讓者。

三、不可抗力暫停工作在一個月以上者。

四、業務性質變更，有減少受僱者之必要，又無適當工作可供安置者。

雇主因前項各款原因未能使受僱者復職時，應於三十日前通知之，並應依法定標準發給資遣費或退休金。

《性別工作平等法》第 18 條

子女未滿二歲須受僱者親自哺（集）乳者，除規定之休息時間外，雇主應每日另給哺（集）乳時間六十分鐘。

受僱者於每日正常工作時間以外之延長工作時間達一小時以上者，雇主應給予哺（集）乳時間三十分鐘。

前二項哺（集）乳時間，視為工作時間。

《性別工作平等法》第 19 條

受僱於僱用三十人以上雇主之受僱者，為撫育未滿三歲子女，得向雇主請求為下列二款事項之一：

一、每天減少工作時間一小時；減少之工作時間，不得請求報酬。

二、調整工作時間。

《性別工作平等法》第 20 條

受僱者於其家庭成員預防接種、發生嚴重之疾病或其他重大事故須親自照顧時，得請家庭照顧假；其請假日數併入事假計算，全年以七日為限。

家庭照顧假薪資之計算，依各該事假規定辦理。

《性別工作平等法》第 21 條

受僱者依前七條之規定為請求時，雇主不得拒絕。

受僱者為前項之請求時，雇主不得視為缺勤而影響其全勤獎金、考績或為其他不利之處分。

勞動條 4 字第 1040131594 號

發布日期：中華民國 104 年 09 月 08 日

本文：核釋性別工作平等法第十四條生理假規定，受僱者全年度所請併入病假之生理假連同病假之日數，已屆受僱者所適用相關法令所定病假之日數上限者，如年度內再有請生理假之需求，仍可依性別工作平等法第十四條規定請生理假，但雇主得不給付薪資。

《性別工作平等法》第 22 條

受僱者之配偶未就業者，不適用第十六條及第二十條之規定。但有正當理由者，不在此限。

《性別工作平等法》第 23 條

僱用受僱者一百人以上之雇主，應提供下列設施、措施：

一、哺（集）乳室。

二、托兒設施或適當之托兒措施。

主管機關對於雇主設置哺（集）乳室、托兒設施或提供托兒措施，應給予經費補助。

有關哺（集）乳室、托兒設施、措施之設置標準及經費補助辦法，由中央主管機關會商有關機關定之。

《性別工作平等法》第 24 條

主管機關為協助因結婚、懷孕、分娩、育兒或照顧家庭而離職之受僱者獲得再就業之機會，應採取就業服務、職業訓練及其他必要之措施。

《性別工作平等法》第 25 條

雇主僱用因結婚、懷孕、分娩、育兒或照顧家庭而離職之受僱者成效卓著者，主管機關得給予適當之獎勵。

第五章　救濟及申訴程序

《性別工作平等法》第 26 條

受僱者或求職者因第七條至第十一條或第二十一條之情事，受有損害者，雇主應負賠償責任。

《性別工作平等法》第 27 條

受僱者或求職者因第十二條之情事，受有損害者，由雇主及行為人連帶負損害賠償責任。但雇主證明其已遵行本法所定之各種防治性騷擾之規定，且對該事情之發生已盡力防止仍不免發生者，雇主不負賠償責任。

如被害人依前項但書之規定不能受損害賠償時，法院因其聲請，得斟酌雇主與被害人之經濟狀況，令雇主為全部或一部之損害賠償。

雇主賠償損害時，對於為性騷擾之行為人，有求償權。

被害人因第十二條之情事致生法律訴訟，於受司法機關通知到庭期間，雇主應給予公假。

《性別工作平等法》第 28 條

受僱者或求職者因雇主違反第十三條第二項之義務，受有損害者，雇主應負賠償責任。

《性別工作平等法》第 29 條

前三條情形，受僱者或求職者雖非財產上之損害，亦得請求賠償相當之金額。其名譽被侵害者，並得請求回復名譽之適當處分。

《性別工作平等法》第 30 條

第二十六條至第二十八條之損害賠償請求權，自請求權人知有損害及賠償義務人時起，二年間不行使而消滅。自有性騷擾行為或違反各該規定之行為時起，逾十年者，亦同。

《性別工作平等法》第 31 條

受僱者或求職者於釋明差別待遇之事實後，雇主應就差別待遇之非性別、性傾向因素，或該受僱者或求職者所從事工作之特定性別因素，負舉證責任。

《性別工作平等法》第 32 條

雇主為處理受僱者之申訴，得建立申訴制度協調處理。

《性別工作平等法》第 33 條

受僱者發現雇主違反第十四條至第二十條之規定時，得向地方主管機關申訴。

其向中央主管機關提出者，中央主管機關應於收受申訴案件，或發現有上開違反情事之日起七日內，移送地方主管機關。

地方主管機關應於接獲申訴後七日內展開調查，並得依職權對雙方當事人進行協調。
前項申訴處理辦法，由地方主管機關定之。

《性別工作平等法》第 34 條

受僱者或求職者發現雇主違反第七條至第十一條、第十三條、第二十一條或第三十六條規定時，向地方主管機關申訴後，雇主、受僱者或求職者對於地方主管機關所為之處分有異議時，得於十日內向中央主管機關性別工作平等會申請審議或逕行提起訴願。雇主、受僱者或求職者對於中央主管機關性別工作平等會所為之處分有異議時，得依訴願及行政訴訟程序，提起訴願及進行行政訴訟。
前項申訴審議處理辦法，由中央主管機關定之。

《性別工作平等法》第 35 條

法院及主管機關對差別待遇事實之認定，應審酌性別工作平等會所為之調查報告、評議或處分。

《性別工作平等法》第 36 條

雇主不得因受僱者提出本法之申訴或協助他人申訴，而予以解僱、調職或其他不利之處分。

《性別工作平等法》第 37 條

受僱者或求職者因雇主違反本法之規定，而向法院提出訴訟時，主管機關應提供必要之法律扶助。
前項法律扶助辦法，由中央主管機關定之。
受僱者或求職者為第一項訴訟而聲請保全處分時，法院得減少或免除供擔保之金額。

第六章　罰則

《性別工作平等法》第 38 條

雇主違反第二十一條、第二十七條第四項或第三十六條規定者，處新臺幣二萬元以上三十萬元以下罰鍰。

有前項規定行為之一者，應公布其姓名或名稱、負責人姓名，並限期令其改善；屆期未改善者，應按次處罰。

《性別工作平等法》第 38-1 條

雇主違反第七條至第十條、第十一條第一項、第二項者，處新臺幣三十萬元以上一百五十萬元以下罰鍰。

雇主違反第十三條第一項後段、第二項規定者，處新臺幣十萬元以上五十萬元以下罰鍰。

有前二項規定行為之一者，應公布其姓名或名稱、負責人姓名，並限期令其改善；屆期未改善者，應按次處罰。

第七章　附則

《性別工作平等法》第 39 條

本法施行細則，由中央主管機關定之。

《性別工作平等法》第 40 條

本法自中華民國九十一年三月八日施行。

本法修正條文，除中華民國九十六年十二月十九日修正之第十六條施行日期由行政院定之者外，自公布日施行。

第九章 職業災害

職業災害的認定因《勞動基準法》立法之初，便以無過失責任主義為架構，建立雇主補償責任機制，事實上，整個職業災害責任應該是由最傳統《民法》侵權行為（過失責任主義），而《職業災害勞工保護法》（推定過失責任主義；民國 90 年 10 月 31 日），最後才是《勞動基準法》（無過失責任主義；民國 73 年）。

因此有關職業災害的檢驗流程：

雇主有錯	勞工有錯	結果	
✓	×	勞工死亡	職災法 §7 ＋民法 §192 ＋民法 §194 [1]
		勞工受傷	職災法 §7 ＋民法 §193 ＋民法 §195
✓	✓	勞工死亡	職災法 §7 ＋民法 §192 ＋民法 §194 ＋民法 §217
		勞工受傷	職災法 §7 ＋民法 §193 ＋民法 §195 ＋民法 §217
×	×		職災法 §7 ＋勞動基準法 §59

[1] 《民法》第 192 條：「不法侵害他人致死者，對於支出醫療及增加生活上需要之費用或殯葬費之人，亦應負損害賠償責任。被害人對於第三人負有法定扶養義務者，加害人對於該第三人亦應負損害賠償責任。第一百九十三條第二項之規定，於前項損害賠償適用之。」

《民法》第 193 條：「不法侵害他人之身體或健康者，對於被害人因此喪失或減少勞動能力或增加生活上之需要時，應負損害賠償責任。前項損害賠償，法院得因當事人之聲請，定為支付定期金。但須命加害人提出擔保。」

《民法》第 194 條：「不法侵害他人致死者，被害人之父、母、子、女及配偶，雖非財產上之損害，亦得請求賠償相當之金額。」

《民法》第 195 條：「不法侵害他人之身體、健康、名譽、自由、信用、隱私、貞操，或不法侵害其他人格法益而情節重大者，被害人雖非財產上之損害，亦得請求賠償相當之金額。其名譽被侵害者，並得請求回復名譽之適當處分。前項請求權，不得讓與或繼承。但以金額賠償之請求權已依契約承諾，或已起訴者，不在此限。前二項規定，於不法侵害他人基於父、母、子、女或配偶關係之身分法益而情節重大者，準用之。」

《民法》第 217 條：「損害之發生或擴大，被害人與有過失者，法院得減輕賠償金額，或免除之。重大之損害原因，為債務人所不及知，而被害人不預促其注意或怠於避免或減少損害者，為與有過失。前二項之規定，於被害人之代理人或使用人與有過失者，準用之。」

第一節｜《民法》過失責任主義演變

	過失責任主義（18C）	推定過失責任主義（19C）	無過失責任主義（20C）
《民法》	§184～§191（民國 18 年）	§191-1～§191-3（民國 88 年）	
《消費者保護法》		民國 83 年	
《勞動法》		職業災害勞工保護法（民國 90 年）	勞動基準法（補償責任）（民國 73 年） 職業安全衛生法（民國 102 年）
舉證責任（舉證之所在敗訴之所在）	原告（勞工）	被告（雇主）	被告（雇主）

第二節｜《勞動基準法》

《勞動基準法》第 59 條

勞工因遭遇職業災害而致死亡、殘廢、傷害或疾病時，雇主應依左列規定予以補償。但如同一事故，依勞工保險條例或其他法令規定，已由雇主支付費用補償者，雇主得予以抵充之：

一、勞工受傷或罹患職業病時，雇主應補償其必需之醫療費用。職業病之種類及其醫療範圍，依勞工保險條例有關之規定。

二、勞工在醫療中不能工作時，雇主應按其原領工資數額予以補償。但醫療期間屆滿二年仍未能痊癒，經指定之醫院診斷，審定為喪失原有工作能力，且不合第三款之殘廢給付標準者，雇主得一次給付四十個月之平均工資後，免除此項工資補償責任。

三、勞工經治療終止後，經指定之醫院診斷，審定其身體遺存殘廢者，雇主應按其平均工資及其殘廢程度，一次給予殘廢補償。殘廢補償標準，依勞工保險條例有關之規定。

四、勞工遭遇職業傷害或罹患職業病而死亡時，雇主除給與五個月平均工資之喪葬費外，並應一次給與其遺屬四十個月平均工資之死亡補償。

其遺屬受領死亡補償之順位如左：

（一）配偶及子女。

（二）父母。

（三）祖父母。

（四）孫子女。

（五）兄弟姐妹。

勞保 3 字第 0990023695 號

要旨：雇主對於因職業災害而在醫療期間之勞工原則上應按其原領工資數額予以補償，惟雇主仍依原定工資照常給付者，則無須另發工資補償；而所謂工資之認定，應以是否具有勞務之對價及是否為勞工因工作而獲得之報酬而定，若雇主所發給之獎金係為獎勵勞工於任職期間內工作努力、達成要求等原因，即屬《勞動基準法》第 2 條第 3 款所稱之工資。

全文內容：一、依《勞動基準法》第 59 條規定，勞工遭遇職業災害而致死亡、殘廢、傷害或疾病時，雇主應依規定予以補償。但同一事故，依勞工保險條例或其他法令規定，已由雇主支付費用補償者，雇主得予以抵充。同法條第 2 款規定略以，勞工在醫療中不能工作時，雇主應按其原領工資數額予以補償。前開規定旨在維持勞工於職業災害醫療期間之正常生活，而課雇主應予以勞工相當於原領工資數額之補償金。若勞工於職業災害醫療期間，雇主仍照常支付原約定工資，勞工已得以維持正常生活，則雇主無須另發給工資補償，核先敘明。

二、查勞工保險條例第 34 條所稱「原有薪資」，應指同條例第 14 條所訂月薪資總額。另依勞工保險條例施行細則第 27 條規定，月薪資總額以《勞動基準法》第 2 條第 3 款規定之工資為準；其每月收入不固定者，以最近三月收入之平均為準；實物給與按政府公布之價格折為現金計算。

三、又依《勞動基準法》第 2 條第 3 款工資定義：謂勞工因工作而獲得之報酬：包括工資、薪金及按計時、計日、計月、計件以現金或實物等方式給付之獎金、津貼及其他任何名義之經常性給與均屬之。故於認定何項屬工資時，應視是否具有「勞務之對價」及「是否為勞工因工作而獲得之報酬」之性質而定。本案「清潔獎金」如係以勞工於任職期間，工作努力、服務認真、達成要求、全月無任何過失紀錄等與工作有關之事項為給付標準，難謂非因工作而獲致之報酬。

勞動3字第0990130102號

要旨：從事二份以上工作之勞工遭遇職業災害應負補償責任之雇主僅得以勞工參加勞工保險所申報之平均投保薪資為基礎計算抵充之勞工保險給付數額。勞工因從事其他工作參加勞工保險致給付高於前開數額部分，不得抵充。

全文內容：核釋從事二份以上工作之勞工遭遇職業災害，依勞動基準法第五十九條規定應負補償責任之雇主，依同條規定所得抵充之勞工保險給付數額，係以其所支付費用補償為前提，即雇主僅得以為勞工參加勞工保險所申報之平均月投保薪資為基礎計算抵充之。至於勞工因從事其他工作參加勞工保險致給付高於前開數額部分，因非屬雇主支付費用補償所致，不得主張抵充，並自即日生效。

裁判字號：最高法院104年台上字第84號民事判決

案由摘要：請求給付職業災害補償金

要旨：原有工作能力，係指適任原有工作之能力而言，因此《勞動基準法》第59條第2款但書所定喪失原有工作能力，應指不能從事勞動契約所約定之工作。至於職業災害發生後變更勞動契約所約定之工作，則係勞工能否拒絕從事該工作，請求雇主補償工資之問題，與其是否喪失原有工作能力無涉。

最高法院 103 年台上字第 2695 號民事判決

案由摘要：給付職業災害補償金等

要旨：按《勞動基準法》第 59 條第 2 款規定，勞工因遭遇職業災害，請求雇主補償工資，以在醫療中者為限。如已治療終止，經指定之醫院診斷，審定其身體遺存殘廢者，則得請求雇主給付殘廢補償。

最高法院 103 年台上字第 2076 號民事判決

案由摘要：給付職業災害補償金等

要旨：按《勞動基準法》第 59 條規定雇主對遭遇職業災害勞工之補償責任，係法定雇主之補償責任，自與民事因侵權行為所負之賠償責任不同。又同法第 60 條規定該雇主所給付之補償金額，得抵充就同一事故所生損害之賠償金額。其旨在避免勞工或其他有請求權之人，就同一職業災害所生損害而重複向雇主予以請求。

最高法院 102 年台上字第 1891 號民事判決

案由摘要：給付職災補償

要旨：為使勞工因職業災害就醫而無法工作時，能夠維持正常生活，《勞動基準法》第 59 條第 2 款即規定，雇主應於勞工在醫療中不能工作期間、按其原領工資數額予以補償。勞工醫療期間已喪失其勞動力，惟仍應維持其生活。故此，勞工如採按日計酬方式，其工資之補償應依曆逐日計算。

最高法院 102 年台上字第 1261 號民事判決

案由摘要：請求確認僱傭關係存在

要旨：職業災害勞工經醫療終止後，是否已因身體殘廢不堪勝任工作，得由雇主據以強制其退休，此於獨立民事訴訟之裁判時，民事法院法官依法獨立審判，不受行政機關或行政訴訟判決認定事實之影響，仍得依調查證據、本於辯論之結果，以其自由心證而為認定。本件被上訴人雖經勞保局認定其慢性骨髓性白血病屬「殘廢給付標準表」第 46 項第 3 等級「胸腹部臟器機能遺存顯著障害，終身不能從事工作者」，然其身體狀況經醫學診斷證明尚有從事輕便工作之能力，且其殘廢等級未達到《職業災號勞工保護法》第 23 條第 2 款所定身體殘廢不堪勝任工作情形，其究竟有無不能勝任工作而得予強制退休情形，原審未加以審酌，本件上訴為有理由。

最高法院 102 年台上字第 627 號民事判決

案由摘要：請求給付保險金

要旨：按勞動基準法第 59 條規定之職業災害補償，與民法第 188 條規定之僱用人責任同，非在對違反義務、具有故意過失之雇主加以制裁或課以責任。是以兩者所稱之雇主或僱用人，均應從寬解釋，不以事實上有勞動或僱傭契約者為限，凡客觀上被他人使用，為之服勞務而受其監督者，均係受僱人。次按借名投標關係中，由於出借營業名義者外觀上仍係與第三人成立承攬法律關係之當事人，故應認出名承攬之名義人與實際從事該承攬工作之工作者，具有選任、服勞務及監督關係，與僱傭無殊。

《勞動基準法》第 60 條

雇主依前條規定給付之補償金額，得抵充就同一事故所生損害之賠償金額。

《勞動基準法》第 61 條

第五十九條之受領補償權，自得受領之日起，因二年間不行使而消滅。受領補償之權利，不因勞工之離職而受影響，且不得讓與、抵銷、扣押或擔保。

《勞動基準法》第 62 條

事業單位以其事業招人承攬，如有再承攬時，承攬人或中間承攬人，就各該承攬部分所使用之勞工，均應與最後承攬人，連帶負本章所定雇主應負職業災害補償之責任。

事業單位或承攬人或中間承攬人，為前項之災害補償時，就其所補償之部分，得向最後承攬人求償。

《勞動基準法》第 63 條

承攬人或再承攬人工作場所，在原事業單位工作場所範圍內，或為原事業單位提供者，原事業單位應督促承攬人或再承攬人，對其所僱用勞工之勞動條件應符合有關法令之規定。

事業單位違背勞工安全衛生法有關對於承攬人、再承攬人應負責任之規定，致承攬人或再承攬人所僱用之勞工發生職業災害時，應與該承攬人、再承攬人負連帶補償責任。

第三節 《職業災害勞工保護法》

第一章　總則

《職業災害勞工保護法》第1條

為保障職業災害勞工之權益，加強職業災害之預防，促進就業安全及經濟發展，爰制定本法；本法未規定者，適用其他法律之規定。

《職業災害勞工保護法》第2條

本法所稱主管機關：在中央為行政院勞工委員會；在直轄市為直轄市政府；在縣（市）為縣（市）政府。

第二章　經費來源、用途、管理及監督

《職業災害勞工保護法》第3條

中央主管機關應自勞工保險基金職業災害保險收支結餘提撥專款，作為加強辦理職業災害預防及補助參加勞工保險而遭遇職業災害勞工之用，不受《勞工保險條例》第六十七條第二項規定之限制，其會計業務應單獨辦理。

前項專款，除循預算程序由勞工保險基金職業災害保險收支結餘一次提撥之金額外，並按年由上年度收支結餘提撥百分之四十以上，百分之六十以下之金額。

《職業災害勞工保護法》第4條

中央主管機關應編列專款預算，作為補助未加入勞工保險而遭遇職業災害勞工之用，其會計業務應單獨辦理。

依第三十三條及第三十四條所處之罰鍰，應撥入前項專款。

《職業災害勞工保護法》第5條

前二條專款之收支、管理及審核事項，由行政院勞工委員會勞工保險局辦理，並由行政院勞工委員會勞工保險監理委員會負責監督及審議。

勞工保險機構辦理本法規定各項業務所需費用，由依勞工保險條例第六十八條規定編列之預算支應。

《職業災害勞工保護法》第 6 條

未加入勞工保險而遭遇職業災害之勞工，雇主未依勞動基準法規定予以補償時，得比照勞工保險條例之標準，按最低投保薪資申請職業災害殘廢、死亡補助。

前項補助，應扣除雇主已支付之補償金額。

依第一項申請殘廢補助者，其身體遺存障害須適合勞工保險殘廢給付標準表第一等級至第十等級規定之項目及給付標準。

雇主依勞動基準法規定給予職業災害補償時，第一項之補助得予抵充。

《職業災害勞工保護法》第 7 條

勞工因職業災害所致之損害，雇主應負賠償責任。但雇主能證明無過失者，不在此限。

《職業災害勞工保護法》第 8 條

勞工保險之被保險人，在保險有效期間，於本法施行後遭遇職業災害，得向勞工保險局申請下列補助：

一、罹患職業疾病，喪失部分或全部工作能力，經請領勞工保險各項職業災害給付後，得請領生活津貼。

二、因職業災害致身體遺存障害，喪失部分或全部工作能力，適合勞工保險殘廢給付標準表第一等級至第七等級規定之項目，得請領殘廢生活津貼。

三、發生職業災害後，參加職業訓練期間，未請領訓練補助津貼或前二款之生活津貼，得請領生活津貼。

四、因職業災害致身體遺存障害，必需使用輔助器具，且未依其他法令規定領取器具補助，得請領器具補助。

五、因職業災害致喪失全部或部分生活自理能力，確需他人照顧，且未依其他法令規定領取有關補助，得請領看護補助。

六、因職業災害死亡，得給予其家屬必要之補助。

七、其他經中央主管機關核定有關職業災害勞工之補助。

勞工保險效力終止後，勞工保險被保險人，經醫師診斷罹患職業疾病，且該職業疾病係於保險有效期間所致，且未請領勞工保險給付及不能繼續從事工作者，得請領生活津貼。

請領第一項第一款、第二款、第五款及前項之補助，合計以五年為限。
第一項及第二項補助之條件、標準、申請程序及核發辦法，由中央主管機關定之。

《職業災害勞工保護法》第 9 條

未加入勞工保險之勞工，於本法施行後遭遇職業災害，符合前條第一項各款情形之一者，得申請補助。
請領前條第一項第一款、第二款及第五款之補助，合計以三年為限。
第一項補助之條件、標準、申請程序及核發辦法，由中央主管機關定之。

勞保 3 字第 1000140398 號

要旨：職業災害勞工依據職業災害勞工保護法第 6、8、9 條等規定領取並用以維持該勞工及其共同生活親屬基本生活照顧之各項職業災害補助，具有強制執行法第 122 條規定之社會福利津貼、補助及社會保險給付性質，不得為強制執行。

全文內容：核釋職業災害勞工保護法第六條、第八條及第九條規定，職業災害勞工依上開規定領取之各項津貼、補助，其經費來源係政府編列預算及由勞工保險基金職業災害保險收支結餘提撥專款，作為補助職業災害勞工及其共同生活之親屬維持基本生活及照顧之用，具有強制執行法第一百二十二條規定之社會福利津貼、補助及社會保險給付性質。

《職業災害勞工保護法》第 10 條

為加強職業災害預防及職業災害勞工之重建，事業單位、職業訓練機構及相關團體辦理下列事項，得向勞工保險局申請補助：
一、職業災害之研究。
二、職業疾病之防治。
三、職業疾病醫師及職業衛生護理人員之培訓。
四、安全衛生設施之改善與管理制度之建立及機械本質安全化制度之推動。
五、勞工安全衛生之教育訓練及宣導。

六、職業災害勞工之職業重建。

七、職業災害勞工之職業輔導評量。

八、其他與職業災害預防及職業重建有關之事項。

前項補助之條件、標準與申請程序及核發辦法，由中央主管機關定之。

第三章　職業疾病認定及鑑定

《職業災害勞工保護法》第 11 條

勞工疑有職業疾病，應經醫師診斷。勞工或雇主對於職業疾病診斷有異議時，得檢附有關資料，向直轄市、縣（市）主管機關申請認定。

《職業災害勞工保護法》第 12 條

直轄市、縣（市）主管機關為認定職業疾病，確保罹患職業疾病勞工之權益，得設置職業疾病認定委員會。

前項職業疾病認定委員會之組織、認定程序及會議，準用第十四條至第十六條之規定。

《職業災害勞工保護法》第 13 條

直轄市、縣（市）主管機關對於職業疾病認定有困難及勞工或雇主對於直轄市、縣（市）主管機關認定職業疾病之結果有異議，或勞工保險機構於審定職業疾病認有必要時，得檢附有關資料，向中央主管機關申請鑑定。

《職業災害勞工保護法》第 14 條

中央主管機關為鑑定職業疾病，確保罹患職業疾病勞工之權益，應設職業疾病鑑定委員會（以下簡稱鑑定委員會）。

鑑定委員會置委員十三人至十七人，由中央主管機關遴聘下列人員組成之，並指定委員一人為主任委員：

一、中央主管機關代表二人。

二、行政院衛生署代表一人。

三、職業疾病專門醫師八人至十二人。

四、職業安全衛生專家一人。

五、法律專家一人。

委員任期二年，期滿得續聘之；代表機關出任者，應隨其本職進退。

《職業災害勞工保護法》第15條

鑑定委員會應有委員超過二分之一出席，且出席委員中職業疾病專門醫師應超過二分之一，始得開會；開會時，委員應親自出席。為提供職業疾病相關資料，鑑定委員會於必要時，得委請有關醫學會提供資料或於開會時派員列席。

鑑定委員會開會時，得視案情需要，另邀請專家、有關人員或機關代表一併列席。

《職業災害勞工保護法》第16條

中央主管機關受理職業疾病鑑定之申請案件時，應即將有關資料送請鑑定委員會委員作書面審查，並以各委員意見相同者四分之三以上，決定之。

未能依前項做成鑑定決定時，由中央主管機關送請鑑定委員會委員作第二次書面審查，並以各委員意見相同者三分之二以上，決定之。

第二次書面審查未能做成鑑定決定時，由鑑定委員會主任委員召集全體委員開會審查，經出席委員投票，以委員意見相同者超過二分之一，決定之。

《職業災害勞工保護法》第17條

職業疾病鑑定委員會認有必要時，得由中央主管機關安排職業疾病鑑定委員，依勞動檢查法會同勞動檢查員至勞工工作場所檢查。

第四章　促進就業

《職業災害勞工保護法》第18條

職業災害勞工經醫療終止後，主管機關得依其意願及工作能力，協助其就業；對於缺乏技能者，得輔導其參加職業訓練，協助其迅速重返就業場所。

《職業災害勞工保護法》第19條

職業訓練機構辦理前條訓練時，應安排適當時數之勞工安全衛生教育訓練課程。

《職業災害勞工保護法》第20條

事業單位僱用職業災害勞工，而提供其從事工作必要之輔助設施者，得向勞工保險局申請補助。但已依身心障礙者保護法有關規定領取補助者，不在此限。

《職業災害勞工保護法》第21條

主管機關對於事業單位僱用職業災害勞工績優者，得予以獎勵。

第五章　其他保障

《職業災害勞工保護法》第22條

職業災害勞工經醫療終止後，直轄市、縣（市）主管機關發現其疑似有身心障礙者，應通知當地社會行政主管機關主動協助。

《職業災害勞工保護法》第23條

非有下列情形之一者，雇主不得預告終止與職業災害勞工之勞動契約：

一、歇業或重大虧損，報經主管機關核定者。

二、職業災害勞工經醫療終止後，經公立醫療機構認定心神喪失或身體殘廢不堪勝任工作者。

三、因天災、事變或其他不可抗力因素，致事業不能繼續經營，報經主管機關核定者。

勞動福3字第1030136648號

要旨：勞工於職業災害醫療期間，仍應符合職業災害勞工保護法第23條第2款規定，雇主始得終止勞動契約，不得逕依勞動基準法第54條第1項規定強制該勞工退休（原行政院勞工委員會80.06.12台80勞動3字第14427號函停止適用）（原行政院勞工委員會89.04.25台89勞動3字第0015888號函有關勞工於職業災害醫療期間雇主得強制退休意見停止適用）。

主旨：有關勞工於職業災害醫療期間，事業單位得否依勞動基準法第54條第1項規定予以強制退休疑義。

說明：一、有關雇主強制職業災害醫療期間之勞工退休疑義，勞工因執行職務致心神喪失或身體殘廢不堪勝任工作者，仍應符合職業災害勞工保護法第23條第2款規定，經治療終止後，經公立醫療機構認定心神喪失或身體殘廢不堪勝任工作，雇主始得終止勞動契約，尚不得逕依勞動基準法第54條第1項規定強制該勞工退休。

二、基上，前行政院勞工委員會 80 年 6 月 12 日台 80 勞動 3 字第 14427 號函暨 89 年 4 月 25 日台 89 勞動 3 字第 0015888 號函，有關勞工於職業災害醫療期間雇主得強制退休意見停止適用。

最高法院 103 年台上字第 1655 號民事判決

案由摘要：損害賠償等

要旨：職業災害勞工保護法規定確定為遭受職業災害之勞工，除有該法第 23 條規定之事由外，雇主不得解僱勞工，未能確定為職業災害者，於尚未確定為職業災害期間，雇主應先准許勞工依勞工請假規則第 4 條規定，請普通傷病假，倘普通傷病假期滿，雇主應予留職停薪，留職停薪期間上限為一年。至留職停薪期滿後，如勞工仍不能恢復工作，雇主可於預告後終止其與勞工間之勞動契約關係。

《職業災害勞工保護法》第 24 條

有下列情形之一者，職業災害勞工得終止勞動契約：

一、經公立醫療機構認定心神喪失或身體殘廢不堪勝任工作者。

二、事業單位改組或轉讓，致事業單位消滅者。

三、雇主未依第二十七條規定辦理者。

四、對雇主依第二十七條規定安置之工作未能達成協議者。

《職業災害勞工保護法》第 25 條

雇主依第二十三條第一款、第三款，或勞工依第二十四條第二款至第四款規定終止勞動契約者，雇主應依勞動基準法之規定，發給勞工資遣費。

雇主依第二十三條第二款，或勞工依第二十四條第一款規定終止勞動契約者，雇主應依勞動基準法之規定，發給勞工退休金。

前二項請求權與勞動基準法規定之資遣費，退休金請求權，職業災害勞工應擇一行使。

《職業災害勞工保護法》第 26 條

雇主依第二十三條規定預告終止與職業災害勞工之勞動契約時，準用勞動基準法規定預告勞工。

職業災害勞工依第二十四條第一款規定終止勞動契約時，準用勞動基準法規定預告雇主。

《職業災害勞工保護法》第 27 條

職業災害勞工經醫療終止後，雇主應按其健康狀況及能力，安置適當之工作，並提供其從事工作必要之輔助設施。

《職業災害勞工保護法》第 28 條

事業單位改組或轉讓後所留用之勞工，因職業災害致身心障礙、喪失部分或全部工作能力者，其依法令或勞動契約原有之權益，對新雇主繼續存在。

《職業災害勞工保護法》第 29 條

職業災害未認定前，勞工得依勞工請假規則第四條規定，先請普通傷病假，普通傷病假期滿，雇主應予留職停薪，如認定結果為職業災害，再以公傷病假處理。

《職業災害勞工保護法》第 30 條

參加勞工保險之職業災害勞工，於職業災害醫療期間終止勞動契約並退保者，得以勞工團體或勞工保險局委託之有關團體為投保單位，繼續參加勞工保險普通事故保險，至符合請領老年給付之日止，不受勞工保險條例第六條之限制。

前項勞工自願繼續參加普通事故保險者，其投保手續、保險效力、投保薪資、保險費、保險給付等辦法，由中央主管機關定之。

勞保 3 字第 1000140181 號

要旨：勞工未由任職單位辦理參加勞工保險，轉由職業工會加保期間發生職業災害，嗣後於職災醫療期間內因公司終止勞動契約而由職業工會退保者，因其屬可歸責於雇主之情形，故該等人員仍得依據職業災害勞工保護法第 30 條規定繼續參加勞工保險普通事故保險。

全文內容：有關勞工未由任職單位辦理參加勞工保險，轉由職業工會加保期間發生職業災害，且於職災醫療期間與任職單位終止勞動契約並由職業工會退保者，得依職業災害勞工保護法第 30 條規定，繼續參加勞工保險普通事故保險。勞工實際受僱從事工作，於遭遇職業災害之醫療期間終止勞動契約並退保者，即可依規定辦理繼續參加勞工保險，如勞工因雇主為規避勞工保險相關責任，未依勞保條例規定辦理加保，而係將其轉由職業工會加保，嗣後，於職業工會退保係因公司終止勞動契約所致，屬可歸責於雇主之情形，其所生不利益自難由勞工承擔，故該等人員仍屬職業災害勞工保護法第 30 條之保障對象。

《職業災害勞工保護法》第 31 條

事業單位以其工作交付承攬者，承攬人就承攬部分所使用之勞工，應與事業單位連帶負職業災害補償之責任。再承攬者，亦同。

前項事業單位或承攬人，就其所補償之部分，對於職業災害勞工之雇主，有求償權。

前二項職業災害補償之標準，依勞動基準法之規定。同一事故，依勞工保險條例或其他法令規定，已由僱用勞工之雇主支付費用者，得予抵充。

《職業災害勞工保護法》第 32 條

因職業災害所提民事訴訟，法院應依職業災害勞工聲請，以裁定准予訴訟救助。但顯無勝訴之望者，不在此限。

職業災害勞工聲請保全或假執行時，法院得減免其供擔保之金額。

最高法院 101 年台抗字第 1017 號民事裁定

裁判案由：請求給付退休金等

裁判要旨：按因職業災害所提民事訴訟，除顯無勝訴之望外，法院應依職業災害勞工聲請，以裁定准予訴訟救助，為《職業災害勞工保護法》第三十二條第一項所明定。且該條項係《民事訴訟法》第一百零七條之特別規定，應優先適用。因此勞工因職業災害而提起民事訴訟，其聲請訴訟救助，並不以無資力支出訴訟費用為必要。查本案訴訟有一部分係因職業災害所提起，依上說明，倘該部分並非顯無勝訴之望，法院即應依抗告人之聲請，以裁定准予訴訟救助。

最高法院 100 年台抗字第 40 號民事裁定

裁判案由：請求給付職業災害補償金等再審聲請訴訟救助

裁判要旨：《職業災害勞工保護法》第 32 條第 1 項規定，因職業災害所提民事訴訟，法院應依職業災害勞工聲請，以裁定准予訴訟救助。但顯無勝訴之望者，不在此限故若以遭遇職業災害之勞工向法院提起相對人相對人應給付其職業災害補償金之訴訟並聲請訴訟救助裁判法院自應查明其主張是否屬實，及依《職業災害勞工保護法》第 32 條第 1 項規定審查勞工提起之民事訴訟是否顯無勝訴之望。

第六章　罰則

《職業災害勞工保護法》第 33 條

雇主違反第十七條、第二十五條第一項、第二項、第二十七條至第二十九條規定者，主管機關應通知限期改善，並處新台幣五萬元以上三十萬元以下罰鍰。經限期改善或繼續限期改善，而未如期改善者，得按次分別處罰，至改善為止。

《職業災害勞工保護法》第 34 條

依法應為所屬勞工辦理加入勞工保險而未辦理之雇主，其勞工發生職業災害事故者，按僱用之日至事故發生之日應負擔之保險費金額，處以四倍至十倍罰鍰，不適用勞工保險條例第七十二條第一項有關罰鍰之規定。但勞工因職業災害致死亡或身體遺存障害適合勞工保險給付標準表第一等級至第十等級規定之項目者，處以第六條補助金額之相同額度之罰鍰。

《職業災害勞工保護法》第 35 條

依本法所處之罰鍰，經限期繳納，屆期仍不繳納者，依法強制執行。

第七章　附則

《職業災害勞工保護法》第 36 條

勞工保險局辦理本法規定事項有關單據及業務收支，均免課稅捐。

《職業災害勞工保護法》第 37 條

勞工保險局辦理本法有關事項，得設審查委員會。

前項委員會組織、職掌等，由中央主管機關定之。

《職業災害勞工保護法》第 38 條

本法第十條及第二十條所定補助，經勞工保險局審核後，應提請勞工保險監理委員會審議。

勞工保險監理委員會審議前項補助時，應邀請衛生及職業訓練主管機關代表、職業疾病專門醫師、職業災害勞工團體代表及職業安全衛生專家等列席。

《職業災害勞工保護法》第 39 條

政府應建立工殤紀念碑，定每年四月二十八日為工殤日，推動勞工安全衛生教育。

《職業災害勞工保護法》第 40 條

本法施行細則，由中央主管機關定之。

《職業災害勞工保護法》第 41 條

本法自中華民國九十一年四月二十八日起施行。

第四節｜《職業安全衛生法》

第一章　總則

《職業安全衛生法》第 1 條

為防止職業災害，保障工作者安全及健康，特制定本法；其他法律有特別規定者，從其規定。

《職業安全衛生法》第 2 條

本法用詞，定義如下：

一、工作者：指勞工、自營作業者及其他受工作場所負責人指揮或監督從事勞動之人員。

二、勞工：指受僱從事工作獲致工資者。

三、雇主：指事業主或事業之經營負責人。

四、事業單位：指本法適用範圍內僱用勞工從事工作之機構。

五、職業災害：指因勞動場所之建築物、機械、設備、原料、材料、化學品、氣體、蒸氣、粉塵等或作業活動及其他職業上原因引起之工作者疾病、傷害、失能或死亡。

《職業安全衛生法》第 3 條

本法所稱主管機關：在中央為行政院勞工委員會；在直轄市為直轄市政府；在縣（市）為縣（市）政府。

本法有關衛生事項，中央主管機關應會商中央衛生主管機關辦理。

《職業安全衛生法》第 4 條

本法適用於各業。但因事業規模、性質及風險等因素，中央主管機關得指定公告其適用本法之部分規定。

《職業安全衛生法》第 5 條

雇主使勞工從事工作，應在合理可行範圍內，採取必要之預防設備或措施，使勞工免於發生職業災害。

機械、設備、器具、原料、材料等物件之設計、製造或輸入者及工程之設計或施工者，應於設計、製造、輸入或施工規劃階段實施風險評估，致力防止此等物件於使用或工程施工時，發生職業災害。

第二章　安全衛生設施

《職業安全衛生法》第 6 條

雇主對下列事項應有符合規定之必要安全衛生設備及措施：

一、防止機械、設備或器具等引起之危害。

二、防止爆炸性或發火性等物質引起之危害。
三、防止電、熱或其他之能引起之危害。
四、防止採石、採掘、裝卸、搬運、堆積或採伐等作業中引起之危害。
五、防止有墜落、物體飛落或崩塌等之虞之作業場所引起之危害。
六、防止高壓氣體引起之危害。
七、防止原料、材料、氣體、蒸氣、粉塵、溶劑、化學品、含毒性物質或缺氧空氣等引起之危害。
八、防止輻射、高溫、低溫、超音波、噪音、振動或異常氣壓等引起之危害。
九、防止監視儀表或精密作業等引起之危害。
十、防止廢氣、廢液或殘渣等廢棄物引起之危害。
十一、防止水患或火災等引起之危害。
十二、防止動物、植物或微生物等引起之危害。
十三、防止通道、地板或階梯等引起之危害。
十四、防止未採取充足通風、採光、照明、保溫或防濕等引起之危害。
雇主對下列事項，應妥為規劃及採取必要之安全衛生措施：
一、重複性作業等促發肌肉骨骼疾病之預防。
二、輪班、夜間工作、長時間工作等異常工作負荷促發疾病之預防。
三、執行職務因他人行為遭受身體或精神不法侵害之預防。
四、避難、急救、休息或其他為保護勞工身心健康之事項。
前二項必要之安全衛生設備與措施之標準及規則，由中央主管機關定之。

《職業安全衛生法》第7條

製造者、輸入者、供應者或雇主，對於中央主管機關指定之機械、設備或器具，其構造、性能及防護非符合安全標準者，不得產製運出廠場、輸入、租賃、供應或設置。
前項之安全標準，由中央主管機關定之。
製造者或輸入者對於第一項指定之機械、設備或器具，符合前項安全標準者，應於中央主管機關指定之資訊申報網站登錄，並於其產製或輸入之產品明顯處張貼安全標示，以供識別。但屬於公告列入型式驗證之產品，應依第八條及第九條規定辦理。

前項資訊登錄方式、標示及其他應遵行事項之辦法，由中央主管機關定之。

《職業安全衛生法》第 8 條

製造者或輸入者對於中央主管機關公告列入型式驗證之機械、設備或器具，非經中央主管機關認可之驗證機構實施型式驗證合格及張貼合格標章，不得產製運出廠場或輸入。

前項應實施型式驗證之機械、設備或器具，有下列情形之一者，得免驗證，不受前項規定之限制：

一、依第十六條或其他法律規定實施檢查、檢驗、驗證或認可。

二、供國防軍事用途使用，並有國防部或其直屬機關出具證明。

三、限量製造或輸入僅供科技研發、測試用途之專用機型，並經中央主管機關核准。

四、非供實際使用或作業用途之商業樣品或展覽品，並經中央主管機關核准。

五、其他特殊情形，有免驗證之必要，並經中央主管機關核准。

第一項之驗證，因產品構造規格特殊致驗證有困難者，報驗義務人得檢附產品安全評估報告，向中央主管機關申請核准採用適當檢驗方式為之。

輸入者對於第一項之驗證，因驗證之需求，得向中央主管機關申請先行放行，經核准後，於產品之設置地點實施驗證。

前四項之型式驗證實施程序、項目、標準、報驗義務人、驗證機構資格條件、認可、撤銷與廢止、合格標章、標示方法、先行放行條件、申請免驗、安全評估報告、監督管理及其他應遵行事項之辦法，由中央主管機關定之。

《職業安全衛生法》第 9 條

製造者、輸入者、供應者或雇主，對於未經型式驗證合格之產品或型式驗證逾期者，不得使用驗證合格標章或易生混淆之類似標章揭示於產品。

中央主管機關或勞動檢查機構，得對公告列入應實施型式驗證之產品，進行抽驗及市場查驗，業者不得規避、妨礙或拒絕。

《職業安全衛生法》第 10 條

雇主對於具有危害性之化學品，應予標示、製備清單及揭示安全資料表，並採取必要之通識措施。

製造者、輸入者或供應者，提供前項化學品與事業單位或自營作業者前，應予標示及提供安全資料表；資料異動時，亦同。
前二項化學品之範圍、標示、清單格式、安全資料表、揭示、通識措施及其他應遵行事項之規則，由中央主管機關定之。

《職業安全衛生法》第 11 條

雇主對於前條之化學品，應依其健康危害、散布狀況及使用量等情形，評估風險等級，並採取分級管理措施。
前項之評估方法、分級管理程序與採行措施及其他應遵行事項之辦法，由中央主管機關定之。

《職業安全衛生法》第 12 條

雇主對於中央主管機關定有容許暴露標準之作業場所，應確保勞工之危害暴露低於標準值。
前項之容許暴露標準，由中央主管機關定之。
雇主對於經中央主管機關指定之作業場所，應訂定作業環境監測計畫，並設置或委託由中央主管機關認可之作業環境監測機構實施監測。但中央主管機關指定免經監測機構分析之監測項目，得僱用合格監測人員辦理之。
雇主對於前項監測計畫及監測結果，應公開揭示，並通報中央主管機關。
中央主管機關或勞動檢查機構得實施查核。
前二項之作業場所指定、監測計畫與監測結果揭示、通報、監測機構與監測人員資格條件、認可、撤銷與廢止、查核方式及其他應遵行事項之辦法，由中央主管機關定之。

《職業安全衛生法》第 13 條

製造者或輸入者對於中央主管機關公告之化學物質清單以外之新化學物質，未向中央主管機關繳交化學物質安全評估報告，並經核准登記前，不得製造或輸入含有該物質之化學品。但其他法律已規定或經中央主管機關公告不適用者，不在此限。
前項評估報告，中央主管機關為防止危害工作者安全及健康，於審查後得予公開。

前二項化學物質清單之公告、新化學物質之登記、評估報告內容、審查程序、資訊公開及其他應遵行事項之辦法，由中央主管機關定之。

《職業安全衛生法》第 14 條

製造者、輸入者、供應者或雇主，對於經中央主管機關指定之管制性化學品，不得製造、輸入、供應或供工作者處置、使用。但經中央主管機關許可者，不在此限。

製造者、輸入者、供應者或雇主，對於中央主管機關指定之優先管理化學品，應將相關運作資料報請中央主管機關備查。

前二項化學品之指定、許可條件、期間、廢止或撤銷許可、運作資料內容及其他應遵行事項之辦法，由中央主管機關定之。

《職業安全衛生法》第 15 條

有下列情事之一之工作場所，事業單位應依中央主管機關規定之期限，定期實施製程安全評估，並製作製程安全評估報告及採取必要之預防措施；製程修改時，亦同：

一、從事石油裂解之石化工業。

二、從事製造、處置或使用危害性之化學品數量達中央主管機關規定量以上。

前項製程安全評估報告，事業單位應報請勞動檢查機構備查。

前二項危害性之化學品數量、製程安全評估方法、評估報告內容要項、報請備查之期限、項目、方式及其他應遵行事項之辦法，由中央主管機關定之。

《職業安全衛生法》第 16 條

雇主對於經中央主管機關指定具有危險性之機械或設備，非經勞動檢查機構或中央主管機關指定之代行檢查機構檢查合格，不得使用；其使用超過規定期間者，非經再檢查合格，不得繼續使用。

代行檢查機構應依本法及本法所發布之命令執行職務。

檢查費收費標準及代行檢查機構之資格條件與所負責任，由中央主管機關定之。

第一項所稱危險性機械或設備之種類、應具之容量與其製程、竣工、使用、變更或其他檢查之程序、項目、標準及檢查合格許可有效使用期限等事項之規則，由中央主管機關定之。

《職業安全衛生法》第 17 條

勞工工作場所之建築物，應由依法登記開業之建築師依建築法規及本法有關安全衛生之規定設計。

《職業安全衛生法》第 18 條

工作場所有立即發生危險之虞時，雇主或工作場所負責人應即令停止作業，並使勞工退避至安全場所。

勞工執行職務發現有立即發生危險之虞時，得在不危及其他工作者安全情形下，自行停止作業及退避至安全場所，並立即向直屬主管報告。

雇主不得對前項勞工予以解僱、調職、不給付停止作業期間工資或其他不利之處分。但雇主證明勞工濫用停止作業權，經報主管機關認定，並符合勞動法令規定者，不在此限。

《職業安全衛生法》第 19 條

在高溫場所工作之勞工，雇主不得使其每日工作時間超過六小時；異常氣壓作業、高架作業、精密作業、重體力勞動或其他對於勞工具有特殊危害之作業，亦應規定減少勞工工作時間，並在工作時間中予以適當之休息。

前項高溫度、異常氣壓、高架、精密、重體力勞動及對於勞工具有特殊危害等作業之減少工作時間與休息時間之標準，由中央主管機關會同有關機關定之。

《職業安全衛生法》第 20 條

雇主於僱用勞工時，應施行體格檢查；對在職勞工應施行下列健康檢查：

一、一般健康檢查。

二、從事特別危害健康作業者之特殊健康檢查。

三、經中央主管機關指定為特定對象及特定項目之健康檢查。

前項檢查應由中央主管機關會商中央衛生主管機關認可之醫療機構之醫師為之；檢查紀錄雇主應予保存，並負擔健康檢查費用；實施特殊健康檢查時，雇主應提供勞工作業內容及暴露情形等作業經歷資料予醫療機構。

前二項檢查之對象及其作業經歷、項目、期間、健康管理分級、檢查紀錄與保存期限及其他應遵行事項之規則，由中央主管機關定之。

醫療機構對於健康檢查之結果，應通報中央主管機關備查，以作為工作相關疾病預防之必要應用。但一般健康檢查結果之通報，以指定項目發現異常者為限。

第二項醫療機構之認可條件、管理、檢查醫師資格與前項檢查結果之通報內容、方式、期限及其他應遵行事項之辦法，由中央主管機關定之。

勞工對於第一項之檢查，有接受之義務。

《職業安全衛生法》第 21 條

雇主依前條體格檢查發現應僱勞工不適於從事某種工作，不得僱用其從事該項工作。健康檢查發現勞工有異常情形者，應由醫護人員提供其健康指導；其經醫師健康評估結果，不能適應原有工作者，應參採醫師之建議，變更其作業場所、更換工作或縮短工作時間，並採取健康管理措施。

雇主應依前條檢查結果及個人健康注意事項，彙編成健康檢查手冊，發給勞工，並不得作為健康管理目的以外之用途。

前二項有關健康管理措施、檢查手冊內容及其他應遵行事項之規則，由中央主管機關定之。

《職業安全衛生法》第 22 條

事業單位勞工人數在五十人以上者，應僱用或特約醫護人員，辦理健康管理、職業病預防及健康促進等勞工健康保護事項。

前項職業病預防事項應配合第二十三條之安全衛生人員辦理之。

第一項事業單位之適用日期，中央主管機關得依規模、性質分階段公告。

第一項有關從事勞工健康服務之醫護人員資格、勞工健康保護及其他應遵行事項之規則，由中央主管機關定之。

第三章　安全衛生管理

《職業安全衛生法》第 23 條

雇主應依其事業單位之規模、性質，訂定職業安全衛生管理計畫；並設置安全衛生組織、人員，實施安全衛生管理及自動檢查。

前項之事業單位達一定規模以上或有第十五條第一項所定之工作場所者，應建置職業安全衛生管理系統。
中央主管機關對前項職業安全衛生管理系統得實施訪查，其管理績效良好並經認可者，得公開表揚之。
前三項之事業單位規模、性質、安全衛生組織、人員、管理、自動檢查、職業安全衛生管理系統建置、績效認可、表揚及其他應遵行事項之辦法，由中央主管機關定之。

《職業安全衛生法》第 24 條

經中央主管機關指定具有危險性機械或設備之操作人員，雇主應僱用經中央主管機關認可之訓練或經技能檢定之合格人員充任之。

《職業安全衛生法》第 25 條

事業單位以其事業招人承攬時，其承攬人就承攬部分負本法所定雇主之責任；原事業單位就職業災害補償仍應與承攬人負連帶責任。再承攬者亦同。
原事業單位違反本法或有關安全衛生規定，致承攬人所僱勞工發生職業災害時，與承攬人負連帶賠償責任。再承攬者亦同。

《職業安全衛生法》第 26 條

事業單位以其事業之全部或一部分交付承攬時，應於事前告知該承攬人有關其事業工作環境、危害因素暨本法及有關安全衛生規定應採取之措施。
承攬人就其承攬之全部或一部分交付再承攬時，承攬人亦應依前項規定告知再承攬人。

《職業安全衛生法》第 27 條

事業單位與承攬人、再承攬人分別僱用勞工共同作業時，為防止職業災害，原事業單位應採取下列必要措施：
一、設置協議組織，並指定工作場所負責人，擔任指揮、監督及協調之工作。
二、工作之連繫與調整。
三、工作場所之巡視。
四、相關承攬事業間之安全衛生教育之指導及協助。

五、其他為防止職業災害之必要事項。

事業單位分別交付二個以上承攬人共同作業而未參與共同作業時，應指定承攬人之一負前項原事業單位之責任。

《職業安全衛生法》第 28 條

二個以上之事業單位分別出資共同承攬工程時，應互推一人為代表人；該代表人視為該工程之事業雇主，負本法雇主防止職業災害之責任。

《職業安全衛生法》第 29 條

雇主不得使未滿十八歲者從事下列危險性或有害性工作：

一、坑內工作。

二、處理爆炸性、易燃性等物質之工作。

三、鉛、汞、鉻、砷、黃磷、氯氣、氰化氫、苯胺等有害物散布場所之工作。

四、有害輻射散布場所之工作。

五、有害粉塵散布場所之工作。

六、運轉中機器或動力傳導裝置危險部分之掃除、上油、檢查、修理或上卸皮帶、繩索等工作。

七、超過二百二十伏特電力線之銜接。

八、已熔礦物或礦渣之處理。

九、鍋爐之燒火及操作。

十、鑿岩機及其他有顯著振動之工作。

十一、一定重量以上之重物處理工作。

十二、起重機、人字臂起重桿之運轉工作。

十三、動力捲揚機、動力運搬機及索道之運轉工作。

十四、橡膠化合物及合成樹脂之滾輾工作。

十五、其他經中央主管機關規定之危險性或有害性之工作。

前項危險性或有害性工作之認定標準，由中央主管機關定之。

未滿十八歲者從事第一項以外之工作，經第二十條或第二十二條之醫師評估結果，不能適應原有工作者，雇主應參採醫師之建議，變更其作業場所、更換工作或縮短工作時間，並採取健康管理措施。

《職業安全衛生法》第30條

雇主不得使妊娠中之女性勞工從事下列危險性或有害性工作：

一、礦坑工作。

二、鉛及其化合物散布場所之工作。

三、異常氣壓之工作。

四、處理或暴露於弓形蟲、德國麻疹等影響胎兒健康之工作。

五、處理或暴露於二硫化碳、三氯乙烯、環氧乙烷、丙烯醯胺、次乙亞胺、砷及其化合物、汞及其無機化合物等經中央主管機關規定之危害性化學品之工作。

六、鑿岩機及其他有顯著振動之工作。

七、一定重量以上之重物處理工作。

八、有害輻射散布場所之工作。

九、已熔礦物或礦渣之處理工作。

十、起重機、人字臂起重桿之運轉工作。

十一、動力捲揚機、動力運搬機及索道之運轉工作。

十二、橡膠化合物及合成樹脂之滾輾工作。

十三、處理或暴露於經中央主管機關規定具有致病或致死之微生物感染風險之工作。

十四、其他經中央主管機關規定之危險性或有害性之工作。

雇主不得使分娩後未滿一年之女性勞工從事下列危險性或有害性工作：

一、礦坑工作。

二、鉛及其化合物散布場所之工作。

三、鑿岩機及其他有顯著振動之工作。

四、一定重量以上之重物處理工作。

五、其他經中央主管機關規定之危險性或有害性之工作。

第一項第五款至第十四款及前項第三款至第五款所定之工作，雇主依第三十一條採取母性健康保護措施，經當事人書面同意者，不在此限。

第一項及第二項危險性或有害性工作之認定標準，由中央主管機關定之。

雇主未經當事人告知妊娠或分娩事實而違反第一項或第二項規定者，得免予處罰。但雇主明知或可得而知者，不在此限。

《職業安全衛生法》第 31 條

中央主管機關指定之事業，雇主應對有母性健康危害之虞之工作，採取危害評估、控制及分級管理措施；對於妊娠中或分娩後未滿一年之女性勞工，應依醫師適性評估建議，採取工作調整或更換等健康保護措施，並留存紀錄。

前項勞工於保護期間，因工作條件、作業程序變更、當事人健康異常或有不適反應，經醫師評估確認不適原有工作者，雇主應依前項規定重新辦理之。

第一項事業之指定、有母性健康危害之虞之工作項目、危害評估程序與控制、分級管理方法、適性評估原則、工作調整或更換、醫師資格與評估報告之文件格式、紀錄保存及其他應遵行事項之辦法，由中央主管機關定之。

雇主未經當事人告知妊娠或分娩事實而違反第一項或第二項規定者，得免予處罰。但雇主明知或可得而知者，不在此限。

《職業安全衛生法》第 32 條

雇主對勞工應施以從事工作與預防災變所必要之安全衛生教育及訓練。

前項必要之教育及訓練事項、訓練單位之資格條件與管理及其他應遵行事項之規則，由中央主管機關定之。

勞工對於第一項之安全衛生教育及訓練，有接受之義務。

《職業安全衛生法》第 33 條

雇主應負責宣導本法及有關安全衛生之規定，使勞工周知。

《職業安全衛生法》第 34 條

雇主應依本法及有關規定會同勞工代表訂定適合其需要之安全衛生工作守則，報經勞動檢查機構備查後，公告實施。

勞工對於前項安全衛生工作守則，應切實遵行。

第四章　監督與檢查

《職業安全衛生法》第 35 條

中央主管機關得聘請勞方、資方、政府機關代表、學者專家及職業災害勞工團體，召開職業安全衛生諮詢會，研議國家職業安全衛生政策，並提出建議；其成員之任一性別不得少於三分之一。

《職業安全衛生法》第 36 條

中央主管機關及勞動檢查機構對於各事業單位勞動場所得實施檢查。其有不合規定者，應告知違反法令條款，並通知限期改善；屆期未改善或已發生職業災害，或有發生職業災害之虞時，得通知其部分或全部停工。勞工於停工期間應由雇主照給工資。

事業單位對於前項之改善，於必要時，得請中央主管機關協助或洽請認可之顧問服務機構提供專業技術輔導。

前項顧問服務機構之種類、條件、服務範圍、顧問人員之資格與職責、認可程序、撤銷、廢止、管理及其他應遵行事項之規則，由中央主管機關定之。

《職業安全衛生法》第 37 條

事業單位工作場所發生職業災害，雇主應即採取必要之急救、搶救等措施，並會同勞工代表實施調查、分析及作成紀錄。

事業單位勞動場所發生下列職業災害之一者，雇主應於八小時內通報勞動檢查機構：

一、發生死亡災害。

二、發生災害之罹災人數在三人以上。

三、發生災害之罹災人數在一人以上，且需住院治療。

四、其他經中央主管機關指定公告之災害。

勞動檢查機構接獲前項報告後，應就工作場所發生死亡或重傷之災害派員檢查。

事業單位發生第二項之災害，除必要之急救、搶救外，雇主非經司法機關或勞動檢查機構許可，不得移動或破壞現場。

《職業安全衛生法》第 38 條

中央主管機關指定之事業，雇主應依規定填載職業災害內容及統計，按月報請勞動檢查機構備查，並公布於工作場所。

《職業安全衛生法》第 39 條

工作者發現下列情形之一者，得向雇主、主管機關或勞動檢查機構申訴：

一、事業單位違反本法或有關安全衛生之規定。

二、疑似罹患職業病。

三、身體或精神遭受侵害。

主管機關或勞動檢查機構為確認前項雇主所採取之預防及處置措施，得實施調查。

前項之調查，必要時得通知當事人或有關人員參與。

雇主不得對第一項申訴之工作者予以解僱、調職或其他不利之處分。

第五章　罰則

《職業安全衛生法》第 40 條

違反第六條第一項或第十六條第一項之規定，致發生第三十七條第二項第一款之災害者，處三年以下有期徒刑、拘役或科或併科新臺幣三十萬元以下罰金。

法人犯前項之罪者，除處罰其負責人外，對該法人亦科以前項之罰金。

《職業安全衛生法》第 41 條

有下列情形之一者，處一年以下有期徒刑、拘役或科或併科新臺幣十八萬元以下罰金：

一、違反第六條第一項或第十六條第一項之規定，致發生第三十七條第二項第二款之災害。

二、違反第十八條第一項、第二十九條第一項、第三十條第一項、第二項或第三十七條第四項之規定。

三、違反中央主管機關或勞動檢查機構依第三十六條第一項所發停工之通知。

法人犯前項之罪者，除處罰其負責人外，對該法人亦科以前項之罰金。

《職業安全衛生法》第 42 條

違反第十五條第一項、第二項之規定，其危害性化學品洩漏或引起火災、爆炸致發生第三十七條第二項之職業災害者，處新臺幣三十萬元以上三百萬元以下罰鍰；經通知限期改善，屆期未改善，並得按次處罰。

雇主依第十二條第四項規定通報之監測資料，經中央主管機關查核有虛偽不實者，處新臺幣三十萬元以上一百萬元以下罰鍰。

《職業安全衛生法》第 43 條

有下列情形之一者，處新臺幣三萬元以上三十萬元以下罰鍰：

一、違反第十條第一項、第十一條第一項、第二十三條第二項之規定，經通知限期改善，屆期未改善。
二、違反第六條第一項、第十二條第一項、第三項、第十四條第二項、第十六條第一項、第十九條第一項、第二十四條、第三十一條第一項、第二項或第三十七條第一項、第二項之規定；違反第六條第二項致發生職業病。
三、違反第十五條第一項、第二項之規定，並得按次處罰。
四、規避、妨礙或拒絕本法規定之檢查、調查、抽驗、市場查驗或查核。

《職業安全衛生法》第 44 條

未依第七條第三項規定登錄或違反第十條第二項之規定者，處新臺幣三萬元以上十五萬元以下罰鍰；經通知限期改善，屆期未改善者，並得按次處罰。
違反第七條第一項、第八條第一項、第十三條第一項或第十四條第一項規定者，處新臺幣二十萬元以上二百萬元以下罰鍰，並得限期停止輸入、產、製造或供應；屆期不停止者，並得按次處罰。
未依第七條第三項規定標示或違反第九條第一項之規定者，處新臺幣三萬元以上三十萬元以下罰鍰，並得令限期回收或改正。
未依前項規定限期回收或改正者，處新臺幣十萬元以上一百萬元以下罰鍰，並得按次處罰。
違反第七條第一項、第八條第一項、第九條第一項規定之產品，或第十四條第一項規定之化學品者，得沒入、銷燬或採取其他必要措施，其執行所需之費用，由行為人負擔。

《職業安全衛生法》第 45 條

有下列情形之一者，處新臺幣三萬元以上十五萬元以下罰鍰：
一、違反第六條第二項、第十二條第四項、第二十條第一項、第二項、第二十一條第一項、第二項、第二十二條第一項、第二十三條第一項、第三十二條第一項、第三十四條第一項或第三十八條之規定，經通知限期改善，屆期未改善。
二、違反第十七條、第十八條第三項、第二十六條至第二十八條、第二十九條第三項、第三十三條或第三十九條第四項之規定。
三、依第三十六條第一項之規定，應給付工資而不給付。

《職業安全衛生法》第 46 條

違反第二十條第六項、第三十二條第三項或第三十四條第二項之規定者，處新臺幣三千元以下罰鍰。

《職業安全衛生法》第 47 條

代行檢查機構執行職務，違反本法或依本法所發布之命令者，處新臺幣六萬元以上三十萬元以下罰鍰；其情節重大者，中央主管機關並得予以暫停代行檢查職務或撤銷指定代行檢查職務之處分。

《職業安全衛生法》第 48 條

有下列情形之一者，予以警告或處新臺幣六萬元以上三十萬元以下罰鍰，並得限期令其改正；屆期未改正或情節重大者，得撤銷或廢止其認可，或定期停止其業務之全部或一部：

一、驗證機構違反中央主管機關依第八條第五項規定所定之辦法。

二、監測機構違反中央主管機關依第十二條第五項規定所定之辦法。

三、醫療機構違反第二十條第四項及中央主管機關依第二十條第五項規定所定之辦法。

四、訓練單位違反中央主管機關依第三十二條第二項規定所定之規則。

五、顧問服務機構違反中央主管機關依第三十六條第三項規定所定之規則。

《職業安全衛生法》第 49 條

有下列情形之一者，得公布其事業單位、雇主、代行檢查機構、驗證機構、監測機構、醫療機構、訓練單位或顧問服務機構之名稱、負責人姓名：

一、發生第三十七條第二項之災害。

二、有第四十條至第四十五條、第四十七條或第四十八條之情形。

三、發生職業病。

第六章　附則

《職業安全衛生法》第 50 條

為提升雇主及工作者之職業安全衛生知識，促進職業安全衛生文化之發展，中央主管機關得訂定獎勵或補助辦法，鼓勵事業單位及有關團體辦理之。

直轄市與縣（市）主管機關及各目的事業主管機關應積極推動職業安全衛生業務；中央主管機關得訂定績效評核及獎勵辦法。

《職業安全衛生法》第 51 條

自營作業者準用第五條至第七條、第九條、第十條、第十四條、第十六條、第二十四條有關雇主之義務及罰則之規定。

第二條第一款所定受工作場所負責人指揮或監督從事勞動之人員，於事業單位工作場所從事勞動，比照該事業單位之勞工，適用本法之規定。但第二十條之體格檢查及在職勞工健康檢查之規定，不在此限。

《職業安全衛生法》第 52 條

中央主管機關得將第八條驗證機構管理、第九條抽驗與市場查驗、第十二條作業環境監測機構之管理、查核與監測結果之通報、第十三條新化學物質之登記與報告之審查、第十四條管制性化學品之許可與優先管理化學品之運作資料之備查、第二十條認可之醫療機構管理及健康檢查結果之通報、第二十三條第三項職業安全衛生管理系統之訪查與績效認可、第三十二條第二項訓練單位之管理及第三十九條第二項疑似職業病調查等業務，委託相關專業團體辦理。

《職業安全衛生法》第 53 條

主管機關辦理本法所定之認可、審查、許可、驗證、檢查及指定等業務，應收規費；其收費標準由中央主管機關定之。

《職業安全衛生法》第 54 條

本法施行細則，由中央主管機關定之。

《職業安全衛生法》第 55 條

本法施行日期，由行政院定之。

第五節 | 《勞動基準法》第45條無礙身心健康認定基準及審查辦法

發布日期：民國103年06月11日

第1條

本辦法依勞動基準法（以下簡稱本法）第四十五條第三項規定訂定之。

第2條

雇主或受領勞務者使下列人員從事勞動（以下簡稱工作者），應依本辦法申請許可：

一、國民中學未畢業，且未滿十五歲受僱從事工作者。

二、未滿十五歲透過他人取得工作為第三人提供勞務，或直接為他人提供勞務取得報酬，且未具勞僱關係之工作者。

第3條

有下列情形之一者，工作者不得從事：

一、坑內及局限空間作業。

二、吊掛、空中及高架作業。

三、水中作業、水面作業及無安全防護措施之岸邊作業。

四、光線及噪音影響身心健康之作業環境。

五、農藥之噴灑及家禽、家畜及水產養殖之投藥及消毒工作。

六、違反公共秩序及善良風俗。

七、經醫師評估超出生理或心理負擔能力。

八、職業安全衛生法、兒童及少年福利與權益保障法及其他法令所禁止從事之工作。

九、其他經主管機關認定有礙身心健康之工作。

第4條

工作者之工作時間，應符合下列規定：

一、年齡未滿六歲者，每日不得超過二小時。

二、年齡六歲以上未滿十二歲者，每日不得超過三小時。

三、年齡十二歲以上未滿十五歲者，每日不得超過四小時。
前項第一款未滿六個月之工作者，每次工作時間不得超過三十分鐘。
各學期間假期之工作日數，不得超過該假期總日數之三分之二，工作時間適用本法第四十七條及第四十八條規定。開學前七日內不得工作。
非於本國境內學校就學之工作者，不適用前項之規定。
未滿十二歲之工作者從事廣播、電視及電影事業之節目演出、舞台及馬戲團演出、有聲媒體錄製、廣告之拍攝錄製、模特兒展演、才藝及民俗技藝表演之工作時，工作場所應有法定代理人陪同。

第 5 條

工作者之待命及準備時間，應計入工作時間。繼續工作二小時，至少應有十五分鐘之休息。
工作者應於每週星期六或星期日擇一日全日休息，作為例假。
雇主或受領勞務者應置備簽到簿或出勤卡，逐次記載工作者之工作時間及休息時間。

第 6 條

雇主或受領勞務者，應依勞工保險條例或全民健康保險法為工作者辦理參加保險。但依法未能投保勞工保險者，應為其投保商業保險。

第 7 條

雇主或受領勞務者，應於工作者勞務提供起始日起前九十日至二十日之期間，檢具下列文件向勞務提供地之直轄市、縣（市）政府（以下簡稱地方主管機關）申請許可：
一、申請書。
二、雇主或受領勞務者之身分證明文件、公司登記或商業登記證明、工廠登記證明及特許事業許可證等文件之影本。
三、工作者之戶口名簿影本或護照影本。
四、勞工保險或商業保險投保計畫書及全民健康保險卡之影本。
五、學籍所在地或就讀學校之學校同意書。
六、法定代理人之同意書。

七、其他中央主管機關規定之文件。

依前項規定取得許可之雇主或受領勞務者，應自工作者提供勞務起始日起十日內，檢具相關投保證明文件向地方主管機關備查。

第一項許可期間，每次最長為一年。

第 8 條

前條申請案件涉及數個勞務提供地者，雇主或受領勞務者得向其中任一勞務提供地之地方主管機關提出申請。

前項地方主管機關許可後，應副知各勞務提供地之地方主管機關。

第 9 條

地方主管機關許可後，原依第七條第一項規定檢具之文件有變更時，雇主或受領勞務者應將變更後必要文件併同原許可文件，依第七條規定申請變更許可，其許可期間至原許可期間屆滿時止。

第 10 條

雇主或受領勞務者提出申請時，有下列情形之一者，地方主管機關應不予受理：

一、不符第七條第一項規定之申請期間。

二、檢具之文件不齊全，經通知限期補正，屆期未補正。

第 11 條

雇主或受領勞務者申請許可時，有下列情形之一者，地方主管機關應不予許可；已許可者，得撤銷或廢止其許可：

一、申請文件有虛偽或不實記載。

二、違反第三條至第七條規定。

三、實際從事工作與原許可之工作不符。

四、妨礙工作者受國民義務教育之權利。

五、未依第七條第二項規定提供相關投保證明文件。

六、其他違反本法或本辦法之規定。

第 12 條

主管機關應將第七條第一項所列各款資料登錄於中央主管機關指定之資訊系

統。所登錄之資料主管機關得作為研究及統計之用。

第 13 條

為工作者之權益及健康福祉，主管機關得定期、不定期實施勞動檢查；教育主管機關得就從事勞務有無影響工作者受國民義務教育之權利進行評估並追蹤輔導；社政主管機關得就工作者從事勞務有無違反兒童及少年福利與權益保障法規，進行輔導諮詢。

第 14 條

本辦法之書表格式，由中央主管機關定之。

第 15 條

本辦法施行前已依本法第四十五條規定取得認定者，應自本辦法施行之日起一年內，向地方主管機關申請許可。

第 16 條

本辦法自發布日施行。

第十章 退休制度

第一節 《勞動基準法》

《勞動基準法》第 53 條

勞工有下列情形之一，得自請退休：

一、工作十五年以上年滿五十五歲者。

二、工作二十五年以上者。

三、工作十年以上年滿六十歲者。

最高法院 103 年台上字第 1310 號民事判決

裁判案由：請求給付退休金

裁判要旨：按勞動基準法第 53 條規定勞工得自請退休之情形，乃係最低標準，故事業單位訂定較優於該條之規定者，從其規定。而勞工申請退休，係勞工所享有之權利，自不必得雇主同意。惟該雇主所訂定之退休辦法，有較寬鬆條件之規定，則該優退權利，亦有所不同。又退休辦法亦屬工作規則，而為勞動契約內容之一部，故勞工申請退休，即應依此辦理。倘優退辦法有准駁勞工退休之規定，雇主駁回勞工之申請亦與誠信原則無違，則非法所不許。另按民法第 111 條規定，法律行為之一部分無效者，全部皆為無效。但除去該部分亦可成立者，則其他部分，仍為有效。故雇主所訂之退休辦法雖未區分優惠退休或一般法定退休，但優惠退休部分於法並不生牴觸問題，其規定之核定要件，仍屬有效。

《勞動基準法》第 54 條

勞工非有下列情形之一，雇主不得強制其退休：

一、年滿六十五歲者。

二、心神喪失或身體殘廢不堪勝任工作者。

前項第一款所規定之年齡，對於擔任具有危險、堅強體力等特殊性質之工作者，得由事業單位報請中央主管機關予以調整。但不得少於五十五歲。

勞保 1 字第 0990071949 號

要旨：勞工經雇主依勞動基準法第 54 條第 1 項第 2 款規定強制退休者，核其性質係屬退休人員，非就業保險法所欲保障之對象，故不得申請失業給付。

全文內容：有關勞工因勞動基準法第 54 條第 1 項第 2 款規定強制退休者，是否符合失業給付請領條件乙案。勞工如經雇主依勞動基準法第 54 條第 1 項第 2 款規定強制退休者，因核屬退休人員，尚非就業保險法所欲保障之對象。另查就業保險法第 11 條第 3 項業已明定，所稱非自願離職，指被保險人因投保單位關廠、遷廠、休業、解散、破產宣告離職；或因勞動基準法第 11 條、第 13 條但書、第 14 條及第 20 條規定各款情事之一離職；另被保險人因定期契約屆滿離職逾 1 個月未能就業，且離職前 1 年內，契約期間合計滿 6 個月以上者，視為非自願離職。爰勞工依勞動基準法第 54 條第 1 項第 2 款規定強制退休者，不得申請失業給付。

《勞動基準法》第 55 條

勞工退休金之給與標準如左：

一、按其工作年資，每滿一年給與兩個基數。但超過十五年之工作年資，每滿一年給與一個基數，最高總數以四十五個基數為限。未滿半年者以半年計；滿半年者以一年計。

二、依第五十四條第一項第二款規定，強制退休之勞工，其心神喪失或身體殘廢係因執行職務所致者，依前款規定加給百分之二十。

前項第一款退休金基數之標準，係指核准退休時一個月平均工資。

第一項所定退休金，雇主應於勞工退休之日起三十日內給付，如無法一次發給時，得報經主管機關核定後，分期給付。本法施行前，事業單位原定退休標準優於本法者，從其規定。

最高法院 102 年台上字第 594 號民事裁定

案由摘要：給付退休金差額

要旨：按企業對年度全勤者發放一個月薪資以資獎勵，未達年度全勤者，則依考勤獎金扣減標準扣薪，是該考勤獎金之核發屬員工於固定常態工作中得取得雇主給與之一部分，具備「勞務對價性」及勞動基準法施行細則第 10 條「經常性給與之性質」，乃工資之一部。本件員工如有請假、曠職達企業所定考勤辦法之扣減標準時，即無從領取考勤獎金，此足認考勤獎金核發與員工是否提供勞務有關聯，則員工主張考勤獎金應納入核算平均工資之範疇，據以計算退休金，即為有理由。

最高法院 101 年台上字第 770 號民事判決

裁判案由：請求給付薪資等

裁判要旨：勞動基準法施行前，事業單位無自訂退休規定或其退休規定低於台灣省工廠工人退休規則或台灣省礦工退休規則者，其退休金之計算，勞動基準法第五十五條並無規定。則該施行細則第二十八條第一項第二款但書規定，無異對原無規定給付員工退休金之事業單位，追溯創設給付員工退休金之義務，自屬逾越母法授權範圍，且違反法律不溯及既往之原則。其內容又係命人民負擔勞動基準法施行前之義務，核與中央法規標準法第五條第二款「關於人民之權利、義務，應以法律定之」，及同法第六條「應以法律規定之事項，不得以命令定之」之規定有違。

《勞動基準法》第 56 條

雇主應依勞工每月薪資總額百分之二至百分之十五範圍內，按月提撥勞工退休準備金，專戶存儲，並不得作為讓與、扣押、抵銷或擔保之標的；其提撥之比率、程序及管理等事項之辦法，由中央主管機關擬訂，報請行政院核定之。

雇主應於每年年度終了前，估算前項勞工退休準備金專戶餘額，該餘額不足給付次一年度內預估成就第五十三條或第五十四條第一項第一款退休條件之勞工，依前條計算之退休金數額者，雇主應於次年度三月底前一次提撥其差額，並送事業單位勞工退休準備金監督委員會審議。

第一項雇主按月提撥之勞工退休準備金匯集為勞工退休基金，由中央主管機關設勞工退休基金監理委員會管理之；其組織、會議及其他相關事項，由中央主管機關定之。

前項基金之收支、保管及運用，由中央主管機關會同財政部委託金融機構辦理。最低收益不得低於當地銀行二年定期存款利率之收益；如有虧損，由國庫補足之。基金之收支、保管及運用辦法，由中央主管機關擬訂，報請行政院核定之。

雇主所提撥勞工退休準備金，應由勞工與雇主共同組織勞工退休準備金監督委員會監督之。委員會中勞工代表人數不得少於三分之二；其組織準則，由中央主管機關定之。

雇主按月提撥之勞工退休準備金比率之擬訂或調整，應經事業單位勞工退休準備金監督委員會審議通過，並報請當地主管機關核定。

金融機構辦理核貸業務，需查核該事業單位勞工退休準備金提撥狀況之必要資料時，得請當地主管機關提供。

金融機構依前項取得之資料，應負保密義務，並確實辦理資料安全稽核作業。

前二項有關勞工退休準備金必要資料之內容、範圍、申請程序及其他應遵行事項之辦法，由中央主管機關會商金融監督管理委員會定之。

《勞動基準法》第 57 條

勞工工作年資以服務同一事業者為限。但受同一雇主調動之工作年資，及依第二十條規定應由新雇主繼續予以承認之年資，應予併計。

最高法院 102 年台上字第 550 號民事判決

裁判案由：請求給付退休金等

裁判要旨：勞基法第 57 條規定：「勞工工作年資以服務同一事業者為限。但受同一雇主調動之工作年資，及依第二十條規定應由新雇主繼續予以承認之年資，應予併計。」原審未區辨關係企業與同一事業之不同，逕以二家公司負責人為姊妹、董事及監察人相同而認定為同一事業，未免速斷。被上訴人與二家公司之勞僱關係實情究竟如何，二家公司間勞保投保單位變動同時，被上訴人之薪津給付事業及管理主管是否亦同時更動，被上訴人是否同意或不明相關變動等事項，皆影響被上訴人可否合併二家公司之工作年資，請求上訴人給付退休金。原審未加推闡，令被上訴人敘明或補充，遽為判決，不無疏略。

《勞動基準法》第 58 條

勞工請領退休金之權利，自退休之次月起，因五年間不行使而消滅。

勞工請領退休金之權利，不得讓與、抵銷、扣押或供擔保。

勞工依本法規定請領勞工退休金者，得檢具證明文件，於金融機構開立專戶，專供存入勞工退休金之用。

前項專戶內之存款，不得作為抵銷、扣押、供擔保或強制執行之標的。

第二節 《勞工退休金條例》

台灣老年經濟安全保障體系❶

台灣退休金體系的架構，基本上與世界銀行多層次老年經濟保障架構模式類似。如下圖，供參考。

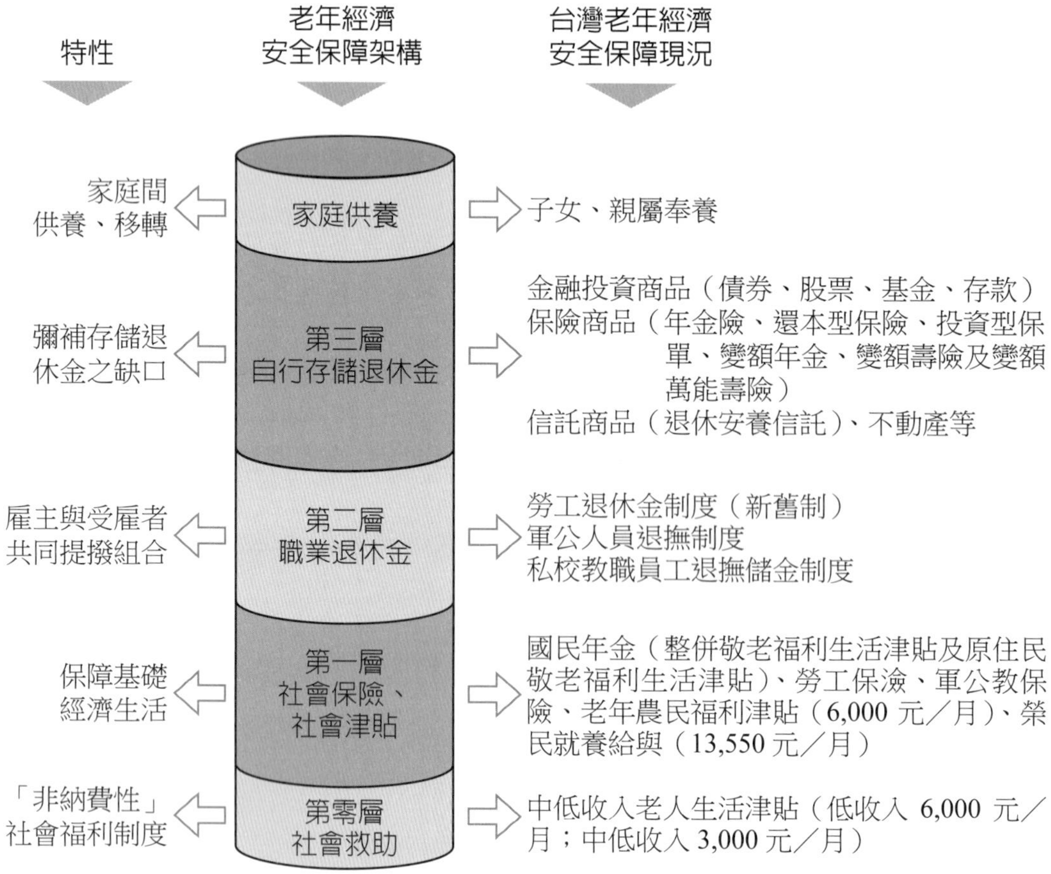

第一章　總則

《勞工退休金條例》第 1 條

為增進勞工退休生活保障，加強勞雇關係，促進社會及經濟發展，特制定本條例。

❶ 資料來源：中華民國退休基金協會，http://www.pension.org.tw/tc/p3-classroom.asp，最後檢索日：106 年 9 月 7 日。

勞工退休金事項，優先適用本條例。本條例未規定者，適用其他法律之規定。

最高法院103年台上字第1158號民事判決

裁判案由：請求給付薪資等

裁判要旨：勞工退休金條例施行前已適用勞動基準法之勞工，就其依舊制（勞動基準法）所保留之年資，與雇主約定勞僱契約仍存續下，以不低於勞動基準法所定給付標準而結清年資，無損勞工權益，對勞僱雙方自屬有效。

《勞工退休金條例》第2條

本條例所稱主管機關：在中央為勞動部；在直轄市為直轄市政府；在縣（市）為縣（市）政府。

《勞工退休金條例》第3條

本條例所稱勞工、雇主、事業單位、勞動契約、工資及平均工資之定義，依勞動基準法第二條規定。

《勞工退休金條例》第4條

中央主管機關為勞工退休基金之審議、監督、考核以及有關本條例年金保險之實施，應組成勞工退休基金監理委員會（以下稱監理會）。

監理會應獨立行使職權，其組織、會議及其他相關事項，另以法律定之。

監理會成立後，勞動基準法第五十六條第二項規定勞工退休基金管理業務，歸入監理會統籌辦理。

《勞工退休金條例》第5條

勞工退休金之收支、保管、滯納金之加徵及罰鍰處分等業務，由中央主管機關委任勞動部勞工保險局（以下簡稱勞保局）辦理之。

【舊法】勞工退休金之收支、保管、滯納金之加徵、罰鍰處分及其強制執行等業務，由中央主管機關委任勞工保險局（以下稱勞保局）辦理之。

《勞工退休金條例》第6條

雇主應為適用本條例之勞工，按月提繳退休金，儲存於勞保局設立之勞工退休金個人專戶。

除本條例另有規定者外，雇主不得以其他自訂之勞工退休金辦法，取代前項規定之勞工退休金制度。

第二章　制度之適用與銜接

《勞工退休金條例》第 7 條

本條例之適用對象為適用勞動基準法之下列人員，但依私立學校法之規定提撥退休準備金者，不適用之：

一、本國籍勞工。

二、與在中華民國境內設有戶籍之國民結婚，且獲准居留而在臺灣地區工作之外國人、大陸地區人民、香港或澳門居民。

三、前款之外國人、大陸地區人民、香港或澳門居民，與其配偶離婚或其配偶死亡，而依法規規定得在臺灣地區繼續居留工作者。

本國籍人員、前項第二款及第三款規定之人員具下列身分之一，得自願依本條例規定提繳及請領退休金：

一、實際從事勞動之雇主。

二、自營作業者。

三、受委任工作者。

四、不適用勞動基準法之勞工。

《勞工退休金條例》第 8 條

本條例施行前已適用勞動基準法之勞工，於本條例施行後仍服務於同一事業單位者，得選擇繼續適用勞動基準法之退休金規定。但於離職後再受僱時，應適用本條例之退休金制度。

公營事業於本條例施行後移轉民營，公務員兼具勞工身分者繼續留用，得選擇適用勞動基準法之退休金規定或本條例之退休金制度。

《勞工退休金條例》第 8-1 條

第七條第一項第二款、第三款人員及於中華民國九十九年七月一日後始取得本國籍之勞工，於本條例一百零二年十二月三十一日修正之條文施行之日起，應適用本條例之退休金制度。但其於修正之條文施行前已受僱且仍服務於同一事業單位，於修正之條文施行之日起六個月內，以書面向雇主表明繼續適用勞動基準法之退休金規定者，不在此限。

前項人員於修正之條文施行後始取得各該身分者，以取得身分之日起適用本條例之退休金制度。但其於修正之條文施行前已受僱且仍服務於同一事業單位者，準用前項但書規定。

曾依前二項規定向雇主表明繼續適用勞動基準法之退休金規定者，不得再變更選擇適用本條例之退休金制度。

勞工依第一項及第二項規定適用本條例退休金制度者，其適用本條例前之工作年資依第十一條規定辦理。

雇主應為依第一項及第二項規定適用本條例退休金制度之勞工，向勞保局辦理提繳手續，並至遲於第一項及第二項規定期限屆滿之日起十五日內申報。

《勞工退休金條例》第 9 條

雇主應自本條例公布後至施行前一日之期間內，就本條例之勞工退休金制度及勞動基準法之退休金規定，以書面徵詢勞工之選擇；勞工屆期未選擇者，自本條例施行之日起繼續適用勞動基準法之退休金規定。

勞工選擇繼續自本條例施行之日起適用勞動基準法之退休金規定者，於五年內仍得選擇適用本條例之退休金制度。

雇主應為適用本條例之退休金制度之勞工，依下列規定向勞保局辦理提繳手續：

一、依第一項規定選擇適用者，應於本條例施行後十五日內申報。

二、依第二項規定選擇適用者，應於選擇適用之日起十五日內申報。

三、本條例施行後新成立之事業單位，應於成立之日起十五日內申報。

《勞工退休金條例》第 10 條

勞工適用本條例之退休金制度後，不得再變更選擇適用勞動基準法之退休金規定。

《勞工退休金條例》第 11 條

本條例施行前已適用勞動基準法之勞工，於本條例施行後，仍服務於同一事業單位而選擇適用本條例之退休金制度者，其適用本條例前之工作年資，應予保留。

前項保留之工作年資，於勞動契約依勞動基準法第十一條、第十三條但書、第十四條、第二十條、第五十三條、第五十四條或職業災害勞工保護法第二十三條、第二十四條規定終止時，雇主應依各法規定，以契約終止時之平均工資，計給該保留年資之資遣費或退休金，並於終止勞動契約後三十日內發給。

第一項保留之工作年資，於勞動契約存續期間，勞雇雙方約定以不低於勞動基準法第五十五條及第八十四條之二規定之給與標準結清者，從其約定。

公營事業之公務員兼具勞工身分者，於民營化之日，其移轉民營前年資，依民營化前原適用之退休相關法令領取退休金。但留用人員應停止其領受月退休金及相關權利，至離職時恢復。

勞動 4 字第 1000132952 號

要旨：勞工於新制施行後改受僱於其他關係企業，如該企業係屬獨立運作之私法人，勞工之受僱即非原勞動契約之履行，不適用勞工退休金條例第 11 條保留工作年資之規定，雇主固得約定採計勞工於關係企業間服務之年資並比照同條第 3 項規定先予結清，然尚不得依據同條例第 13 條第 2 項規定動支退休準備金專戶，亦不得依據勞工退休金條例施行細則第 12 條規定將該款項移入個人專戶。

全文內容：有關勞工退休金條例結清規定相關疑義：

一、依本會 83 年 6 月 23 日 (83) 台勞動三字第 39742 號函釋略以：「查勞動基準法第 57 條係參考『台灣省工廠工人退休規則』第 8 條及『廠礦工人受僱解僱辦法』第 5 條所訂定；有關勞工工作年資計算，應指受同一雇主於同一事業單位調動之工作年資為限。」先予敘明。

二、另，有關勞工退休金條例（新制）之年資結清要件、結清金標準、動支勞工退休準備金之資格及得移入個人退休金專戶規定，明定如下：

（一）第 11 條第 1 項規定：「本條例施行前已適用勞動基準法之勞工，於本條例施行後，仍服務於同一事業單位而選擇適用本條例之退休金制度者，其適用本條例前之工作年資，應予保留。」

（二）第 11 條第 3 項規定：「第 1 項保留之工作年資，於勞動契約存續期間，勞雇雙方約定以不低於勞動基準法第 55 條及第 84 條之 2 規定之給與標準結清者，從其約定。」

（三）第 13 條第 2 項規定：「勞雇雙方依第 11 條第 3 項規定，約定結清之退休金，得自勞動基準法第 56 條第 1 項規定之勞工退休準備金專戶支應」。

（四）施行細則第 12 條規定：「勞工得將依本條例第 13 條第 2 項規定約定結清之退休金，移入勞保局之個人退休金專戶……」。

（五）基上，勞工須有該條例第 11 條第 1 項規定之情形，其符合或優於同條第 3 項規定之結清金，始有同條例第 13 條第 2 項動支準備金與施行細則第 12 條移入個人專戶規定之適用。

三、如勞工於新制施行後改受僱於其他關係企業，因關係企業依法係為各自獨立運作之私法人，涉及當事人之一方或提供勞務之對象改變，已非原勞動契約之履行，依法應適用新制，尚無該條例第 11 條第 1 項所定之保留年資。如雇主優於法律採計其於關係企業間服務之年資，並約定於勞動契約存續期間比照第 11 條第 3 項規定先予結清，亦無不可。惟因非屬依該條例第 11 條第 3 項結清之退休金，爰不得依同條例第 13 條第 2 項規定動支退休準備金專戶，以及依施行細則第 12 條規定將該款項移入個人專戶。

《勞工退休金條例》第 12 條

勞工適用本條例之退休金制度者，適用本條例後之工作年資，於勞動契約依勞動基準法第十一條、第十三條但書、第十四條及第二十條或職業災害勞工保護法第二十三條、第二十四條規定終止時，其資遣費由雇主按其工作年資，每滿一年發給二分之一個月之平均工資，未滿一年者，以比例計給；最高以發給六個月平均工資為限，不適用勞動基準法第十七條之規定。

依前項規定計算之資遣費，應於終止勞動契約後三十日內發給。

選擇繼續適用勞動基準法退休金規定之勞工，其資遣費依同法第十七條、第五十五條及第八十四條之二規定發給。

《勞工退休金條例》第 13 條

為保障勞工之退休金，雇主應依選擇適用勞動基準法退休制度與保留適用本條例前工作年資之勞工人數、工資、工作年資、流動率等因素精算其勞工退休準備金之提撥率，繼續依勞動基準法第五十六條第一項規定，按月於五年內足額提撥勞工退休準備金，以作為支付退休金之用。

勞雇雙方依第十一條第三項規定，約定結清之退休金，得自勞動基準法第五十六條第一項規定之勞工退休準備金專戶支應。

依第十一條第四項規定應發給勞工之退休金，應依公營事業移轉民營條例第九條規定辦理。

勞動4字第1010131534號

要旨：雇主違反勞工退休金條例第13條第1項未按月提撥勞工退休準備金之規定，地方主管機關得依同條例第50條第1項規定，按月連續處罰。

主旨：有關雇主違反勞工退休金條例第13條第1項規定，未按月提撥勞工退休準備金，當地主管機關依同法第50條第1項規定處罰疑義，復請查照。

說明：一、復貴府101年5月16日府勞社勞字第1010096478號函。

二、查依勞工退休金條例第13條第1項規定：「為保障勞工之退休金，雇主應依選擇適用勞動基準法退休制度與保留適用本條例前工作年資之勞工人數、工資、工作年資、流動率等因素精算其勞工退休準備金之提撥率，繼續依勞動基準法第56條第1項規定，按月於五年內足額提撥勞工退休準備金，以作為支付退休金之用。」同條例第50條第1項規定：「雇主違反第13條第1項規定，未繼續按月提撥勞工退休準備金者，處新臺幣2萬元以上10萬元以下罰鍰，並應按月連續處罰。勞動基準法第79條第1款之罰鍰規定，不再適用。」雇主未依勞工退休金條例規定按月提撥勞工退休準備金者，地方主管機關自應依上開規定按月連續處罰。

第三章　退休金專戶之提繳與請領

《勞工退休金條例》第14條

雇主應為第七條第一項規定之勞工負擔提繳之退休金，不得低於勞工每月工資百分之六。

雇主得為第七條第二項第三款或第四款規定之人員，於每月工資百分之六範圍內提繳退休金。

勞工得在其每月工資百分之六範圍內，自願提繳退休金，其自願提繳部分，得自當年度個人綜合所得總額中全數扣除。

前項規定，於依第七條第二項規定自願提繳退休金者，準用之。

前四項所定每月工資，由中央主管機關擬訂月提繳工資分級表，報請行政院核定之。

《勞工退休金條例》第15條

於同一雇主或依第七條第二項、前條第三項自願提繳者，一年內調整勞工退休金之提繳率，以二次為限。調整時，雇主應於調整當月底前，填具提繳率調整表通知勞保局，並自通知之次月一日起生效；其提繳率計算至百分率小數點第一位為限。

勞工之工資如在當年二月至七月調整時，其雇主應於當年八月底前，將調整後之月提繳工資通知勞保局；如在當年八月至次年一月調整時，應於次年二月底前通知勞保局，其調整均自通知之次月一日起生效。

雇主為第七條第一項所定勞工申報月提繳工資不實或未依前項規定調整月提繳工資者，勞保局查證後得逕行更正或調整之，並通知雇主，且溯自提繳日或應調整之次月一日起生效。

《勞工退休金條例》第16條

勞工退休金自勞工到職之日起提繳至離職當日止。但選擇自本條例施行之日起適用本條例之退休金制度者，其提繳自選擇適用本條例之退休金制度之日起至離職當日止。

《勞工退休金條例》第17條

依第七條第二項自願提繳退休金者，由雇主或自營作業者向勞保局辦理開始或停止提繳手續，並按月扣、收繳提繳數額。

前項自願提繳退休金者，自申報自願提繳之日起至申報停止提繳之當日止提繳退休金。

《勞工退休金條例》第18條

雇主應於勞工到職、離職、復職或死亡之日起七日內，列表通知勞保局，辦理開始或停止提繳手續。

《勞工退休金條例》第19條

雇主應提繳及收取之退休金數額，由勞保局繕具繳款單於次月二十五日前寄送事業單位，雇主應於再次月底前繳納。

勞工自願提繳退休金者，由雇主向其收取後，連同雇主負擔部分，向勞保局繳納。其退休金之提繳，自申報自願提繳之日起至離職或申報停繳之日止。

雇主未依限存入或存入金額不足時，勞保局應限期通知其繳納。

自營作業者之退休金提繳，應以勞保局指定金融機構辦理自動轉帳方式繳納之，勞保局不另寄發繳款單。

《勞工退休金條例》第20條

勞工留職停薪、入伍服役、因案停職或被羈押未經法院判決確定前，雇主應於發生事由之日起七日內以書面向勞保局申報停止提繳其退休金。勞工復職時，雇主應以書面向勞保局申報開始提繳退休金。

因案停職或被羈押勞工復職後，應由雇主補發停職期間之工資者，雇主應於復職當月之再次月底前補提繳退休金。

《勞工退休金條例》第21條

雇主提繳之金額，應每月以書面通知勞工。

雇主應置備僱用勞工名冊，其內容包括勞工到職、離職、出勤工作紀錄、工資、每月提繳紀錄及相關資料，並保存至勞工離職之日起五年止。

勞工依本條例規定選擇適用退休金制度相關文件之保存期限，依前項規定辦理。

《勞工退休金條例》第22條

（刪除）

《勞工退休金條例》第23條

退休金之領取及計算方式如下：

一、月退休金：勞工個人之退休金專戶本金及累積收益，依據年金生命表，以平均餘命及利率等基礎計算所得之金額，作為定期發給之退休金。

二、一次退休金：一次領取勞工個人退休金專戶之本金及累積收益。

依本條例提繳之勞工退休金運用收益，不得低於當地銀行二年定期存款利率；如有不足由國庫補足之。

第一項第一款所稱年金生命表、平均餘命、利率及金額之計算，由勞保局擬訂，報請中央主管機關核定。

《勞工退休金條例》第 24 條

勞工年滿六十歲，得依下列規定之方式請領退休金：

一、工作年資滿十五年以上者，選擇請領月退休金或一次退休金。

二、工作年資未滿十五年者，請領一次退休金。

依前項第一款規定選擇請領退休金方式，經勞保局核付後，不得變更。

第一項工作年資採計，以實際提繳退休金之年資為準。年資中斷者，其前後提繳年資合併計算。

勞工不適用勞動基準法時，於有第一項規定情形者，始得請領。

【舊法】勞工年滿六十歲，工作年資滿十五年以上者，得請領月退休金。但工作年資未滿十五年者，應請領一次退休金。

前項工作年資採計，以實際提繳退休金之年資為準。年資中斷者，其前後提繳年資合併計算。

勞工不適用勞動基準法時，於有第一項規定情形者，始得請領。

勞退新制小檔案

內　容	2005 年實施，雇主每月至少提繳勞工薪資 6%，作為勞退金，勞工也可自行提撥薪資 6%，自存老本。	
請領資格	年滿 60 歲	
請領方式	年資未滿 15 年 ▼ 一次領	年資滿 15 年 ▼ 修法前，月領 修法後，月領或一次領
影響人數	632 萬多人	

資料來源：勞動部，2016；引自《聯合報》，2016 年 11 月 2 日。

勞動 4 字第 0990076076 號

要旨：勞工年滿 60 歲且工作年資滿 15 年以上者，參照勞工退休金條例第 24 條規定意旨，係以請領月退休金為原則，一次領取為例外；又依據同條例第 11 條第 3 項規定之結清，係於勞工仍持續受僱之狀態下為之，如勞工辦理退休或勞雇雙方已有自請或強制退休之意思表示，勞工所請領之退休金即不適用結清之規定。

全文內容：有關勞工辦理退休或勞雇雙方已有自請或強制退休之意思表示，勞工得否將舊制退休金，移入勞保局之個人退休金專戶疑義。

一、查勞工退休金條例第 24 條規定：「勞工年滿 60 歲，工作年資滿 15 年以上者，得請領月退休金；工作年資未滿 15 年者，應請領一次退休金」之立法意旨，係以請領月退休金為原則，一次領取為例外，其稱「得」請領月退休金，係指勞工具備請領月退休金之資格，非為勞工具有選擇月退休金或一次退休金之權利，主要係為保障勞工老年退休生活之安定性與持續性。故，勞工年滿 60 歲且工作年資滿 15 年以上者，應請領月退休金。

二、另，依勞工退休金條例第 9 條第 2 項規定，繼續適用勞動基準法退休金制度者，得改選新制之期限，係於 99 年 6 月 30 日屆滿，並非 7 月 1 日。復依同條例第 11 條第 3 項規定，勞工改選新制，其舊制保留之工作年資，於勞動契約存續期間，勞雇雙方約定以不低於勞動基準法第 55 條及第 84 條之 2 規定之給與標準結清者，從其約定。基上，結清係於勞動契約存續狀態下為之，亦即勞工仍持續受僱，如勞工辦理退休或勞雇雙方已有自請或強制退休之意思表示，勞工請領係屬終止契約之退休金，非屬上開規定結清之退休金者，並不適用該條例施行細則第 12 條規定。

三、查該條例第 14 條有關雇主每月負擔勞工退休金提繳率不低於勞工每月工資 6% 之規定，係最低標準之規定，如雇主欲調高提繳率，依同條例第 15 條規定，於當月底前，填具提繳率調整表通知勞保局，並自通知之次月一日起生效。

《勞工退休金條例》第 24-1 條

勞工領取退休金後繼續工作者，其提繳年資重新計算，雇主仍應依本條例規定提繳勞工退休金；勞工領取年資重新計算之退休金及其收益次數，一年以一次為限。

《勞工退休金條例》第 24-2 條

勞工未滿六十歲，有下列情形之一，其工作年資滿十五年以上者，得請領月退休金或一次退休金。但工作年資未滿十五年者，應請領一次退休金：

一、領取勞工保險條例所定之失能年金給付或失能等級三等以上之一次失能給付。

二、領取國民年金法所定之身心障礙年金給付或身心障礙基本保證年金給付。

三、非屬前二款之被保險人，符合得請領第一款失能年金給付或一次失能給付之失能種類、狀態及等級，或前款身心障礙年金給付或身心障礙基本保證年金給付之障礙種類、項目及狀態。

依前項請領月退休金者，由勞工決定請領之年限。

《勞工退休金條例》第 25 條

勞工開始請領月退休金時，應一次提繳一定金額，投保年金保險，作為超過第二十三條第三項所定平均餘命後之年金給付之用。

前項規定提繳金額、提繳程序及承保之保險人資格，由中央主管機關定之。

《勞工退休金條例》第 26 條

勞工於請領退休金前死亡者，應由其遺屬或指定請領人請領一次退休金。

已領取月退休金勞工於未屆第二十三條第三項所定平均餘命前死亡者，停止給付月退休金。其個人退休金專戶結算剩餘金額，由其遺屬或指定請領人領回。

《勞工退休金條例》第 27 條

依前條規定請領退休金遺屬之順位如下：

一、配偶及子女。

二、父母。

三、祖父母。

四、孫子女。

五、兄弟、姊妹。

前項遺屬同一順位有數人時，應共同具領，如有未具名之遺屬者，由具領之遺屬負責分配之；如有死亡或拋棄或因法定事由喪失繼承權時，由其餘遺屬請領之。但生前預立遺囑指定請領人者，從其遺囑。

勞工死亡後無第一項之遺屬或指定請領人者，其退休金專戶之本金及累積收益，應歸入勞工退休基金。

《勞工退休金條例》第 28 條

勞工或其遺屬或指定請領人請領退休金時，應填具申請書，並檢附相關文件向勞保局請領；相關文件之內容及請領程序，由勞保局定之。

請領手續完備，經審查應予發給月退休金者，應自收到申請書次月起按季發給；其為請領一次退休金者，應自收到申請書之日起三十日內發給。

勞工或其遺屬或指定請領人請領之退休金結算基準，由中央主管機關定之。

第一項退休金請求權，自得請領之日起，因五年間不行使而消滅。

《勞工退休金條例》第 29 條

勞工之退休金及請領勞工退休金之權利，不得讓與、扣押、抵銷或供擔保。

勞工依本條例規定請領月退休金者，得檢具勞保局出具之證明文件，於金融機構開立專戶，專供存入月退休金之用。

前項專戶內之存款，不得作為抵銷、扣押、供擔保或強制執行之標的。

《勞工退休金條例》第 30 條

雇主應為勞工提繳之金額，不得因勞工離職，扣留勞工工資作為賠償或要求勞工繳回。約定離職時應賠償或繳回者，其約定無效。

《勞工退休金條例》第 31 條

雇主未依本條例之規定按月提繳或足額提繳勞工退休金，致勞工受有損害者，勞工得向雇主請求損害賠償。

前項請求權，自勞工離職時起，因五年間不行使而消滅。

《勞工退休金條例》第 32 條

勞工退休基金之來源如下：

一、勞工個人專戶之退休金。

二、基金運用之收益。

三、收繳之滯納金。

四、其他收入。

《勞工退休金條例》第 33 條

勞工退休基金除作為給付勞工退休金及投資運用之用外，不得扣押、供擔保或移作他用；其管理、運用及盈虧分配之辦法，由中央主管機關擬訂，報請行政院核定之。

勞工退休金之經營及運用，監理會得委託金融機構辦理。委託經營規定、範圍及經費，由監理會擬訂，報請中央主管機關核定之。

《勞工退休金條例》第 34 條

勞保局對於勞工退休金及勞工退休基金之財務收支，應分戶立帳，並與其辦理之其他業務分開處理；其相關之會計報告及年度決算，應依有關法令規定辦理，並提監理會審核。

勞工退休基金之收支、運用及其積存金額，應按月提監理會審議並報請中央主管機關備查，中央主管機關應按年公告之。

第四章　年金保險

《勞工退休金條例》第 35 條

事業單位僱用勞工人數二百人以上，經工會同意，或無工會者，經勞資會議同意後，得為以書面選擇投保年金保險之勞工，投保符合保險法規定之年金保險。

前項選擇投保年金保險之勞工，雇主得不依第六條第一項規定為其提繳勞工退休金。

第一項所定年金保險之收支、核准及其他應遵行事項之辦法，由中央主管機關定之；事業單位採行前項規定之年金保險者，應報請中央主管機關核准。

第一項年金保險之平均收益率不得低於第二十三條之標準。

《勞工退休金條例》第 35-1 條

保險人應依保險法規定專設帳簿，記載其投資資產之價值。
勞工死亡後無遺屬或指定請領人者，其年金保險退休金之本金及累積收益，應歸入年金保險專設帳簿之資產。

《勞工退休金條例》第 35-2 條

實施年金保險之事業單位內適用本條例之勞工，得以一年一次為限，變更原適用之退休金制度，改為參加個人退休金專戶或年金保險，原已提存之退休金或年金保險費，繼續留存。雇主應於勞工書面選擇變更之日起十五日內，檢附申請書向勞保局及保險人申報。

《勞工退休金條例》第 36 條

雇主每月負擔之年金保險費，不得低於勞工每月工資百分之六。
前項雇主應負擔之年金保險費，及勞工自願提繳之年金保險費數額，由保險人繕具繳款單於次月二十五日前寄送事業單位，雇主應於再次月月底前繳納。雇主應提繳保險費之收繳情形，保險人應於繳納期限之次月七日前通知勞保局。
勞工自願提繳年金保險費者，由雇主向其收取後，連同雇主負擔部分，向保險人繳納。其保險費之提繳，自申報自願提繳之日起至離職或申報停繳之日止。
雇主逾期未繳納年金保險費者，保險人應即進行催收，並限期雇主於應繳納期限之次月月底前繳納，催收結果應於再次月之七日前通知勞保局。

《勞工退休金條例》第 37 條

年金保險之契約應由雇主擔任要保人，勞工為被保險人及受益人。事業單位以向一保險人投保為限。保險人之資格，由中央主管機關會同該保險業務之主管機關定之。

《勞工退休金條例》第 38 條

勞工離職後再就業，所屬年金保險契約應由新雇主擔任要保人，繼續提繳保險費。新舊雇主開辦或參加之年金保險提繳率不同時，其差額由勞工自行負擔。但新雇主自願負擔者，不在此限。

前項勞工之新雇主未辦理年金保險者，應依第六條第一項規定提繳退休金。除勞雇雙方另有約定外，所屬年金保險契約之保險費由勞工全額自行負擔；勞工無法提繳時，年金保險契約之存續，依保險法及各該保險契約辦理。

第一項勞工離職再就業時，得選擇由雇主依第六條第一項規定提繳退休金。

勞工離職再就業，前後適用不同退休金制度時，選擇移轉年金保險之保單價值準備金至個人退休金專戶，或個人退休金專戶之本金及收益至年金保險者，應全額移轉，且其已提繳退休金之存儲期間，不得低於四年。

《勞工退休金條例》第 39 條

第七條至第十三條、第十四條第二項至第五項、第十五條、第十六條、第二十條、第二十一條、第二十四條、第二十四條之一、第二十四條之二、第二十七條第一項、第二項、第二十九條至第三十一條規定，於本章所定年金保險準用之。

第五章　監督及經費

《勞工退休金條例》第 40 條

為確保勞工權益，主管機關、勞動檢查機構或勞保局必要時得查對事業單位勞工名冊及相關資料。

勞工發現雇主違反本條例規定時，得向雇主、勞保局、勞動檢查機構或主管機關提出申訴，雇主不得因勞工提出申訴，對其做出任何不利之處分。

《勞工退休金條例》第 41 條

受委託運用勞工退休基金之金融機構，發現有意圖干涉、操縱、指示其運用或其他有損勞工利益之情事者，應通知監理會。監理會認有處置必要者，應即通知中央主管機關採取必要措施。

《勞工退休金條例》第 42 條

主管機關、監理會、勞保局、受委託之金融機構及其相關機關、團體所屬人員，除不得對外公布業務處理上之秘密或謀取非法利益，並應善盡管理人忠誠義務，為勞工及雇主謀取最大之經濟利益。

《勞工退休金條例》第 43 條

監理會及勞保局籌辦及辦理本條例規定行政所須之費用，由中央主管機關編列預算支應。

《勞工退休金條例》第 44 條

勞保局辦理本條例規定業務之一切帳冊、單據及業務收支，均免課稅捐。

第六章　罰則

《勞工退休金條例》第 45 條

受委託運用勞工退休基金之機構違反第三十三條第二項規定，將勞工退休基金用於非指定之投資運用項目者，處新臺幣二百萬元以上一千萬元以下罰鍰，中央主管機關並應限期令其附加利息歸還。

《勞工退休金條例》第 46 條

保險人違反第三十六條第二項規定，未於期限內通知勞保局者，處新臺幣六萬元以上三十萬元以下罰鍰，並限期令其改善；屆期未改善者，應按次處罰。

《勞工退休金條例》第 47 條

雇主違反第十一條第二項、第十二條第一項、第二項或第三十九條規定給付標準及期限者，處新臺幣二十五萬元以下罰鍰。

《勞工退休金條例》第 48 條

事業單位違反第四十條規定，拒絕提供資料或對提出申訴勞工為不利處分者，處新臺幣三萬元以上三十萬元以下罰鍰。

《勞工退休金條例》第 49 條

雇主違反第八條之一第五項、第九條、第十八條、第二十條第一項、第二十一條第二項、第三十五條之二或第三十九條規定，未辦理申報提繳、停繳手續或置備名冊，經限期改善，屆期未改善者，處新臺幣二萬元以上十萬元以下罰鍰，並按月連續處罰至改正為止。

《勞工退休金條例》第 50 條

雇主違反第十三條第一項規定，未繼續按月提撥勞工退休準備金者，處新臺幣二萬元以上十萬元以下罰鍰，並應按月連續處罰，不適用勞動基準法第七十九條第一款之罰鍰規定。

主管機關對於前項應執行而未執行時，應以公務員考績法令相關處罰規定辦理。

第一項收繳之罰鍰，歸入勞動基準法第五十六條第二項勞工退休基金。

《勞工退休金條例》第 51 條

雇主違反第三十條或第三十九條規定，扣留勞工工資者，處新臺幣一萬元以上五萬元以下罰鍰。

《勞工退休金條例》第 52 條

雇主違反第十五條第二項、第二十一條第一項或第三十九條申報、通知規定者，處新臺幣五千元以上二萬五千元以下罰鍰。

《勞工退休金條例》第 53 條

雇主違反第十四條第一項、第十九條第一項或第二十條第二項規定，未按時提繳或繳足退休金者，自期限屆滿之次日起至完繳前一日止，每逾一日加徵其應提繳金額百分之三之滯納金至應提繳金額之一倍為止。

前項雇主欠繳之退休金，經限期命令繳納，逾期不繳納者依法移送強制執行。

雇主如有不服，得依法提起行政救濟。

雇主違反第三十六條及第三十九條規定，未按時繳納或繳足保險費者，處其應負擔金額同額之罰鍰，並按日連續處罰至改正為止。

第一項及第二項之規定，溯自中華民國九十四年七月一日生效。

《勞工退休金條例》第 54 條

依本條例加徵之滯納金及所處之罰鍰，受處分人應於收受通知之日起三十日內繳納；屆期未繳納者，依法移送強制執行。

第三十九條所定年金保險之罰鍰處分及強制執行業務，委任勞保局辦理之。

《勞工退休金條例》第 55 條

法人之代表人或其他從業人員、自然人之代理人或受僱人，因執行業務違反本條例規定，除依本章規定處罰行為人外，對該法人或自然人並應處以各該條所定之罰鍰。但法人之代表人或自然人對於違反之發生，已盡力為防止行為者，不在此限。

法人之代表人或自然人教唆或縱容為違反之行為者，以行為人論。

第七章　附則

《勞工退休金條例》第 56 條

事業單位因分割、合併或轉讓而消滅者，其積欠勞工之退休金，應由受讓之事業單位當然承受。

《勞工退休金條例》第 57 條

本條例施行細則，由中央主管機關定之。

《勞工退休金條例》第 58 條

本條例自公布後一年施行。

本條例修正條文，除已另定施行日期者外，自公布日施行。

第三節 | 《勞工退休金條例》修正草案

行政院會通過勞動部擬具的《勞工退休金條例》部分條文修正草案。《勞工退休金條例》自民國 93 年 6 月 30 日制定公布以來，歷經多次修正，最近一次是於中華民國 105 年 11 月 11 日修正施行。為配合行政院組織改造及使勞工退休金請領更具彈性，因此擬具《勞工退休金條例》部分條文修正草案。

草案修正要點如下：

一、配合行政院組織改造，勞工退休基金監理之權限由原勞工退休基金監理委員會調移至本條例之中央主管機關，考量其監理涉及廣大勞工之權益，爰定明中央主管機關監理之方式，並就監理事項、程序等授權訂定辦法規範。（修正條文第四條）

二、配合行政院組織改造，調整相關組織名稱及業務權責。（修正條文第三十三條、第三十四條、第四十一條至第四十四條）

三、為吸引及留住外籍專業人才，並鼓勵其在臺服務，就取得永久居留許可者，考量係以長久居住於臺為目的，爰增訂納入本條例適用對象及定明其適用本條例退休金制度之期日，以保障其退休後老年生活。（修正條文第七條、第八條之一）

四、為鼓勵不適用勞動基準法工作者及早儲存退休金為退休生活準備，爰增訂得以每月執行業務所得一定比率範圍內自願提繳退休金，並不計入提繳年度執行業務收入課稅。（修正條文第十四條）

五、為使勞工退休金運用保證最低收益之計算內涵明確，以避免爭議，爰酌修文字。（修正條文第二十三條）

六、配合現行條文第二十四條之二規定，增訂已請領月退休金之身心障礙勞工於請領年限前死亡時，由其遺屬或指定請領人領回其退休金專戶結算賸餘金額之規定。（修正條文第二十六條）

七、為有效管理勞工退休金專戶及避免耗費過多行政成本，爰定明勞工之遺屬或指定請領人請領退休金請求權因時效消滅時之處理方式。（修正條文第二十七條）

八、為維持勞工本人退休後經濟生活安全之狀態，另基於勞工退休金專戶管理之目的，爰參考行政程序法第一百三十一條第一項之規定，定明勞工之遺屬或指定請領人退休金請求權時效。（修正條文第二十八條）

九、為督促事業單位確實遵守法令，保障勞工權益，爰提高雇主未依規定標準或期限給與退休金或資遣費之罰鍰額度，並增訂公布經依本 條例處以罰鍰或加徵滯納金雇主之名稱、負責人姓名之規定。（修正條文第四十五條之一、第五十三條之一）

十、為確保請領勞工退休金權益，增訂事業單位之代表人或負責人對於退休金、滯納金等債務負清償責任；勞工保險局對於雇主未依本條例繳納之退休金、滯納金債權優先於普通債權受清償；勞工退休金不適用相關法律之債務免責規定。（修正條文第五十四條之一、第五十六條之一、第五十六條之二）

十一、考量勞工保險局為辦理勞工退休金之收支、保管、滯納金之加徵及罰鍰處分等業務之需要，須洽請相關機關提供資料，爰增訂各相關機關提供所需必要資料及應遵循資料保護之義務。（修正條文第五十六條之三）

第十一章 技術生

第一節 《勞動基準法》

《勞動基準法》第 64 條

雇主不得招收未滿十五歲之人為技術生。但國民中學畢業者，不在此限。

稱技術生者，指依中央主管機關規定之技術生訓練職類中以學習技能為目的，依本章之規定而接受雇主訓練之人。

本章規定，於事業單位之養成工、見習生、建教合作班之學生及其他與技術生性質相類之人，準用之。

國內從勞動部到教育部都弄錯「實習生」之概念！蓋本條之適用前提要件是雇主招收但尚未成為正式僱傭的關係，此從本法第 66 條之規定可見。目前教育部與勞動部為了解決產學落差，不斷要求大專院校進行「實習性課程」，卻是各大專院校系所教授透過各自的人際關係，「央求」企業主給予實習機會，本質上是給予在校學生提早認識畢業後的工作現狀，但與本條規範截然不同，豈又有本法第 69 條規定之適用？

養成工

養成工是 20 世紀 20 至 30 年代盛行於上海紡織系統女工，一種兼有訓練含義的僱傭制度。源於在滬日商紡織廠。「養成」，為日語「培養」、「造就」之意。養成工年齡約 14 至 18 歲，進廠時由法定代理人與廠方訂立契約（稱志願書），須保人（多為工頭）擔保。有些契約規定詳細，如養成工一般養成期 3 年，最初的 3 至 6 個月為訓練期，第一週為試用期，須接受廠方的嚴格訓練。試用期間有廠方認為不合格者，得隨時解除契約。一般訂有契約的養成工，在養成期嚴禁與外界接觸，甚至不得同老工人交往，亦不得離廠（否則追回食宿費，沒收保證金）。一些日商紗廠將養成工集中在一個車間，由日籍女工頭管理，放工後集中住在廠內的養成工工房（有圍牆的宿舍），大門緊鎖並有專人看守，禁止他們外出，家人亦不得隨意探望。住在廠外工房的養成工，上下班由工頭或包工頭帶管。

資料來源：https://2h.wikipedia/wiki/養成工

*有關養成工、見習生，國內從無明確定義，連何謂「實習生」亦眾說紛紜，故僅以維基百科中查引資料。

見習生

見習生實則為日本「研習生」，「研修生」專案開始於 1981 年，專案時間為一年，日本政府的初衷是借此加強國際合作，將日本的先進技術轉移到發展中國家，促進「研修生」母國的經濟發展。1993 年，JITCO 在「研修生制度」的基礎上推動建立了「技能實習生」制度，即研修生在完成一年的工作學習後，可繼續以「技能實習生」的身分在日本工作兩年。也可以理解成企業在大學畢業季前透過徵才所錄取之預備生，在沒課時至企業見習，以便畢業後能立即單獨作業，縮短企業的訓練時間，事實上這已是一種正式的僱傭關係。

資料來源：www.jitco.or.jp/system/sedio_

*有關養成工、見習生，國內從無明確定義，連何謂「實習生」亦眾說紛紜，故僅以維基百科中查引資料。

《勞動基準法》第 65 條

雇主招收技術生時，須與技術生簽訂書面訓練契約一式三份，訂明訓練項目、訓練期限、膳宿負擔、生活津貼、相關教學、勞工保險、結業證明、契約生效與解除之條件及其他有關雙方權利、義務事項，由當事人分執，並送主管機關備案。

前項技術生如為未成年人，其訓練契約，應得法定代理人之允許。

《勞動基準法》第 66 條

雇主不得向技術生收取有關訓練費用。

《勞動基準法》第 67 條

技術生訓練期滿，雇主得留用之，並應與同等工作之勞工享受同等之待遇。雇主如於技術生訓練契約內訂明留用期間，應不得超過其訓練期間。

《勞動基準法》第 68 條

技術生人數，不得超過勞工人數四分之一。勞工人數不滿四人者，以四人計。

《勞動基準法》第 69 條

本法第四章工作時間、休息、休假，第五章童工、女工，第七章災害補償及其他勞工保險等有關規定，於技術生準用之。

技術生災害補償所採薪資計算之標準，不得低於基本工資。

有關《勞動基準法》「技術生」之規定，本質上根本非「僱傭」關係！此從立法者僅在本條「準用」本法有關第四章工作時間、休息、休假，第五章童工、女工，第七章災害補償及其他勞工保險之規定可見一斑。[1]

第二節 《高級中等學校建教合作實施及建教生權益保障法》

高級中等學校建教合作實施及建教生權益保障法總說明

公布日期：民國 102 年 01 月 02 日

「建教合作」自 1969 年試辦至今，乃係透過學校與建教合作機構合作，使建教生得於在學期間進入建教合作機構學習職業技能。然而，建教生兼具學生與勞工的雙重身分，但卻已逐漸失去學習技術的基本價值，淪為不肖企業大量進用以替代一般勞工的廉價勞力。是以，完備建教合作機制可締造建教生、學校與建教合作機構三贏之局面，對建教生而言，除可透過在建教合作機構受訓，獲得專業實用技術外，受訓期間所得生活津貼可用以支付學費或生活費；對學校而言，透過與建教合作機構合作，由建教合作機構負責技術訓練，得節約設備成本與訓練人力，大幅減輕學校之經營成本；對建教合作機構而言，雖然建教生係學習技術，而非提供勞務，但建教生在受訓過程中所產生之勞動力仍有相當之經濟價值，且建教合作機構亦可透過建教合作機制發掘人才，節約招募與訓練之成本。因此，制定此法得以完善建教制度，並保障建教生之權益。

依現行《勞動基準法》第六十九條第一項規定，該法第四章工作時間、休

---

[1] 「適用」、「準用」、「類推適用」是大學「法學緒論」最基礎之概念，甚至連公務員各種進用考試都是相當熱門的考題，殊不知究竟勞動部及教育部怎麼有辦法弄錯這些概念？
「適用」就是直接引用該條文，也就是只要符合條文上的規定，都可以直接適用該條文，以動產所有權的時效取得為例，若事實符合《民法》第 768 條，便可主張適用該條之規定取得動產所有權。
「準用」是「法律上有明文規定」準用其他條文的規定，這主要是因為若重複規定難免造成法律條文的繁雜，因此在法條上明定準用其他條文，乃是為了精簡法條。
以不動產「地上權」時效取得為例，依照《民法》§772、§768～§771 的規定，於所有權以外財產權之取得準用之。千萬記得，有明文規定才是準用。
「類推適用」：有些事項可能是因為立法者的疏忽而「漏未規定」，因此為追求法律的公平正義，「相類似的事項應該為相類似的處理」，所以利用類推適用的方法來彌補法律原未規定的空缺。

息、休假、第五章童工、女工、第七章災害補償及其他勞工保險等有關規定，於技術生準用之，建教生固得準用技術生之規定，惟以《勞動基準法》係以勞工為規範對象，從而對以學習為目的而非以給付勞務為目的之建教生之保障，仍有不完備之處。建教生為經濟弱勢者，部分學校疏於照顧建教生之受訓權益，且有部分建教合作機構濫用建教合作機制，導致建教合作機制重大爭議與問題層出不窮，致使建教生備受剝奪，任憑無理剝削。

第一章　總則

第 1 條

為健全建教合作制度，保障建教生權益，提升職業教育品質，特制定本法。

第 2 條

本法所稱主管機關：在中央為教育部；在直轄市為直轄市政府；在縣（市）為縣（市）政府。

本法所定事項，涉及各目的事業主管機關職掌者，由各該目的事業主管機關辦理。

第 3 條

本法用詞，定義如下：

一、建教合作：指職業學校、附設職業類科或專門學程之高級中學及特殊教育學校（以下簡稱學校），與建教合作機構合作，以培育建教生職業技能為目標之機制。

二、建教生：指於學校就讀，參加建教合作計畫，在一定期間內於建教合作機構接受職業訓練，領取一定生活津貼之在學學生。

三、建教合作機構：指與學校簽訂建教合作契約，傳授建教生職業技能之事業機構。

四、建教合作契約：指學校與建教合作機構所簽訂，由學校安排建教生於一定期間前往建教合作機構學習職業技能之契約。

五、建教生訓練契約：指建教生與建教合作機構所簽訂，由建教生於一定期間內，在建教合作機構學習職業技能，受建教合作機構指導，並領取一定生活津貼之契約。

第 4 條

中央主管機關應會同勞工主管機關每二年針對本法所定建教生權益保障事項進行調查，並公布調查報告。

前項調查，必要時得委託學術團體或專業機構辦理。

第一項調查結果應為各級主管機關作為訂定建教合作政策及選定建教合作機構行業類別之參考。

第二章　建教合作制度

第 5 條

學校辦理建教合作，應依下列方式為之：

一、輪調式：學校與建教合作機構以二班為單位實施輪調，一班在校上課，另一班在建教合作機構接受職業技能訓練。

二、階梯式：學校之一年級及二年級學生在校接受基礎及專業理論教育，三年級在建教合作機構接受職業技能訓練。

三、實習式：學校依各年級專業課程需求，在不調整課程架構之前提下，使學生於寒暑假或學期中至建教合作機構接受職業技能訓練。

四、其他經中央主管機關核定之方式：由學校研擬辦理方式，經直轄市、縣（市）主管機關核轉中央主管機關核定之方式。

第 6 條

建教合作機構參與建教合作，應符合下列條件：

一、經依法設立或登記。

二、具相關職業科別之訓練能力、指導人力及健全之設備。

三、訓練場所符合勞工安全衛生相關法令之規定。

四、無第三十二條第一項或第三十五條所定不得參與建教合作之情事。

五、最近二年無違反勞動法規。

六、最近二年依勞動基準法第十一條終止勞動契約人數未超過員工總人數百分之十。

七、非從事派遣業務之事業單位。

前項第三款、第五款至第七款應備之證明文件、範圍、認定及其他應遵行事項之辦法，由中央主管機關會同中央勞工主管機關定之。

第 7 條

學校辦理建教合作，應符合下列條件：

一、最近一次學校評鑑達四等以上。

二、最近三年建教合作考核結果均達四等以上，且最近一年考核結果達三等以上。

三、建教合作班每兩班應置該科專任教師五人。

第 8 條

學校辦理建教合作，應檢具下列文件及資料，向主管機關申請核准：

一、建教合作計畫書。

二、採計學分及成績考查基準。

三、建教生職業技能訓練計畫。

四、建教生輔導計畫。

五、建教合作契約草案。

六、建教生訓練契約草案。

七、建教合作機構評估報告表。

前項第四款之建教生輔導計畫應包括生活輔導與訪視計畫。

第 9 條

為審議前條申請案，主管機關應遴聘學者專家、社會人士、業界代表、工會團體代表、教師組織代表、青少年團體代表、學校代表及家長團體代表十五人至二十五人組成建教合作審議小組審議之；並得視業務需要組成專家小組，至建教合作機構辦理現場評估。

前項委員任一性別比例，不得少於三分之一。

第一項建教合作審議小組、專家小組委員之組成與運作、審議程序、建教合作機構評估之項目與基準、成果及其他應遵行事項之辦法，由中央主管機關定之。

中央主管機關應定期檢討建教合作機構行業類別。

第 10 條

建教合作課程，應依中央主管機關有關課程之規定實施。

建教生於建教合作機構接受職業技能訓練，經學校考查合格者，得採計為職業技能訓練學分；其採計之學分數，不得超過應修畢業學分數之六分之一。但情形特殊，經報主管機關核准者，得採計至應修畢業學分數三十學分。

前項採計學分之認定基準、計算方式及其他相關事項之辦法，由中央主管機關定之。

建教合作課程，除第二項採計為職業技能訓練學分之課程外，其餘課程應於學校實施。

第 11 條

學校於建教生進入建教合作機構接受職業技能訓練前，應完成下列事項：

一、提供建教生基礎或職前訓練，以取得相關職業科別之基本技能、安全衛生、職業倫理道德及勞動權益等相關知能。

二、邀請建教合作機構共同舉辦說明會，向建教生與其家長說明受訓之內容及建教生受訓期間之權利義務。

前項第一款基礎或職前訓練之最低時數，由中央主管機關依建教合作辦理方式公告之。

中央主管機關應會商中央目的事業主管機關編定勞動人權及勞動權益手冊，提供學校實施基礎或職前訓練。

第 12 條

學校辦理建教合作，不得有下列情形：

一、將建教生送至未經主管機關核准之建教合作機構接受職業技能訓練。

二、無正當理由自建教合作機構召回建教生。

三、在學校教學實施期間，將建教生送至建教合作機構接受職業技能訓練。

四、因建教生依本法提出申訴或協調，而給予不利之差別待遇。

第 13 條

學校應指派教師每二星期至少一次不預告訪視建教合作機構，瞭解建教生接受職業技能訓練及建教合作機構依建教合作契約、建教生訓練契約執行之情形，並輔導建教生獲得良好訓練。

前項教師於訪視及輔導建教生時，發現建教合作機構有未依職業技能訓練計畫實施、違反建教合作契約或建教生訓練契約等缺失，應立即向學校提出報告。

學校接獲前項教師之報告後，應立即要求建教合作機構改進，並為適當之追蹤處理及詳予記錄，供主管機關查核。

第 14 條

建教合作機構招收建教生與勞動基準法所定技術生、養成工、見習生及其他與技術生性質相類之人，合計不得超過其所僱用勞工總數四分之一；且個別建教合作機構每期輪調人數不得低於二人。

前項僱用勞工總數之計算不得包含就業服務法第四十六條第一項第十款、第十一款聘用之外國人。

第 15 條

學校與建教合作機構間，不得有支付任何名義之報酬、費用、禮物、獎金、回饋金或佣金予對方之約定。

第三章　建教合作契約及建教生訓練契約

第 16 條

學校經主管機關核准辦理建教合作後，應與建教合作機構簽訂建教合作契約，並將契約報主管機關備查；其契約內容應包括下列事項：

一、建教合作計畫名稱。

二、建教合作計畫經費及時程。

三、建教生職業技能訓練計畫。

四、建教合作機構對建教生之技能、生活及生涯輔導。

五、建教合作協調會之設置及運作。

六、學校指派學生至建教合作機構受訓之人數及期間。

七、採計學分及成績考查基準。

八、學校召回建教生之事由及程序。

九、建教合作機構應接受學校與訪視教師要求該機構改進之處理程序及方式。

十、合宜之膳宿、交通、生活津貼與其調整、給付方式及計算基準。

前項第三款建教生職業技能訓練計畫，應包括訓練課程、項目、方式、期間、每日訓練時間、休息時間及例假。

第 17 條

建教合作機構應依前條第一項建教合作契約之內容，與建教生簽訂書面之建教生訓練契約，並將契約報主管機關備查；其契約內容應包括下列事項：

一、建教生職業技能訓練計畫。

二、勞工保險及團體保險。

三、訓練證明之發給。

四、終止契約之事由及程序。

五、膳宿、交通、生活津貼與其調整、給付方式及計算基準。

六、建教生權益之申訴或協調處理。

學校應協助建教生與建教合作機構簽訂建教生訓練契約。

建教生為未成年人者，建教生訓練契約之簽訂，應得其法定代理人允許。

第一項建教生訓練契約之格式、內容，中央主管機關應訂定定型化契約範本及其應記載及不得記載事項。

第 18 條

建教合作機構不得有下列行為：

一、要求建教生應負擔任何訓練費用。

二、要求建教生應繳納保證金。

三、訂定不符第十六條第一項第十款規定之膳宿、交通、生活津貼與其調整、給付方式及計算基準。

四、排除建教生請求損害賠償之權利或限制其金額。

五、超時訓練建教生或向其推銷產品。

六、要求建教生提前終止契約應賠償違約金。

七、於建教生違反工作規則時扣除生活津貼。

八、限制建教生契約終止後之就業自由。

九、其他有關不當損及建教生權益之行為。

建教生訓練契約有前項各款約定者，其約定無效。

第 19 條

建教生於建教合作機構受訓時，發生可歸責於建教生之終止契約事由者，建教合作機構應自知悉之日起算三日內，協調學校加強輔導該建教生；建教合作機構屆期未處理者，不得再以該項事由終止建教生訓練契約。

建教合作機構依前項規定協調學校加強輔導建教生，屆二星期仍未獲改善者，建教合作機構得終止建教生訓練契約，並報主管機關備查。

第 20 條

建教生因建教合作事項發生爭議，得向學校申請協調，並得向學校主管機關申訴。

學校為辦理前項協調，由學校邀請建教合作機構代表與該案建教生及其家長、專家學者共同參與，並應請主管機關代表列席，於開會時互推一人擔任會議主席；協調會議應作成紀錄，並由學校報主管機關備查。建教合作機構應依協調會決議確實執行。

第一項之協調，不影響建教生或建教合作機構之其他權利救濟。

學校主管機關為審議第一項申訴事項，應遴聘具備教育、心理輔導、法律、勞工等專長之學者專家七人至十五人，組成建教生申訴審議會，其中任一性別委員應占委員總數三分之一以上；其組織、運作及其他相關事項之辦法，由各該主管機關定之。

第四章　建教生權益保障

第 21 條

為保障建教生權益，建教合作機構應履行下列義務：

一、依建教生訓練契約，提供良好之訓練環境，安排建教生至相關部門接受職業技能訓練，並培養優良之工作態度、安全認知及職業道德。

二、前款訓練活動應與建教生所學職業科別相關，並注意建教生之身心健康。

三、於建教生受訓期間，應依建教生職業技能訓練計畫，指派專人負責建教生之職業技能訓練及生活輔導。

四、安排職業技能訓練時，不得影響建教生到校上課或至建教合作機構以外場所進行觀摩受訓之權益。

五、應考量建教生之學習表現及年資，逐年增加生活津貼之金額。

六、準用勞工保險條例之規定，為建教生辦理參加勞工保險。
七、應置備建教生簽到簿或出勤卡，逐日記載建教生訓練情形。此項簿卡應保存一年。

建教合作機構為建教生辦理參加勞工保險，其保險效力之開始及停止、月投保薪資、投保薪資之調整、保險費負擔、保險費繳納、保險費寬限期與滯納金之徵收及處理、保險給付之計算與發給及其他有關保險事項，準用勞工保險條例及其相關規定辦理。

建教合作機構就建教生因從事訓練活動不法侵害他人權利，負損害賠償責任。但損害係因建教生故意或重大過失所致者，不在此限。

第22條

建教合作機構應依建教生訓練契約，給付建教生生活津貼，並提供其生活津貼明細表。

前項生活津貼，不得低於勞動基準法所定基本工資，並應以法定通用貨幣給付之。

生活津貼應按月全額直接給付建教生。但法律另有規定得扣除相關費用者，不在此限。

建教合作機構不得預扣生活津貼，作為違約金或賠償費用。

第23條

建教合作機構與建教生簽訂建教生訓練契約前，應繳納一定金額之保證金予學校，由學校專戶存儲，於建教生向建教合作機構請求生活津貼未獲給付時，由該保證金支付之。學校應於建教生訓練契約終止後，將賸餘之保證金發還建教合作機構。

前項保證金之金額，由中央主管機關定之。

第24條

建教生每日訓練時間不得超過八小時，每二星期受訓總時數不得超過八十小時，且不得於午後八時至翌晨六時之時間內接受訓練。

建教生繼續受訓四小時，至少應有三十分鐘之休息。

建教生受訓期間，每七日至少應有一日之休息，作為例假。

建教生受訓期間，遇有勞動基準法規定應放假之日，均應休息。

女性建教生因生理日致受訓有困難者，每月得申請生理假一日。

因建教合作機構經營型態、工作特性、季節、地域或行業類別需要，並符合下列各款條件者，建教合作機構得向主管機關申請核准，於建教生訓練契約中與建教生另行約定訓練及休息時間之起迄點：

一、建教生年滿十六歲。

二、建教合作機構提供必要之安全衛生設施。

三、無大眾運輸工具可資運用時，建教合作機構提供交通工具或安排宿舍。

建教合作機構與建教生依前項規定另行約定訓練時間者，仍不得於午後十時至翌晨六時之時間內接受訓練。

建教生每日訓練時間之起訖，含訓練及中間休息時間，合計不得超過十二小時。

第 25 條

建教生從事訓練活動時發生災害而致死亡、殘廢、傷害或疾病時，建教合作機構應準用勞動基準法第七章職業災害補償規定予以補償。

前項補償金額所採計算基準，不得低於勞動基準法所定基本工資之數額。第一項建教生未加入勞工保險者，準用職業災害勞工保護法有關未加入勞工保險之勞工規定予以補助。

學校應主動協助建教生依第一項或前項規定請求補償或申請補助。

第 26 條

建教合作機構於建教生受訓期間，不得因其種族、階級、語言、思想、宗教、黨派、籍貫、出生地、年齡、婚姻、容貌、五官或身心障礙之因素，給予不利之差別待遇。

建教合作機構不得因建教生依本法提出申訴或協調，而給予不利之差別待遇。

第一項差別待遇之認定，準用就業服務法及其相關法規有關就業歧視認定之規定。

第 27 條

建教合作機構於建教生受訓期間，不得因其性別或性傾向而有差別待遇，並應防治性騷擾行為之發生；於知悉有性騷擾情形時，應採取立即有效之糾正及補救措施。

建教生於建教合作機構受訓期間遭性別歧視、性傾向歧視或性騷擾時，其申訴之提出、認定及建教合作機構之賠償責任，準用性別工作平等法及其相關法規之規定。

第 28 條

建教生訓練契約期間屆滿或因其他事由而終止時，建教合作機構應依第十七條第一項第三款規定，發給書面之訓練證明。

前項訓練證明，應包括建教生之訓練職類、訓練期間及訓練時數。

建教生取得訓練證明且表現優良者，建教合作機構得優先僱用。

第五章　建教合作之監督

第 29 條

各級主管機關應會同地方目的事業主管機關對學校及建教合作機構辦理建教合作進行考核；其考核之項目、方式、基準、獎懲及其他應遵行事項之辦法，由中央主管機關定之。

第 30 條

各級主管機關依前條規定考核時，發現建教合作機構有違反建築、消防、勞工安全衛生、營業衛生或其他事項者，應通知目的事業主管機關依相關法規規定處理。

建教合作機構依第二十八條第三項規定優先僱用表現優良之建教生者，主管機關得列入其以後年度參與建教合作之參考。

第六章　罰則

第 31 條

學校違反第十二條第一款、第三款或第四款規定者，處新臺幣五萬元以上二十五萬元以下罰鍰，並得按次處罰；其情節重大者，得為減少下學年度建教合作之招收人數、停止部分建教合作班級之招生或停辦建教合作二年之處分。

第 32 條

建教合作機構有下列情形之一者，處新臺幣五萬元以上二十五萬元以下罰鍰，並得按次處罰；經處罰二次仍未改善者，三年內不得參與建教合作，並公布其名稱及負責人姓名：

一、違反第十四條規定，超收建教生或不符合每期最低輪調人數。

二、有第十八條第一項所定行為。

三、未履行第二十一條第一項第一款至第三款、第五款或第七款規定保障建教生權益之義務。

四、違反第二十二條規定，未依約給付建教生生活津貼並提供明細表、給付生活津貼低於勞動基準法所定基本工資、未以法定通用貨幣給付生活津貼、未按月全額直接給付生活津貼或預扣生活津貼。

五、未依第二十三條規定，繳納保證金。

六、未依第二十四條規定，安排建教生之受訓及休息時間。

七、未依第二十五條第一項、第二項規定，給予建教生補償。

八、違反第二十六條第一項、第二項規定，給予建教生不利之差別待遇。

九、違反第二十七條第一項規定，給予建教生差別待遇、未防治性騷擾行為之發生或未採取立即有效之糾正及補救措施。

建教合作機構違反第二十一條第一項第六款或第二項規定，由勞工保險主管機關依勞工保險條例第六章規定處罰。但建教合作機構違反第二十一條第一項第六款規定，未為建教生辦理參加勞工保險，而有第二十五條第三項規定情事者，由中央勞工主管機關依職業災害勞工保護法之規定處罰。

第 33 條

學校與建教合作機構違反第十五條規定，約定支付任何名義之報酬或回饋予對方者，處新臺幣五萬元以上二十五萬元以下罰鍰，並得按次處罰。

學校與建教合作機構之代表人、管理人或其他有代表權人，因執行職務致學校與建教合作機構依前項規定受處罰時，應並受同一額度罰鍰之處罰。

第 34 條

學校有下列情形之一者，應令其限期改善；屆期未改善者，處新臺幣一萬元以上五萬元以下罰鍰，並得按次處罰；其情節重大者，得為減少下學年度建教合作之招收人數、停止部分建教合作班級之招生或停辦建教合作一年至二年之處分：

一、未依第十條第二項規定採計職業技能訓練學分之學分數。

二、未依第十一條第一項第一款規定或第二項所定時數，於建教生進入建教合作機構接受職業技能訓練前，提供建教生基礎或職前訓練。

三、未依第十一條第一項第二款規定，於建教生進入建教合作機構接受職業技能訓練前，邀請建教合作機構共同舉辦說明會。

四、違反第十二條第二款規定，無正當理由自建教合作機構召回建教生。

五、未依第十三條第一項或第三項規定，指派教師訪視建教合作機構、要求建教合作機構改進、為適當之追蹤處理及詳予記錄。

六、未依第二十條第二項規定，召開協調會及作成會議紀錄報主管機關備查。

七、未依第二十五條第四項規定，主動協助建教生請求補償或申請補助。

第 35 條

建教合作機構有下列情形之一者，處新臺幣一萬元以上五萬元以下罰鍰，並得按次處罰；經處罰二次仍未改善者，三年內不得參與建教合作，並公布其名稱及負責人姓名：

一、未依第十七條第一項規定，將建教生訓練契約報主管機關備查。

二、未依第十九條第一項規定，於知悉發生可歸責於建教生之終止契約事由之日起算三日內，協調學校加強輔導該建教生，而直接以該事由終止建教生訓練契約。

三、未依第二十條第二項規定，依協調會決議確實執行。

四、違反第二十八條第一項或第二項規定，未發給建教生書面訓練證明或未於訓練證明中載明建教生之訓練職類、訓練期間及訓練時數。

第 36 條

建教合作機構違反第二十一條第一項第四款規定者，處新臺幣一萬元以上五萬元以下罰鍰。

第七章　附則

第 37 條

本法施行後，勞動基準法第八章有關建教合作班之學生準用技術生之相關規定，於建教生不再適用。

第 38 條

本法施行前已核准之建教合作案，除適用第二十三條規定外，依原規定辦理。

第 39 條

本法自公布日施行。

第參篇

集體勞動法

我們來組工會吧！
第參篇　集體勞動法
要對抗不良老闆對勞工的剝削就來組工會吧！
沒錯！就是這個意思！
就是可以為勞工爭取權益的組織？
工會…您是說勞工工會？
組工會我是贊成…
但是這位學長…你怎麼也來了？
就是為勞工處理勞資爭議、權益、政策法令推動、教育辦理、會員就業協助、會員康樂活動、糾紛處理等等…
說清楚點，

勞基法不就是網路查一下就知道了嗎？
看來有人相當不以為然呢～
我想說學長比較熟勞基法，就請他來當顧問囉～
好啦～別吵了！你們二個直接出去打一架比較快啦！
我是這家貨運公司的經理…
我從這家公司創立就在這家公司了，那時候董事長是老闆的老北，
可以請問輝伯一個問題嗎？
為什麼你會想組工會？

而且開始找員工麻煩…
自從老闆中風由他兒子接手後，不但營運常出問題，
大家工作也都很有幹勁！
那時候公司真的是很好啊～
這我都還能理解…
年紀大了，讓給年輕人機會…
調職通知
我也從經理一直降職到倉管…
員工超時工作、無發放加班費…
大量引進派遣員工降低成本、
未與員工協調降職降薪、放無薪假、
利用員工無經驗簽署降薪協議書
但是公司這幾年來不斷的拿員工權益開刀，

搞得整個工廠大亂最後收掉！
結果這個阿抖老闆，以為技術生便宜大量招收，還加收訓練費…
技術生這麼便宜啊—
以前公司會招收國中畢業技術生，
老總是想培育新血，並且讓這些學生有工作…

§64 技術生

用不利條件逼孕婦辭職，現在還想鬼隱掉資深員工退休金！
我最氣的是，
難怪貴公司派遣員工特多！
原來還有這種事，
喂！你怎麼吃怡君送我的水果？

如果妳是老闆喜歡的那一型，留在辦公室的人就不是小路了…
啊…原來妳不知道，
咦？老闆會性騷擾女員工？
還有利用職權跟女員工性騷擾！

性平法§12 性騷擾

OK…我先說明工會類型有三種：
一、企業工會：單一公司的工會
二、產業工會：相關產業
三、職業工會：相關職業技能
那我應該慶幸我不是老闆喜歡的那型…
工會法§6 工會類型
例如護士職業工會、廣告職業工會等等…最大功能就是能代收勞健保業務！
職業工會：是受僱於不同的雇主，一般都是打零工、臨時工或者是老闆兼薪勞的人等等…
例如與你們xx公司相關產業的公司勞工組成的工會，就叫「xx市xx產業工會」！
紡織產業工會
鈕扣業
布業
裁縫業
勞工
勞工
勞工
產業工會的會員來自許多相關產業的勞工，

例如你們公司叫「ｘｘ股份有限公司」，
所以你們的工會就叫「ｘｘ企業工會」；
協調溝通的對象就是單一家公司。
XXX公司
子公司
分公司
A部門
B部門
C部門
勞工
紡織產業工會
企業工會的會員來自
同一間公司企業
要有30個人才能發起！
組織工會最基本，
我們只針對同一家公司的勞工權益！
那我們應該是屬於企業工會囉？
工會法§1 人數
工會會員不得有公司理事或監事、理事長或監事會召集人等身分，
工會在一百人以上須選出會員代表，
並推舉出理事及監事：會員五百人以下理事至少五至九人…
30個人？這應該沒問題，
公司前後加一加至少破百人了！

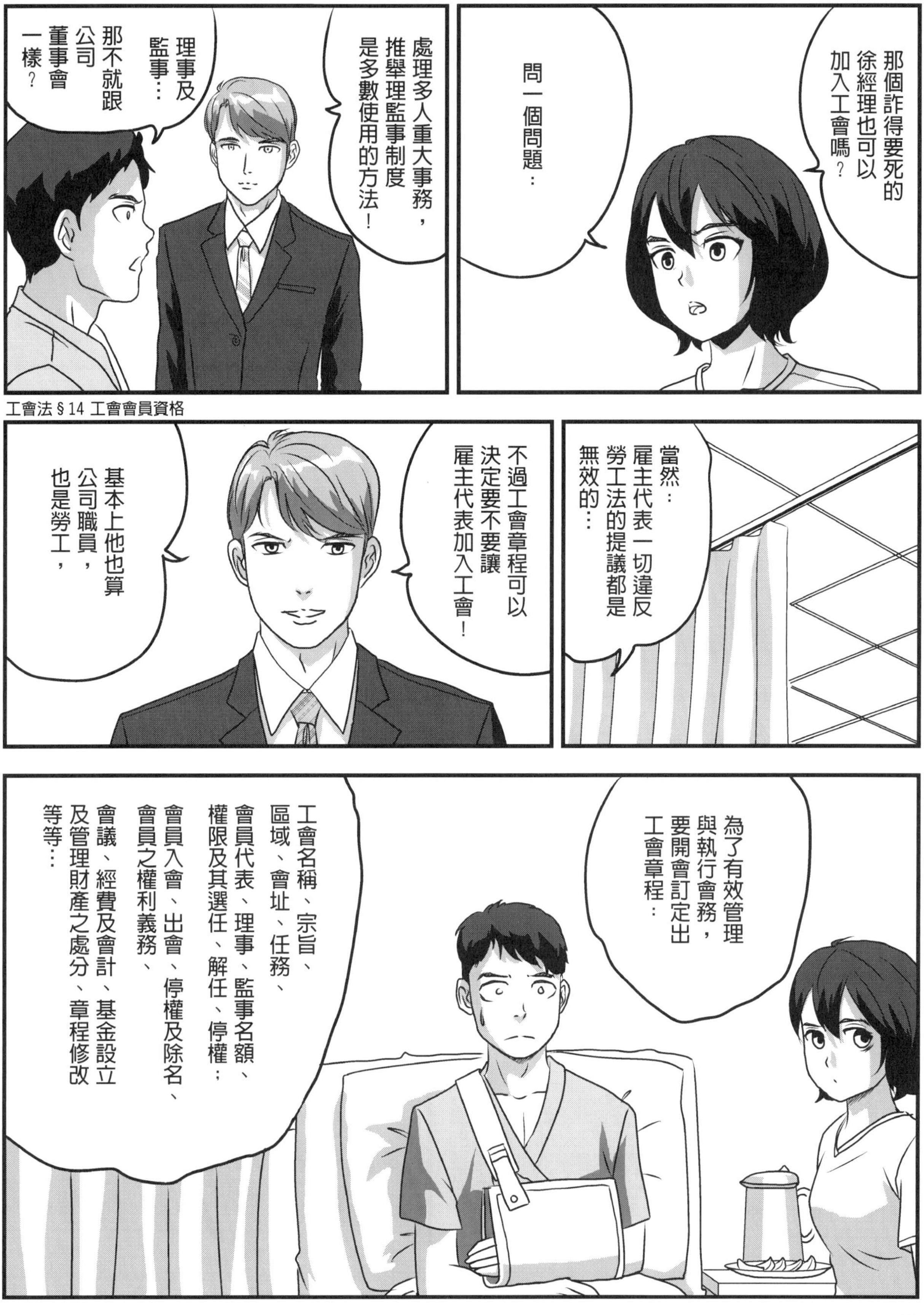
那個詐得要死的徐經理也可以加入工會嗎？
問一個問題：
處理多人重大事務，推舉理監事制度是多數使用的方法！
理事及監事…那不就跟公司董事會一樣？
當然：雇主代表一切違反勞工法的提議都是無效的…
不過工會章程可以決定要不要讓雇主代表加入工會！
基本上他也算公司職員，也是勞工，
為了有效管理與執行會務，要開會訂定出工會章程：
工會名稱、宗旨、區域、會址、任務、會員代表、理事、監事名額、權限及其選任、解任、停權；會員入會、出會、停權及除名、會員之權利義務、會議、經費及會計、基金設立及管理財產之處分、章程修改等等…

工會法§14 工會會員資格

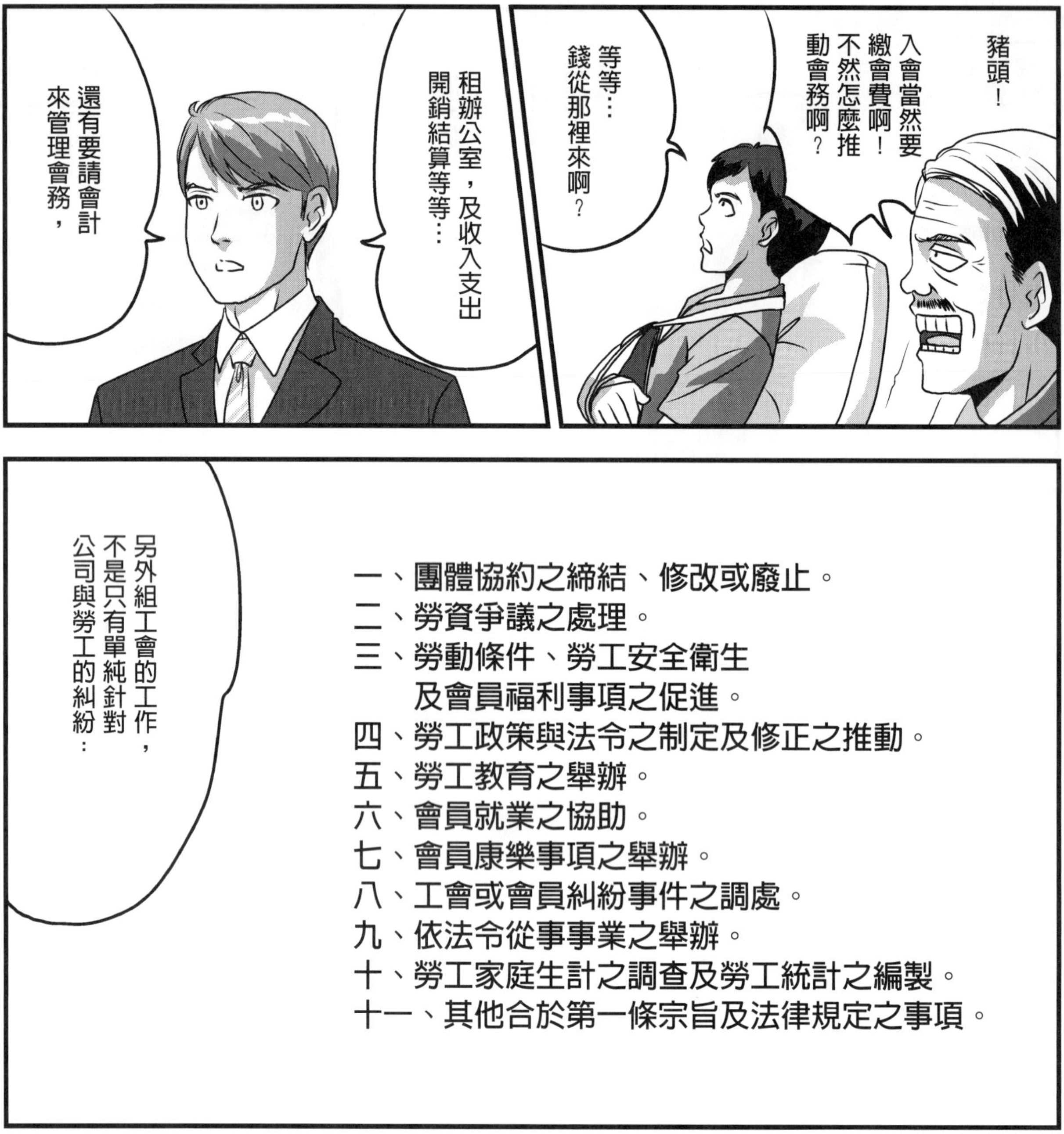
豬頭！
入會當然要繳會費啊！不然怎麼推動會務啊？
等等…錢從那裡來啊？
租辦公室，及收入支出開銷結算等等…
還有要請會計來管理會務，
另外組工會的工作，不是只有單純針對公司與勞工的糾紛：
一、團體協約之締結、修改或廢止。
二、勞資爭議之處理。
三、勞動條件、勞工安全衛生及會員福利事項之促進。
四、勞工政策與法令之制定及修正之推動。
五、勞工教育之舉辦。
六、會員就業之協助。
七、會員康樂事項之舉辦。
八、工會或會員糾紛事件之調處。
九、依法令從事事業之舉辦。
十、勞工家庭生計之調查及勞工統計之編製。
十一、其他合於第一條宗旨及法律規定之事項。

工會法§5 工會任務

學長，剛才你說工會任務第一條的團體協約是什麼？
勞工教育真的要做，不然很多自己權益被吃掉都不知道！
事情這麼多，

當勞工成立工會與公司協商簽定共同遵守的書面契約，
ＸＸ公司（資方）
ＸＸ勞工公會（勞方）
團體協約
就叫團體協約。
內容如工資、工時、津貼、獎金、調動資遣、退休、職災補償、撫卹等勞動條件，企業勞動組織、就業服務機構，勞資爭議調解、仲裁機構，參與企業經營與勞資合作組織，工會組織運作活動等設置利用，申訴制度、勞資合作、升遷、獎懲、教育訓練、安全衛生、企業福利等，學徒技術生養成工、見習生、建教合作等；
協約內容如違反法律即無效力，
團體協約發生違約時，不論是個人或團體，均以團體名義請求賠償！

勞工本身也有工作要做，
在精神與體力上都要付出很多代價！
還有一點要提醒勞工組織工會，大部分雇主方都會很不開心的，一定會千方百計的施壓阻撓！
懂了嗎？
大概情形就是這樣…
在這種老闆底下工作已經付出很多代價了！
就算到別的公司也是一樣被吃死死的啦！
如果不讓他嚐嚐踢到鐵板的滋味，
好！來組工會吧！

什麼鬼東西！這婆娘瘋了嗎？
說公司剝削員工權益壓榨勞力，利用職權逼迫員工，歧視女性，還對女性性騷擾！
什麼…？林怡君在組勞工工會？
好多員工都加入他們了！
他們到處鼓譟員工加入工會，
工會就等於沒用了！
只要派我們的人參加工會並推選為工會理事長，
老闆你不用慌，要解決這件事很簡單！
我不會讓妳稱心如意的！
林怡君…妳這個瘋婆子…
對厚～我都忘了還有這一招～

第一屆XX工會理事長選舉大會
從未與員工協調過…
超時工作、無發放加班費，
調職、降薪、放無薪假、
這幾年來，公司以各種理由，
所以我們只能吞下來…
許多事我們都知道不對，
因為想為公司奮鬥，因為養家糊口，
為了省退休金逼資深員工離職，
用不利條件逼孕婦辭職，
還有利用職權對女員工性騷擾，
為我們向公司協商爭取回勞工本應有的權益！
今天我們就要選出勞工工會理事長與理監事！
這就是我們成立工會的原因！
一個員工無能為力，但如果十個、五十個一百個呢？
只要我們齊心合心，就可以終止種種不合理與剝削的工作環境！

二號
吳景雄！
一號
劉照輝！
並不是所有勞工待遇都很差，這些人當然會支持老闆！
沒辦法…經理是老闆的屬下，也是勞工身分，
為什麼讓他入會？
吳景雄？他不是老闆身邊的人嗎？
怎麼辦？
這樣根本是老闆派來工會安插的暗樁嘛！
就是公司派的勞工，
而且我懷疑有些員工已經被公司派的人收買了！

真不知道是悲還是喜！
吳主管…
妳真的很有勇氣！公司有妳這樣的員工，
林怡君…妳怎麼老把老闆搞得心神不寧啊！
二號19票
一號25票
二號8票
一號10票
二號74票
一號69票
二號37票
一號42票
二號62票
一號67票

林怡君妳還嫩的哩！
哼！想用工會搞我？
尤其是那個林怡君！
接下來看我怎麼一個個修理這些不乖的死蟑螂！
哈哈哈哈哈！
哈哈哈哈哈！
是！
吳經理！辛苦你了！把工會的財務帳冊給我看吧！
現在勞工工會也在我的手上了！
嗯？
來看看有什麼地方可以…
X X勞工工會

這是什麼？
ＸＸ勞工工會
要求ＸＸ公司確實遵守各項勞動基準法
調職、降薪、放無薪假、加班須與員工協調同意
不得單方面實施
雇用派遣員工不得超過員工總人數３０％
不得對員工有性別歧視待遇特殊工作屬性例外
不得向技術生加收訓練費
不得無故解雇員工，不給付退休金
公司須設置懷孕員工友善設施，如哺乳室
吳經理？這是怎麼一回事？
老闆！就是你看到的這樣啦～
我是ＸＸ工會的理事長，
這是全體勞工經過工會會議討論出來的要求，希望與公司協商達成有共識的團體協約！
如果公司不願意協商，
那麼工會不排除進行罷工抗爭！
?!

勞資爭議調解委員會
調職、降薪、放無薪假、加班須與員工協調同意，不得單方面實施，雇用派遣員工須工會同意，男女同工同酬，不得無故解雇員工，不給付退休金 公司須設置懷孕員工友善設施，如哺乳室…
那麼就第二次協調達成協議的內容：
為什麼做不到？
太過份了吧！我們要求的都是很基本的保障，而且都是勞基法規定的範圍，
雙方達成的共識只有將男女同工同酬這條…
員工能力不足勝任的職務當然要調走，降薪也是理所當然的，這些老早就寫在公司章程裡了！
至於加班本公司從沒強迫，我們是責任制的，你要準時下班也可以啊！
我也是照勞基法規定在走啊！

別忘記加班是妳自己自願的，公司沒有強迫妳加班，
妳是有把案子趕出來沒錯，那次展覽超失敗我還虧損哩！
要不是我沒日沒夜的加班，你的展覽就開天窗了！
什麼叫適才適任？公司為了省錢沒跟我協商就把我降職，找了個謊報學經歷的王小凱差點出大包！
輝伯兩腿骨折已無法繼續擔任任何職務，公司只能依法將他解雇，但也給付所有職災費用，差二年退休完全是他運氣不好，公司完全沒有不想付退休金的意思！
資深員工一旦因公受傷或臨近退休就要解雇，不就是不想付退休金嗎？
那有不利？懷孕調去的單位都不忙啊～再說員工懷孕是公司幹的嗎？
那懷孕的女員工呢？為什麼女員工一懷孕就調到不利的工作環境？
要告就來啊！
公司違法證據在眼前，說話黑白顛倒，
林怡君！妳這樣講根本是抹黑造謠，依法公司決定要將妳解雇提告！

公司還想逼懷孕和傷殘員工離職！
超時工作，喪失健康，甚至因職災殘廢！
多少員工因此受到不公平待遇！
多年來，雇主違反勞基法侵犯勞工權益，
§2 大量解雇勞工
逼我們只能走上罷工！
這樣的無良公司連公權力都不看在眼裡，
還要解雇工會理事長與相關幹部，
經過兩次勞資爭議調解，公司不但不願依法給薪，
抗爭到底！
罷工！
抗爭到底！
罷工！
雇主違反勞基法
罷工
超時工作 血汗工廠
壓榨員工
抗爭到底
我要退休金 不要退死薪

罷工第四天
總經理！
…………

總要給個交待吧？
接下來你打算怎麼做？
輝伯…
雄哥…
雄哥…公司這次真的撐不過去了…
如果你那時候不那麼一意孤行的話…
我還能怎麼做？
都弄成這樣了…
公司解散吧！
我累了…
如果有錢…我又何嘗不想給員工多一點錢呢？
也許我真比不上父親吧…

其實所謂勞雇糾紛很單純…
原來公司的營運早就出現問題…
也不能全怪老闆，整個經濟景氣環境變化太大了…
突然覺得當老闆也很可憐…
就算如此，也不能做違法的事啊！
就是公司沒錢，
勞工要生活而已啊！
後來公司提出了解雇計畫書，
公司於60日內解雇1/4或單日逾50人者，
發給資遣費或退休金，
協商委員會提供就業服務與職訓相關諮詢。
積久勞退金資遣費或工資主機關限期未清償者得。
已解散清算，無財產可清償，全部積欠金額依破產程序分配完結。

第十二章 《工會法》

第一章　總則

《工會法》第 1 條

為促進勞工團結，提升勞工地位及改善勞工生活，特制定本法。

《工會法》第 2 條

工會為法人。

《工會法》第 3 條

本法所稱主管機關：在中央為勞動部；在直轄市為直轄市政府；在縣（市）為縣（市）政府。

工會之目的事業，應受各該事業之主管機關輔導、監督。

《工會法》第 4 條

勞工均有組織及加入工會之權利。

現役軍人與國防部所屬及依法監督之軍火工業員工，不得組織工會；軍火工業之範圍，由中央主管機關會同國防部定之。

教師得依本法組織及加入工會。

各級政府機關及公立學校公務人員之結社組織，依其他法律之規定。

《工會法》第 5 條

工會之任務如下：

一、團體協約之締結、修改或廢止。

二、勞資爭議之處理。

三、勞動條件、勞工安全衛生及會員福利事項之促進。

四、勞工政策與法令之制（訂）定及修正之推動。

五、勞工教育之舉辦。

六、會員就業之協助。

七、會員康樂事項之舉辦。

八、工會或會員糾紛事件之調處。

九、依法令從事事業之舉辦。

十、勞工家庭生計之調查及勞工統計之編製。

十一、其他合於第一條宗旨及法律規定之事項。

第二章　組織

《工會法》第 6 條

工會組織類型如下，但教師僅得組織及加入第二款及第三款之工會：

一、企業工會：結合同一廠場、同一事業單位、依公司法所定具有控制與從屬關係之企業，或依金融控股公司法所定金融控股公司與子公司內之勞工，所組織之工會。

二、產業工會：結合相關產業內之勞工，所組織之工會。

三、職業工會：結合相關職業技能之勞工，所組織之工會。

前項第三款組織之職業工會，應以同一直轄市或縣（市）為組織區域。

《工會法》第 7 條

依前條第一項第一款組織之企業工會，其勞工應加入工會。

《工會法》第 8 條

工會得依需要籌組聯合組織；其名稱、層級、區域及屬性，應於聯合組織章程中定之。

工會聯合組織應置專任會務人員辦理會務。

以全國為組織區域籌組之工會聯合組織，其發起籌組之工會數應達發起工會種類數額三分之一以上，且所含行政區域應達全國直轄市、縣（市）總數二分之一以上。

《工會法》第 9 條

依本法第六條第一項所組織之各企業工會，以組織一個為限。

同一直轄市或縣（市）內之同種類職業工會，以組織一個為限。

《工會法》第10條

工會名稱，不得與其他工會名稱相同。

《工會法》第11條

組織工會應有勞工三十人以上之連署發起，組成籌備會辦理公開徵求會員、擬定章程及召開成立大會。

前項籌備會應於召開工會成立大會後三十日內，檢具章程、會員名冊及理事、監事名冊，向其會址所在地之直轄市或縣（市）主管機關請領登記證書。但依第八條規定以全國為組織區域籌組之工會聯合組織，應向中央主管機關登記，並請領登記證書。

《工會法》第12條

工會章程之記載事項如下：

一、名稱。

二、宗旨。

三、區域。

四、會址。

五、任務。

六、組織。

七、會員入會、出會、停權及除名。

八、會員之權利及義務。

九、會員代表、理事、監事之名額、權限及其選任、解任、停權；置有常務理事、常務監事及副理事長者，亦同。

十、置有秘書長或總幹事者，其聘任及解任。

十一、理事長與監事會召集人之權限及選任、解任、停權。

十二、會議。

十三、經費及會計。

十四、基金之設立及管理。

十五、財產之處分。

十六、章程之修改。

十七、其他依法令規定應載明之事項。

《工會法》第 13 條

工會章程之訂定，應經成立大會會員或會員代表過半數之出席，並經出席會員或會員代表三分之二以上之同意。

第三章　會員

《工會法》第 14 條

代表雇主行使管理權之主管人員，不得加入該企業之工會。但工會章程另有規定者，不在此限。

《工會法》第 15 條

工會會員人數在一百人以上者，得依章程選出會員代表。

工會會員代表之任期，每一任不得超過四年，自當選後召開第一次會員代表大會之日起算。

《工會法》第 16 條

工會會員大會為工會之最高權力機關。但工會設有會員代表大會者，由會員代表大會行使會員大會之職權。

第四章　理事及監事

《工會法》第 17 條

工會應置理事及監事，其名額如下：

一、工會會員人數五百人以下者，置理事五人至九人；其會員人數超過五百人者，每逾五百人得增置理事二人，理事名額最多不得超過二十七人。

二、工會聯合組織之理事不得超過五十一人。

三、工會之監事不得超過該工會理事名額三分之一。

前項各款理事、監事名額在三人以上時，得按其章程規定推選常務理事、常務監事；其名額不得超過理事、監事名額三分之一。工會得置候補理事、候補監事；其名額不得超過該工會理事、監事名額二分之一。

工會應置理事長一人，對外代表工會，並得視業務需要置副理事長。理事長、副理事長應具理事身分。

工會監事名額在三人以上者，應設監事會，置監事會召集人一人。監事會召集人執行監事會決議，並列席理事會。

《工會法》第 18 條

會員大會或會員代表大會休會期間，由理事會處理工會一切事務。

工會監事審核工會簿記帳目，稽查各種事業進行狀況及章程所定之事項，並得會同相關專業人士為之。

監事之職權於設有監事會之工會，由監事會行使之。

《工會法》第 19 條

工會會員年滿二十歲者，得被選舉為工會之理事、監事。

工會會員參加工業團體或商業團體者，不得為理事或監事、常務理事、常務監事、副理事長、理事長或監事會召集人。

《工會法》第 20 條

工會理事、監事、常務理事、常務監事、副理事長、理事長及監事會召集人之任期，每一任不得超過四年。

理事長連選得連任一次。

《工會法》第 21 條

工會理事、監事、常務理事、常務監事、副理事長、理事長、監事會召集人及其代理人，因執行職務所致他人之損害，工會應負連帶責任。

第五章　會議

《工會法》第 22 條

工會召開會議時，其會議通知之記載事項如下：

一、事由。

二、時間。

三、地點。

四、其他事項。

《工會法》第23條

工會會員大會或會員代表大會，分定期會議及臨時會議二種，由理事長召集之。

定期會議，每年至少召開一次，至遲應於會議召開當日之十五日前，將會議通知送達會員或會員代表。

臨時會議，經理事會決議，或會員五分之一或會員代表三分之一以上請求，或監事之請求，由理事長召集之，至遲應於會議召開當日之三日前，將會議通知送達會員或會員代表。但因緊急事故召集臨時會議，得於會議召開當日之一日前送達。

《工會法》第24條

工會理事會分為定期會議及臨時會議二種，由理事長召集之。

定期會議，每三個月至少開會一次，至遲應於會議召開當日之七日前，將會議通知送達理事。

臨時會議，經理事三分之一以上之請求，由理事長召集之，至遲應於會議召開當日之一日前，將會議通知送達理事。理事長認有必要時，亦得召集之。

理事應親自出席會議。

工會設監事會者，其定期會議或臨時會議準用前四項規定；會議應由監事會召集人召集之。

監事得列席理事會陳述意見。

《工會法》第25條

前二條之定期會議，不能依法或依章程規定召開時，得由主管機關指定理事或監事一人召集之。

前二條之臨時會議，理事長或監事會召集人不於請求之日起十日內召集時，原請求人之一人或數人得申請主管機關指定召集之。

《工會法》第26條

下列事項應經會員大會或會員代表大會之議決：

一、工會章程之修改。

二、財產之處分。

三、工會之聯合、合併、分立或解散。
四、會員代表、理事、監事、常務理事、常務監事、副理事長、理事長、監事會召集人之選任、解任及停權之規定。
五、會員之停權及除名之規定。
六、工會各項經費收繳數額、經費之收支預算、支配基準與支付及稽核方法。
七、事業報告及收支決算之承認。
八、基金之運用及處分。
九、會內公共事業之創辦。
十、集體勞動條件之維持或變更。
十一、其他與會員權利義務有關之重大事項。
前項第四款之規定經議決訂定者，不受人民團體法及其相關法令之限制。
會員之停權或除名，於會員大會或會員代表大會議決前，應給予其陳述意見之機會。

《工會法》第 27 條

工會會員大會或會員代表大會，應有會員或會員代表過半數出席，始得開會；非有出席會員或會員代表過半數同意，不得議決。但前條第一項第一款至第五款之事項，非有出席會員或會員代表三分之二以上同意，不得議決。
會員或會員代表因故無法出席會議時，得以書面委託其他會員或會員代表出席，每一代表以委託一人為限，委託人數不得超過親自出席人數之三分之一；其委託方式、條件、委託數額計算及其他應遵循事項之辦法，由中央主管機關定之。
工會聯合組織之會員代表委託代表出席時，其委託除應依前項規定辦理外，並僅得委託所屬工會或各該本業之其他會員代表。

第六章　財務

《工會法》第 28 條

工會經費來源如下：
一、入會費。
二、經常會費。

三、基金及其孳息。

四、舉辦事業之利益。

五、委託收入。

六、捐款。

七、政府補助。

八、其他收入。

前項入會費，每人不得低於其入會時之一日工資所得。經常會費不得低於該會員當月工資之百分之零點五。

企業工會經會員同意，雇主應自該勞工加入工會為會員之日起，自其工資中代扣工會會費，轉交該工會。

會員工會對工會聯合組織之會費繳納，應按申報參加工會聯合組織之人數繳納之。但工會聯合組織之章程另有規定者，從其規定。

前項繳納會費之標準，最高不得超過會員工會會員所繳會費總額之百分之三十，最低不得少於百分之五。但工會聯合組織之章程另有規定者，從其規定。

《工會法》第 29 條

工會每年應將財產狀況向會員大會或會員代表大會提出書面報告。會員經十分之一以上連署或會員代表經三分之一以上連署，得選派代表會同監事查核工會之財產狀況。

《工會法》第 30 條

工會應建立財務收支運用及稽核機制。

工會財務事務處理之項目、會計報告、預算及決算編製、財產管理、財務查核及其他應遵行事項之準則，由中央主管機關定之。

第七章　監督

《工會法》第 31 條

工會應於每年年度決算後三十日內，將下列事項，報請主管機關備查：

一、理事、監事、常務理事、常務監事、副理事長、理事長及監事會召集人之名冊。
二、會員入會、出會名冊。
三、聯合組織之會員工會名冊。
四、財務報表。
五、會務及事業經營之狀況。
工會未依前項規定辦理或主管機關認有必要時，得限期令其檢送或派員查核。

《工會法》第 32 條

工會章程之修改或理事、監事、常務理事、常務監事、副理事長、理事長、監事會召集人之變更，應報請主管機關備查。

《工會法》第 33 條

工會會員大會或會員代表大會之召集程序或決議方法，違反法令或章程時，會員或會員代表得於決議後三十日內，訴請法院撤銷其決議。但出席會議之會員或會員代表未當場表示異議者，不得為之。
法院對於前項撤銷決議之訴，認為其違反之事實非屬重大且於決議無影響者，得駁回其請求。

《工會法》第 34 條

工會會員大會或會員代表大會之決議內容違反法令或章程者，無效。

第八章　保護

《工會法》第 35 條

雇主或代表雇主行使管理權之人，不得有下列行為：
一、對於勞工組織工會、加入工會、參加工會活動或擔任工會職務，而拒絕僱用、解僱、降調、減薪或為其他不利之待遇。
二、對於勞工或求職者以不加入工會或擔任工會職務為僱用條件。
三、對於勞工提出團體協商之要求或參與團體協商相關事務，而拒絕僱用、解僱、降調、減薪或為其他不利之待遇。
四、對於勞工參與或支持爭議行為，而解僱、降調、減薪或為其他不利之待遇。

五、不當影響、妨礙或限制工會之成立、組織或活動。

雇主或代表雇主行使管理權之人，為前項規定所為之解僱、降調或減薪者，無效。

《工會法》第 36 條

工會之理事、監事於工作時間內有辦理會務之必要者，工會得與雇主約定，由雇主給予一定時數之公假。

企業工會與雇主間無前項之約定者，其理事長得以半日或全日，其他理事或監事得於每月五十小時之範圍內，請公假辦理會務。

企業工會理事、監事擔任全國性工會聯合組織理事長，其與雇主無第一項之約定者，得以半日或全日請公假辦理會務。

第九章　解散及組織變更

《工會法》第 37 條

工會有下列情形之一者，得經會員大會或會員代表大會議決，自行宣告解散：

一、破產。

二、會員人數不足。

三、合併或分立。

四、其他經會員大會或會員代表大會認有必要時。

工會無法依前項第一款至第三款規定自行宣告解散或無從依章程運作時，法院得因主管機關、檢察官或利害關係人之聲請解散之。

《工會法》第 38 條

工會經議決為合併或分立時，應於議決之日起一年內完成合併或分立。

企業工會因廠場或事業單位合併時，應於合併基準日起一年內完成工會合併。屆期未合併者，主管機關得令其限期改善，未改善者，令其重新組織。

工會依前二項規定為合併或分立時，應於完成合併或分立後三十日內，將其過程、工會章程、理事、監事名冊等，報請主管機關備查。

行政組織區域變更時，工會經會員大會或會員代表大會議決，得維持工會原名稱。但工會名稱變更者，應於行政組織區域變更後九十日內，將會議紀錄函請主管機關備查。工會名稱變更者，不得與登記有案之工會相同。
依前項規定議決之工會，其屆次之起算，應經會員大會或會員代表大會議決。

《工會法》第 39 條

工會合併後存續或新成立之工會，應概括承受因合併而消滅工會之權利義務。
因分立而成立之工會，其承繼權利義務之部分，應於議決分立時由會員大會或會員代表大會一併議決之。

《工會法》第 40 條

工會自行宣告解散者，應於解散後十五日內，將其解散事由及時間，報請主管機關備查。

《工會法》第 41 條

工會之解散，除因破產、合併或組織變更外，其財產應辦理清算。

《工會法》第 42 條

工會解散時，除清償債務外，其賸餘財產之歸屬，應依其章程之規定、會員大會或會員代表大會之決議。但不得歸屬於個人或以營利為目的之團體。
工會無法依前項規定處理時，其賸餘財產歸屬於會址所在地之地方自治團體。

第十章　罰則

《工會法》第 43 條

工會有違反法令或章程者，主管機關得予以警告或令其限期改善。必要時，並得於限期改善前，令其停止業務之一部或全部。
工會違反法令或章程情節重大，或經限期改善屆期仍未改善者，得撤免其理事、監事、理事長或監事會召集人。

《工會法》第 44 條

主管機關依第三十一條第二項規定派員查核或限期檢送同條第一項資料時，工會無正當理由規避、妨礙、拒絕或未於限期內檢送資料者，處行為人新臺幣三萬元以上十五萬元以下罰鍰。

《工會法》第 45 條

雇主或代表雇主行使管理權之人違反第三十五條第一項規定，經依勞資爭議處理法裁決決定者，由中央主管機關處雇主新臺幣三萬元以上十五萬元以下罰鍰。

雇主或代表雇主行使管理權之人違反第三十五條第一項第一款、第三款或第四款規定，未依前項裁決決定書所定期限為一定之行為或不行為者，由中央主管機關處雇主新臺幣六萬元以上三十萬元以下罰鍰。

雇主或代表雇主行使管理權之人違反第三十五條第一項第二款或第五款規定，未依第一項裁決決定書所定期限為一定之行為或不行為者，由中央主管機關處雇主新臺幣六萬元以上三十萬元以下罰鍰，並得令其限期改正；屆期未改正者，得按次連續處罰。

《工會法》第 46 條

雇主未依第三十六條第二項規定給予公假者，處新臺幣二萬元以上十萬元以下罰鍰。

第十一章　附則

《工會法》第 47 條

本法施行前已組織之工會，其名稱、章程、理事及監事名額或任期與本法規定不符者，應於最近一次召開會員大會或會員代表大會時改正之。

《工會法》第 48 條

本法施行細則，由中央主管機關定之。

《工會法》第 49 條

本法施行日期，由行政院定之。

第十三章 《團體協約法》

第一章　總則

《團體協約法》第 1 條

為規範團體協約之協商程序及其效力，穩定勞動關係，促進勞資和諧，保障勞資權益，特制定本法。

《團體協約法》第 2 條

本法所稱團體協約，指雇主或有法人資格之雇主團體，與依工會法成立之工會，以約定勞動關係及相關事項為目的所簽訂之書面契約。

《團體協約法》第 3 條

團體協約違反法律強制或禁止之規定者，無效。但其規定並不以之為無效者，不在此限。

《團體協約法》第 4 條

有二個以上之團體協約可適用時，除效力發生在前之團體協約有特別約定者外，優先適用職業範圍較為狹小或職務種類較為特殊之團體協約；團體協約非以職業或職務為規範者，優先適用地域或人數適用範圍較大之團體協約。

《團體協約法》第 5 條

本法所稱主管機關：在中央為勞動部；在直轄市為直轄市政府；在縣（市）為縣（市）政府。

第二章　團體協約之協商及簽訂

《團體協約法》第 6 條

勞資雙方應本誠實信用原則，進行團體協約之協商；對於他方所提團體協約之協商，無正當理由者，不得拒絕。

勞資之一方於有協商資格之他方提出協商時，有下列情形之一，為無正當理由：

一、對於他方提出合理適當之協商內容、時間、地點及進行方式，拒絕進行協商。

二、未於六十日內針對協商書面通知提出對應方案，並進行協商。

三、拒絕提供進行協商所必要之資料。

依前項所定有協商資格之勞方，指下列工會：

一、企業工會。

二、會員受僱於協商他方之人數，逾其所僱用勞工人數二分之一之產業工會。

三、會員受僱於協商他方之人數，逾其所僱用具同類職業技能勞工人數二分之一之職業工會或綜合性工會。

四、不符合前三款規定之數工會，所屬會員受僱於協商他方之人數合計逾其所僱用勞工人數二分之一。

五、經依勞資爭議處理法規定裁決認定之工會。

勞方有二個以上之工會，或資方有二個以上之雇主或雇主團體提出團體協約之協商時，他方得要求推選協商代表；無法產生協商代表時，依會員人數比例分配產生。

勞資雙方進行團體協約之協商期間逾六個月，並經勞資爭議處理法之裁決認定有違反第一項、第二項第一款或第二款規定之無正當理由拒絕協商者，直轄市或縣（市）主管機關於考量勞資雙方當事人利益及簽訂團體協約之可能性後，得依職權交付仲裁。但勞資雙方另有約定者，不在此限。

《團體協約法》第7條

因進行團體協約之協商而提供資料之勞資一方，得要求他方保守秘密，並給付必要費用。

《團體協約法》第8條

工會或雇主團體以其團體名義進行團體協約之協商時，其協商代表應依下列方式之一產生：

一、依其團體章程之規定。

二、依其會員大會或會員代表大會之決議。
三、經通知其全體會員，並由過半數會員以書面委任。
前項協商代表，以工會或雇主團體之會員為限。但經他方書面同意者，不在此限。
第一項協商代表之人數，以該團體協約之協商所必要者為限。

《團體協約法》第 9 條

工會或雇主團體以其團體名義簽訂團體協約，除依其團體章程之規定為之者外，應先經其會員大會或會員代表大會之會員或會員代表過半數出席，出席會員或會員代表三分之二以上之決議，或通知其全體會員，經四分之三以上會員以書面同意。
未依前項規定所簽訂之團體協約，於補行前項程序追認前，不生效力。

《團體協約法》第 10 條

團體協約簽訂後，勞方當事人應將團體協約送其主管機關備查；其變更或終止時，亦同。
下列團體協約，應於簽訂前取得核可，未經核可者，無效：
一、一方當事人為公營事業機構者，應經其主管機關核可。
二、一方當事人為國防部所屬機關（構）、學校者，應經國防部核可。
三、一方當事人為前二款以外之政府機關（構）、公立學校而有上級主管機關者，應經其上級主管機關核可。但關係人為工友（含技工、駕駛）者，應經行政院人事行政局核可。

《團體協約法》第 11 條

團體協約雙方當事人應將團體協約公開揭示之，並備置一份供團體協約關係人隨時查閱。

第三章　團體協約之內容及限制

《團體協約法》第 12 條

團體協約得約定下列事項：
一、工資、工時、津貼、獎金、調動、資遣、退休、職業災害補償、撫卹等勞動條件。

二、企業內勞動組織之設立與利用、就業服務機構之利用、勞資爭議調解、仲裁機構之設立及利用。

三、團體協約之協商程序、協商資料之提供、團體協約之適用範圍、有效期間及和諧履行協約義務。

四、工會之組織、運作、活動及企業設施之利用。

五、參與企業經營與勞資合作組織之設置及利用。

六、申訴制度、促進勞資合作、升遷、獎懲、教育訓練、安全衛生、企業福利及其他關於勞資共同遵守之事項。

七、其他當事人間合意之事項。

學徒關係與技術生、養成工、見習生、建教合作班之學生及其他與技術生性質相類之人，其前項各款事項，亦得於團體協約中約定。

《團體協約法》第13條

團體協約得約定，受該團體協約拘束之雇主，非有正當理由，不得對所屬非該團體協約關係人之勞工，就該團體協約所約定之勞動條件，進行調整。但團體協約另有約定，非該團體協約關係人之勞工，支付一定之費用予工會者，不在此限。

《團體協約法》第14條

團體協約得約定雇主僱用勞工，以一定工會之會員為限。但有下列情形之一者，不在此限：

一、該工會解散。

二、該工會無雇主所需之專門技術勞工。

三、該工會之會員不願受僱，或其人數不足供給雇主所需僱用量。

四、雇主招收學徒或技術生、養成工、見習生、建教合作班之學生及其他與技術生性質相類之人。

五、雇主僱用為其管理財務、印信或機要事務之人。

六、雇主僱用工會會員以外之勞工，扣除前二款人數，尚未超過其僱用勞工人數十分之二。

《團體協約法》第 15 條

團體協約不得有限制雇主採用新式機器、改良生產、買入製成品或加工品之約定。

《團體協約法》第 16 條

團體協約當事人之一方或雙方為多數時，當事人不得再各自為異於團體協約之約定。但團體協約另有約定者，從其約定。

第四章　團體協約之效力

《團體協約法》第 17 條

團體協約除另有約定者外，下列各款之雇主及勞工均為團體協約關係人，應遵守團體協約所約定之勞動條件：

一、為團體協約當事人之雇主。

二、屬於團體協約當事團體之雇主及勞工。

三、團體協約簽訂後，加入團體協約當事團體之雇主及勞工。

前項第三款之團體協約關係人，其關於勞動條件之規定，除該團體協約另有約定外，自取得團體協約關係人資格之日起適用之。

《團體協約法》第 18 條

前條第一項所列團體協約關係人因團體協約所生之權利義務關係，除第二十一條規定者外，於該團體協約終止時消滅。

團體協約簽訂後，自團體協約當事團體退出之雇主或勞工，於該團體協約有效期間內，仍應繼續享有及履行其因團體協約所生之權利義務關係。

《團體協約法》第 19 條

團體協約所約定勞動條件，當然為該團體協約所屬雇主及勞工間勞動契約之內容。勞動契約異於該團體協約所約定之勞動條件者，其相異部分無效；無效之部分以團體協約之約定代之。但異於團體協約之約定，為該團體協約所容許或為勞工之利益變更勞動條件，而該團體協約並未禁止者，仍為有效。

《團體協約法》第 20 條

團體協約有約定第十二條第一項第一款及第二款以外之事項者，對於其事項不生前三條之效力。

團體協約關係人違反團體協約中不屬於第十二條第一項第一款之約定時，除團體協約另有約定者外，適用民法之規定。

《團體協約法》第 21 條

團體協約期間屆滿，新團體協約尚未簽訂時，於勞動契約另為約定前，原團體協約關於勞動條件之約定，仍繼續為該團體協約關係人間勞動契約之內容。

《團體協約法》第 22 條

團體協約關係人，如於其勞動契約存續期間拋棄其由團體協約所得勞動契約上之權利，其拋棄無效。但於勞動契約終止後三個月內仍不行使其權利者，不得再行使。

受團體協約拘束之雇主，因勞工主張其於團體協約所享有之權利或勞動契約中基於團體協約所生之權利，而終止勞動契約者，其終止為無效。

《團體協約法》第 23 條

團體協約當事人及其權利繼受人，不得以妨害團體協約之存在或其各個約定之存在為目的，而為爭議行為。

團體協約當事團體，對於所屬會員，有使其不為前項爭議行為及不違反團體協約約定之義務。

團體協約得約定當事人之一方不履行團體協約所約定義務或違反前二項規定時，對於他方應給付違約金。

關於團體協約之履行，除本法另有規定外，適用民法之規定。

《團體協約法》第 24 條

團體協約當事團體，對於違反團體協約之約定者，無論其為團體或個人為本團體之會員或他方團體之會員，均得以團體名義，請求損害賠償。

《團體協約法》第 25 條

團體協約當事團體，得以團體名義，為其會員提出有關協約之一切訴訟。但應先通知會員，並不得違反其明示之意思。

關於團體協約之訴訟，團體協約當事團體於其會員為被告時，得為參加。

第五章　團體協約之存續期間

《團體協約法》第 26 條

團體協約得以定期、不定期或完成一定工作為期限，簽訂之。

《團體協約法》第 27 條

團體協約為不定期者，當事人之一方於團體協約簽訂一年後，得隨時終止團體協約。但應於三個月前，以書面通知他方當事人。

團體協約約定之通知期間較前項但書規定之期間為長者，從其約定。

《團體協約法》第 28 條

團體協約為定期者，其期限不得超過三年；超過三年者，縮短為三年。

《團體協約法》第 29 條

團體協約以完成一定工作為期限者，其工作於三年內尚未完成時，視為以三年為期限簽訂之團體協約。

《團體協約法》第 30 條

團體協約當事人及當事團體之權利義務，除團體協約另有約定外，因團體之合併或分立，移轉於因合併或分立而成立之團體。

團體協約當事團體解散時，其團體所屬會員之權利義務，不因其團體之解散而變更。但不定期之團體協約於該團體解散後，除團體協約另有約定外，經過三個月消滅。

《團體協約法》第 31 條

團體協約簽訂後經濟情形有重大變化，如維持該團體協約有與雇主事業之進行或勞工生活水準之維持不相容，或因團體協約當事人之行為，致有無法達到協約目的之虞時，當事人之一方得向他方請求協商變更團體協約內容或終止團體協約。

第六章　罰則

《團體協約法》第 32 條

勞資之一方，違反第六條第一項規定，經依勞資爭議處理法之裁決認定者，處新臺幣十萬元以上五十萬元以下罰鍰。

勞資之一方，未依前項裁決決定書所定期限為一定行為或不行為者，再處新臺幣十萬元以上五十萬元以下罰鍰，並得令其限期改正；屆期仍未改正者，得按次連續處罰。

第七章　附則

《團體協約法》第 33 條

本法施行前已簽訂之團體協約，自本法修正施行之日起，除第十條第二項規定外，適用修正後之規定。

《團體協約法》第 34 條

本法施行日期，由行政院定之。

第十四章 《勞資爭議處理法》

第一章　總則

《勞資爭議處理法》第 1 條

為處理勞資爭議，保障勞工權益，穩定勞動關係，特制定本法。

《勞資爭議處理法》第 2 條

勞資雙方當事人應本誠實信用及自治原則，解決勞資爭議。

《勞資爭議處理法》第 3 條

本法於雇主或有法人資格之雇主團體（以下簡稱雇主團體）與勞工或工會發生勞資爭議時，適用之。但教師之勞資爭議屬依法提起行政救濟之事項者，不適用之。

《勞資爭議處理法》第 4 條

本法所稱主管機關：在中央為勞動部；在直轄市為直轄市政府；在縣（市）為縣（市）政府。

《勞資爭議處理法》第 5 條

本法用詞，定義如下：

一、勞資爭議：指權利事項及調整事項之勞資爭議。

二、權利事項之勞資爭議：指勞資雙方當事人基於法令、團體協約、勞動契約之規定所為權利義務之爭議。

三、調整事項之勞資爭議：指勞資雙方當事人對於勞動條件主張繼續維持或變更之爭議。

四、爭議行為：指勞資爭議當事人為達成其主張，所為之罷工或其他阻礙事業正常運作及與之對抗之行為。

五、罷工：指勞工所為暫時拒絕提供勞務之行為。

《勞資爭議處理法》第6條

權利事項之勞資爭議，得依本法所定之調解、仲裁或裁決程序處理之。

法院為審理權利事項之勞資爭議，必要時應設勞工法庭。

權利事項之勞資爭議，勞方當事人有下列情形之一者，中央主管機關得給予適當扶助：

一、提起訴訟。

二、依仲裁法提起仲裁。

三、因工會法第三十五條第一項第一款至第四款所定事由，依本法申請裁決。

前項扶助業務，中央主管機關得委託民間團體辦理。

前二項扶助之申請資格、扶助範圍、審核方式及委託辦理等事項之辦法，由中央主管機關定之。

《勞資爭議處理法》第7條

調整事項之勞資爭議，依本法所定之調解、仲裁程序處理之。

前項勞資爭議之勞方當事人，應為工會。但有下列情形者，亦得為勞方當事人：

一、未加入工會，而具有相同主張之勞工達十人以上。

二、受僱於僱用勞工未滿十人之事業單位，其未加入工會之勞工具有相同主張者達三分之二以上。

《勞資爭議處理法》第8條

勞資爭議在調解、仲裁或裁決期間，資方不得因該勞資爭議事件而歇業、停工、終止勞動契約或為其他不利於勞工之行為；勞方不得因該勞資爭議事件而罷工或為其他爭議行為。

第二章　調解

《勞資爭議處理法》第9條

勞資爭議當事人一方申請調解時，應向勞方當事人勞務提供地之直轄市或縣（市）主管機關提出調解申請書。

前項爭議當事人一方為團體協約法第十條第二項規定之機關（構）、學校者，其出席調解時之代理人應檢附同條項所定有核可權機關之同意書。
第一項直轄市、縣（市）主管機關對於勞資爭議認為必要時，得依職權交付調解，並通知勞資爭議雙方當事人。
第一項及前項調解，其勞方當事人有二人以上者，各勞方當事人勞務提供地之主管機關，就該調解案件均有管轄權。

《勞資爭議處理法》第 10 條

調解之申請，應提出調解申請書，並載明下列事項：
一、當事人姓名、性別、年齡、職業及住所或居所；如為法人、雇主團體或工會時，其名稱、代表人及事務所或營業所；有代理人者，其姓名、名稱及住居所或事務所。
二、請求調解事項。
三、依第十一條第一項選定之調解方式。

《勞資爭議處理法》第 11 條

直轄市或縣（市）主管機關受理調解之申請，應依申請人之請求，以下列方式之一進行調解：
一、指派調解人。
二、組成勞資爭議調解委員會（以下簡稱調解委員會）。
直轄市或縣（市）主管機關依職權交付調解者，得依前項方式之一進行調解。
第一項第一款之調解，直轄市、縣（市）主管機關得委託民間團體指派調解人進行調解。
第一項調解之相關處理程序、充任調解人或調解委員之遴聘條件與前項受託民間團體之資格及其他應遵行事項之辦法，由中央主管機關定之。
主管機關對第三項之民間團體，除委託費用外，並得予補助。

《勞資爭議處理法》第 12 條

直轄市或縣（市）主管機關指派調解人進行調解者，應於收到調解申請書三日內為之。
調解人應調查事實，並於指派之日起七日內開始進行調解。
直轄市或縣（市）主管機關於調解人調查時，得通知當事人、相關人員或事業單位，以言詞或書面提出說明；調解人為調查之必要，得經主管機關同意，進入相關事業單位訪查。

前項受通知或受訪查人員，不得為虛偽說明、提供不實資料或無正當理由拒絕說明。

調解人應於開始進行調解十日內作出調解方案，並準用第十九條、第二十條及第二十二條之規定。

《勞資爭議處理法》第 13 條

調解委員會置委員三人或五人，由下列代表組成之，並以直轄市或縣（市）主管機關代表一人為主席：

一、直轄市、縣（市）主管機關指派一人或三人。

二、勞資爭議雙方當事人各自選定一人。

《勞資爭議處理法》第 14 條

直轄市、縣（市）主管機關以調解委員會方式進行調解者，應於收到調解申請書或職權交付調解後通知勞資爭議雙方當事人於收到通知之日起三日內各自選定調解委員，並將調解委員之姓名、性別、年齡、職業及住居所具報；屆期未選定者，由直轄市、縣（市）主管機關代為指定。

前項主管機關得備置調解委員名冊，以供參考。

《勞資爭議處理法》第 15 條

直轄市、縣（市）主管機關以調解委員會方式進行調解者，應於調解委員完成選定或指定之日起十四日內，組成調解委員會並召開調解會議。

《勞資爭議處理法》第 16 條

調解委員會應指派委員調查事實，除有特殊情形外，該委員應於受指派後十日內，將調查結果及解決方案提報調解委員會。

調解委員會應於收到前項調查結果及解決方案後十五日內開會。必要時或經勞資爭議雙方當事人同意者，得延長七日。

《勞資爭議處理法》第 17 條

調解委員會開會時，調解委員應親自出席，不得委任他人代理；受指派調查時，亦同。

直轄市、縣（市）主管機關於調解委員調查或調解委員會開會時，得通知當事人、相關人員或事業單位以言詞或書面提出說明；調解委員為調查之必要，得經主管機關同意，進入相關事業單位訪查。

前項受通知或受訪查人員，不得為虛偽說明、提供不實資料或無正當理由拒絕說明。

《勞資爭議處理法》第 18 條

調解委員會應有調解委員過半數出席，始得開會；經出席委員過半數同意，始得決議，作成調解方案。

《勞資爭議處理法》第 19 條

依前條規定作成之調解方案，經勞資爭議雙方當事人同意在調解紀錄簽名者，為調解成立。但當事人之一方為團體協約法第十條第二項規定之機關（構）、學校者，其代理人簽名前，應檢附同條項所定有核可權機關之同意書。

《勞資爭議處理法》第 20 條

勞資爭議當事人對調解委員會之調解方案不同意者，為調解不成立。

《勞資爭議處理法》第 21 條

有下列情形之一者，視為調解不成立：

一、經調解委員會主席召集會議，連續二次調解委員出席人數未過半數。

二、未能作成調解方案。

《勞資爭議處理法》第 22 條

勞資爭議調解成立或不成立，調解紀錄均應由調解委員會報由直轄市、縣（市）主管機關送達勞資爭議雙方當事人。

《勞資爭議處理法》第 23 條

勞資爭議經調解成立者，視為爭議雙方當事人間之契約；當事人一方為工會時，視為當事人間之團體協約。

《勞資爭議處理法》第 24 條

勞資爭議調解人、調解委員、參加調解及經辦調解事務之人員，對於調解事件，除已公開之事項外，應保守秘密。

第三章　仲裁

《勞資爭議處理法》第 25 條

勞資爭議調解不成立者，雙方當事人得共同向直轄市或縣（市）主管機關申請交付仲裁。但調整事項之勞資爭議，當事人一方為團體協約法第十條第二項規定之機關（構）、學校時，非經同條項所定機關之核可，不得申請仲裁。

勞資爭議當事人之一方為第五十四條第二項之勞工者，其調整事項之勞資爭議，任一方得向直轄市或縣（市）申請交付仲裁；其屬同條第三項事業調整事項之勞資爭議，而雙方未能約定必要服務條款者，任一方得向中央主管機關申請交付仲裁。

勞資爭議經雙方當事人書面同意，得不經調解，逕向直轄市或縣（市）主管機關申請交付仲裁。

調整事項之勞資爭議經調解不成立者，直轄市或縣（市）主管機關認有影響公眾生活及利益情節重大，或應目的事業主管機關之請求，得依職權交付仲裁，並通知雙方當事人。

《勞資爭議處理法》第 26 條

主管機關受理仲裁之申請，應依申請人之請求，以下列方式之一進行仲裁，其為一方申請交付仲裁或依職權交付仲裁者，僅得以第二款之方式為之：

一、選定獨任仲裁人。

二、組成勞資爭議仲裁委員會（以下簡稱仲裁委員會）。

前項仲裁人與仲裁委員之資格條件、遴聘方式、選定及仲裁程序及其他應遵行事項之辦法，由中央主管機關定之。

《勞資爭議處理法》第 27 條

雙方當事人合意以選定獨任仲裁人方式進行仲裁者，直轄市或縣（市）主管機關應於收到仲裁申請書後，通知勞資爭議雙方當事人於收到通知之日起五日內，於直轄市、縣（市）主管機關遴聘之仲裁人名冊中選定獨任仲裁人一人具報；屆期未選定者，由直轄市、縣（市）主管機關代為指定。

前項仲裁人名冊，由直轄市、縣（市）主管機關遴聘具一定資格之公正並富學識經驗者充任、彙整之，並應報請中央主管機關備查。

第三十二條、第三十三條及第三十五條至第三十七條之規定，於獨任仲裁人仲裁程序準用之。

《勞資爭議處理法》第 28 條

申請交付仲裁者，應提出仲裁申請書，並檢附調解紀錄或不經調解之同意書；其為一方申請交付仲裁者，並應檢附符合第二十五條第二項規定之證明文件。

《勞資爭議處理法》第 29 條

以組成仲裁委員會方式進行仲裁者，主管機關應於收到仲裁申請書或依職權交付仲裁後，通知勞資爭議雙方當事人於收到通知之日起五日內，於主管機關遴聘之仲裁委員名冊中各自選定仲裁委員具報；屆期未選定者，由主管機關代為指定。

勞資雙方仲裁委員經選定或指定後，主管機關應於三日內通知雙方仲裁委員，於七日內依第三十條第一項及第二項或第四項規定推選主任仲裁委員及其餘仲裁委員具報；屆期未推選者，由主管機關指定。

《勞資爭議處理法》第 30 條

仲裁委員會置委員三人或五人，由下列人員組成之：

一、勞資爭議雙方當事人各選定一人。

二、由雙方當事人所選定之仲裁委員於仲裁委員名冊中，共同選定一人或三人。

前項仲裁委員會置主任仲裁委員一人，由前項第二款委員互推一人擔任，並為會議主席。

仲裁委員由直轄市、縣（市）主管機關遴聘具一定資格之公正並富學識經驗者任之。直轄市、縣（市）主管機關遴聘後，應報請中央主管機關備查。

依第二十五條第二項規定由中央主管機關交付仲裁者，其仲裁委員會置委員五人或七人，由勞資爭議雙方當事人各選定二人之外，再共同另選定一人或三人，並由共同選定者互推一人為主任仲裁委員，並為會議主席。

前項仲裁委員名冊，由中央主管機關會商相關目的事業主管機關後遴聘之。

《勞資爭議處理法》第31條

主管機關應於主任仲裁委員完成選定或指定之日起十四日內，組成仲裁委員會，並召開仲裁會議。

《勞資爭議處理法》第32條

有下列情形之一者，不得擔任同一勞資爭議事件之仲裁委員：

一、曾為該爭議事件之調解委員。

二、本人或其配偶、前配偶或與其訂有婚約之人為爭議事件當事人，或與當事人有共同權利人、共同義務人或償還義務人之關係。

三、為爭議事件當事人八親等內之血親或五親等內之姻親，或曾有此親屬關係。

四、現為或曾為該爭議事件當事人之代理人或家長、家屬。

五、工會為爭議事件之當事人者，其會員、理事、監事或會務人員。

六、雇主團體或雇主為爭議事件之當事人者，其會員、理事、監事、會務人員或其受僱人。

仲裁委員有前項各款所列情形之一而不自行迴避，或有具體事實足認其執行職務有偏頗之虞者，爭議事件當事人得向主管機關申請迴避，其程序準用行政程序法第三十三條規定。

《勞資爭議處理法》第33條

仲裁委員會應指派委員調查事實，除有特殊情形外，調查委員應於指派後十日內，提出調查結果。

仲裁委員會應於收到前項調查結果後二十日內，作成仲裁判斷。但經勞資爭議雙方當事人同意，得延長十日。

主管機關於仲裁委員調查或仲裁委員會開會時，應通知當事人、相關人員或事業單位以言詞或書面提出說明；仲裁委員為調查之必要，得經主管機關同意後，進入相關事業單位訪查。

前項受通知或受訪查人員，不得為虛偽說明、提供不實資料或無正當理由拒絕說明。

《勞資爭議處理法》第 34 條

仲裁委員會由主任仲裁委員召集，其由委員三人組成者，應有全體委員出席，經出席委員過半數同意，始得作成仲裁判斷；其由委員五人或七人組成者，應有三分之二以上委員出席，經出席委員四分之三以上同意，始得作成仲裁判斷。

仲裁委員連續二次不參加會議，當然解除其仲裁職務，由主管機關另行指定仲裁委員代替之。

《勞資爭議處理法》第 35 條

仲裁委員會作成仲裁判斷後，應於十日內作成仲裁判斷書，報由主管機關送達勞資爭議雙方當事人。

《勞資爭議處理法》第 36 條

勞資爭議當事人於仲裁程序進行中和解者，應將和解書報仲裁委員會及主管機關備查，仲裁程序即告終結；其和解與依本法成立之調解有同一效力。

《勞資爭議處理法》第 37 條

仲裁委員會就權利事項之勞資爭議所作成之仲裁判斷，於當事人間，與法院之確定判決有同一效力。

仲裁委員會就調整事項之勞資爭議所作成之仲裁判斷，視為爭議當事人間之契約；當事人一方為工會時，視為當事人間之團體協約。

對於前二項之仲裁判斷，勞資爭議當事人得準用仲裁法第五章之規定，對於他方提起撤銷仲裁判斷之訴。

調整事項經作成仲裁判斷者，勞資雙方當事人就同一爭議事件不得再為爭議行為；其依前項規定向法院提起撤銷仲裁判斷之訴者，亦同。

《勞資爭議處理法》第 38 條

第九條第四項、第十條、第十七條第一項及第二十四條之規定，於仲裁程序準用之。

第四章　裁決

《勞資爭議處理法》第 39 條

勞工因工會法第三十五條第二項規定所生爭議，得向中央主管機關申請裁決。

前項裁決之申請，應自知悉有違反工會法第三十五條第二項規定之事由或事實發生之次日起九十日內為之。

《勞資爭議處理法》第 40 條

裁決之申請，應以書面為之，並載明下列事項：

一、當事人之姓名、性別、年齡、職業及住所或居所；如為法人、雇主團體或工會，其名稱、代表人及事務所或營業所；有代理人者，其姓名、名稱及住居所或事務所。

二、請求裁決之事項及其原因事實。

《勞資爭議處理法》第 41 條

基於工會法第三十五條第二項規定所為之裁決申請，違反第三十九條第二項及前條規定者，裁決委員應作成不受理之決定。但其情形可補正者，應先限期令其補正。

前項不受理決定，不得聲明不服。

《勞資爭議處理法》第 42 條

當事人就工會法第三十五條第二項所生民事爭議事件申請裁決，於裁決程序終結前，法院應依職權停止民事訴訟程序。

當事人於第三十九條第二項所定期間提起之訴訟，依民事訴訟法之規定視為調解之聲請者，法院仍得進行調解程序。

裁決之申請，除經撤回者外，與起訴有同一效力，消滅時效因而中斷。

《勞資爭議處理法》第 43 條

中央主管機關為辦理裁決事件，應組成不當勞動行為裁決委員會（以下簡稱裁決委員會）。

裁決委員會置裁決委員七人至十五人，由中央主管機關遴聘熟悉勞工法令、勞資關係事務之專業人士任之，任期二年，並由委員互推一人為主任裁決委員。

中央主管機關應調派專任人員或聘用專業人員，承主任裁決委員之命，協助辦理裁決案件之程序審查、爭點整理及資料蒐集等事務。具專業證照執業資格者，經聘用之期間，計入其專業執業年資。

裁決委員會之組成、裁決委員之資格條件、遴聘方式、裁決委員會相關處理程序及其他應遵行事項之辦法，由中央主管機關定之。

《勞資爭議處理法》第 44 條

中央主管機關應於收到裁決申請書之日起七日內，召開裁決委員會處理之。

裁決委員會應指派委員一人至三人，依職權調查事實及必要之證據，並應於指派後二十日內作成調查報告，必要時得延長二十日。

裁決委員調查或裁決委員會開會時，應通知當事人、相關人員或事業單位以言詞或書面提出說明；裁決委員為調查之必要，得經主管機關同意，進入相關事業單位訪查。

前項受通知或受訪查人員，不得為虛偽說明、提供不實資料或無正當理由拒絕說明。

申請人經依第三項規定通知，無正當理由二次不到場者，視為撤回申請；相對人二次不到場者，裁決委員會得經到場一造陳述為裁決。

裁決當事人就同一爭議事件達成和解或經法定調解機關調解成立者，裁決委員會應作成不受理之決定。

《勞資爭議處理法》第 45 條

主任裁決委員應於裁決委員作成調查報告後七日內，召開裁決委員會，並於開會之日起三十日內作成裁決決定。但經裁決委員會應出席委員二分之一以上同意者得延長之，最長以三十日為限。

《勞資爭議處理法》第 46 條

裁決委員會應有三分之二以上委員出席，並經出席委員二分之一以上同意，始得作成裁決決定；作成裁決決定前，應由當事人以言詞陳述意見。

裁決委員應親自出席，不得委任他人代理。

裁決委員審理案件相關給付報酬標準，由中央主管機關定之。

《勞資爭議處理法》第 47 條

裁決決定書應載明下列事項：

一、當事人姓名、住所或居所；如為法人、雇主團體或工會，其名稱、代表人及主事務所或主營業所。

二、有代理人者，其姓名、名稱及住居所或事務所。

三、主文。

四、事實。

五、理由。

六、主任裁決委員及出席裁決委員之姓名。

七、年、月、日。

裁決委員會作成裁決決定後，中央主管機關應於二十日內將裁決決定書送達當事人。

《勞資爭議處理法》第 48 條

對工會法第三十五條第二項規定所生民事爭議事件所為之裁決決定，當事人於裁決決定書正本送達三十日內，未就作為裁決決定之同一事件，以他方當事人為被告，向法院提起民事訴訟者，或經撤回其訴者，視為雙方當事人依裁決決定書達成合意。

裁決經依前項規定視為當事人達成合意者，裁決委員會應於前項期間屆滿後七日內，將裁決決定書送請裁決委員會所在地之法院審核。

前項裁決決定書，法院認其與法令無牴觸者，應予核定，發還裁決委員會送達當事人。

法院因裁決程序或內容與法令牴觸，未予核定之事件，應將其理由通知裁決委員會。但其情形可以補正者，應定期間先命補正。

經法院核定之裁決有無效或得撤銷之原因者，當事人得向原核定法院提起宣告裁決無效或撤銷裁決之訴。

前項訴訟，當事人應於法院核定之裁決決定書送達後三十日內提起之。

《勞資爭議處理法》第 49 條

前條第二項之裁決經法院核定後，與民事確定判決有同一效力。

《勞資爭議處理法》第 50 條

當事人本於第四十八條第一項裁決決定之請求，欲保全強制執行或避免損害之擴大者，得於裁決決定書經法院核定前，向法院聲請假扣押或假處分。

前項聲請，債權人得以裁決決定代替請求及假扣押或假處分原因之釋明，法院不得再命債權人供擔保後始為假扣押或假處分。

民事訴訟法有關假扣押或假處分之規定，除第五百二十九條規定外，於前二項情形準用之。

裁決決定書未經法院核定者，當事人得聲請法院撤銷假扣押或假處分之裁定。

《勞資爭議處理法》第 51 條

基於工會法第三十五條第一項及團體協約法第六條第一項規定所為之裁決申請，其程序準用第三十九條、第四十條、第四十一條第一項、第四十三條至第四十七條規定。

前項處分並得令當事人為一定之行為或不行為。

不服第一項不受理決定者，得於決定書送達之次日起三十日內繕具訴願書，經由中央主管機關向行政院提起訴願。

對於第一項及第二項之處分不服者，得於決定書送達之次日起二個月內提起行政訴訟。

《勞資爭議處理法》第 52 條

本法第三十二條規定，於裁決程序準用之。

第五章　爭議行為

《勞資爭議處理法》第 53 條

勞資爭議，非經調解不成立，不得為爭議行為；權利事項之勞資爭議，不得罷工。

雇主、雇主團體經中央主管機關裁決認定違反工會法第三十五條、團體協約法第六條第一項規定者，工會得依本法為爭議行為。

《勞資爭議處理法》第 54 條

工會非經會員以直接、無記名投票且經全體過半數同意，不得宣告罷工及設置糾察線。

下列勞工，不得罷工：

一、教師。

二、國防部及其所屬機關（構）、學校之勞工。

下列影響大眾生命安全、國家安全或重大公共利益之事業，勞資雙方應約定必要服務條款，工會始得宣告罷工：

一、自來水事業。

二、電力及燃氣供應業。

三、醫院。

四、經營銀行間資金移轉帳務清算之金融資訊服務業與證券期貨交易、結算、保管事業及其他辦理支付系統業務事業。

前項必要服務條款，事業單位應於約定後，即送目的事業主管機關備查。

提供固定通信業務或行動通信業務之第一類電信事業，於能維持基本語音通信服務不中斷之情形下，工會得宣告罷工。

第二項及第三項所列之機關（構）及事業之範圍，由中央主管機關會同其主管機關或目的事業主管機關定之；前項基本語音通信服務之範圍，由目的事業主管機關定之。

重大災害發生或有發生之虞時，各級政府為執行災害防治法所定災害預防工作或有應變處置之必要，得於災害防救期間禁止、限制或停止罷工。

《勞資爭議處理法》第 55 條

爭議行為應依誠實信用及權利不得濫用原則為之。

雇主不得以工會及其會員依本法所為之爭議行為所生損害為由，向其請求賠償。

工會及其會員所為之爭議行為，該當刑法及其他特別刑法之構成要件，而具有正當性者，不罰。但以強暴脅迫致他人生命、身體受侵害或有受侵害之虞時，不適用之。

《勞資爭議處理法》第 56 條

爭議行為期間，爭議當事人雙方應維持工作場所安全及衛生設備之正常運轉。

第六章　訴訟費用之暫減及強制執行之裁定

《勞資爭議處理法》第 57 條

勞工或工會提起確認僱傭關係或給付工資之訴，暫免徵收依民事訴訟法所定裁判費之二分之一。

《勞資爭議處理法》第 58 條

除第五十條第二項所規定之情形外，勞工就工資、職業災害補償或賠償、退休金或資遣費等給付，為保全強制執行而對雇主或雇主團體聲請假扣押或假處分者，法院依民事訴訟法所命供擔保之金額，不得高於請求標的金額或價額之十分之一。

《勞資爭議處理法》第 59 條

勞資爭議經調解成立或仲裁者，依其內容當事人一方負私法上給付之義務，而不履行其義務時，他方當事人得向該管法院聲請裁定強制執行並暫免繳裁判費；於聲請強制執行時，並暫免繳執行費。

前項聲請事件，法院應於七日內裁定之。

對於前項裁定，當事人得為抗告，抗告之程序適用非訟事件法之規定，非訟事件法未規定者，準用民事訴訟法之規定。

《勞資爭議處理法》第 60 條

有下列各款情形之一者，法院應駁回其強制執行裁定之聲請：

一、調解內容或仲裁判斷，係使勞資爭議當事人為法律上所禁止之行為。

二、調解內容或仲裁判斷，與爭議標的顯屬無關或性質不適於強制執行。

三、依其他法律不得為強制執行。

《勞資爭議處理法》第 61 條

依本法成立之調解，經法院裁定駁回強制執行聲請者，視為調解不成立。

但依前條第二款規定駁回，或除去經駁回強制執行之部分亦得成立者，不適用之。

第七章　罰則

《勞資爭議處理法》第 62 條

雇主或雇主團體違反第八條規定者，處新臺幣二十萬元以上六十萬元以下罰鍰。

工會違反第八條規定者，處新臺幣十萬元以上三十萬元以下罰鍰。
勞工違反第八條規定者，處新臺幣一萬元以上三萬元以下罰鍰。

《勞資爭議處理法》第 63 條

違反第十二條第四項、第十七條第三項、第三十三條第四項或第四十四條第四項規定，為虛偽之說明或提供不實資料者，處新臺幣三萬元以上十五萬元以下罰鍰。
違反第十二條第三項、第十七條第三項、第三十三條第四項或第四十四條第四項規定，無正當理由拒絕說明或拒絕調解人或調解委員進入事業單位者，處新臺幣一萬元以上五萬元以下罰鍰。
勞資雙方當事人無正當理由未依通知出席調解會議者，處新臺幣二千元以上一萬元以下罰鍰。

第八章　附則

《勞資爭議處理法》第 64 條

權利事項之勞資爭議，經依鄉鎮市調解條例調解成立者，其效力依該條例之規定。
權利事項勞資爭議經當事人雙方合意，依仲裁法所為之仲裁，其效力依該法之規定。
第八條之規定於前二項之調解及仲裁適用之。

《勞資爭議處理法》第 65 條

為處理勞資爭議，保障勞工權益，中央主管機關應捐助設置勞工權益基金。
前項基金來源如下：
一、勞工權益基金（專戶）賸餘專款。
二、由政府逐年循預算程序之撥款。
三、本基金之孳息收入。
四、捐贈收入。
五、其他有關收入。

《勞資爭議處理法》第 66 條

本法施行日期，由行政院定之。

勞資爭議處理流程

一、調解程序

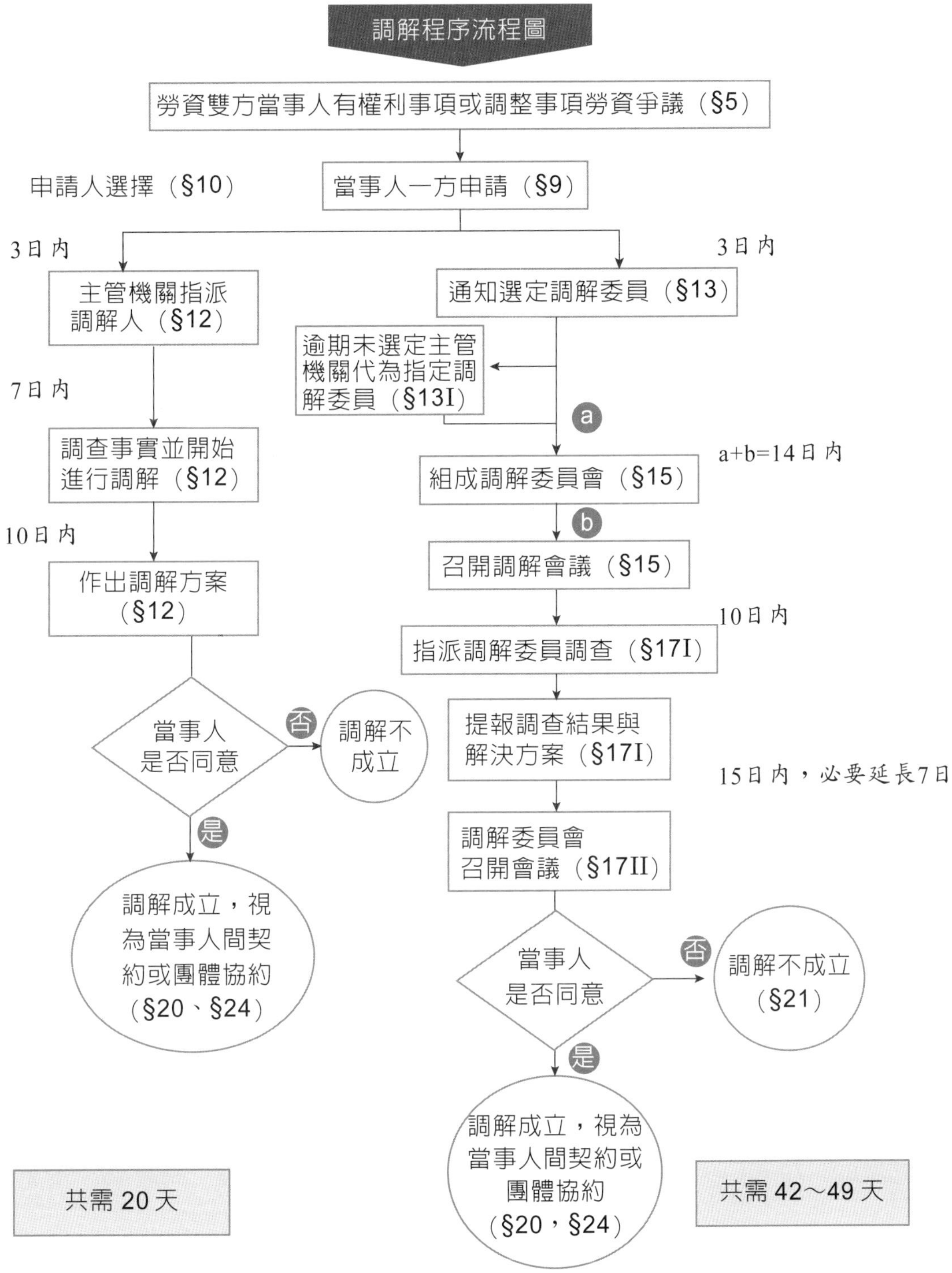

二、仲裁程序

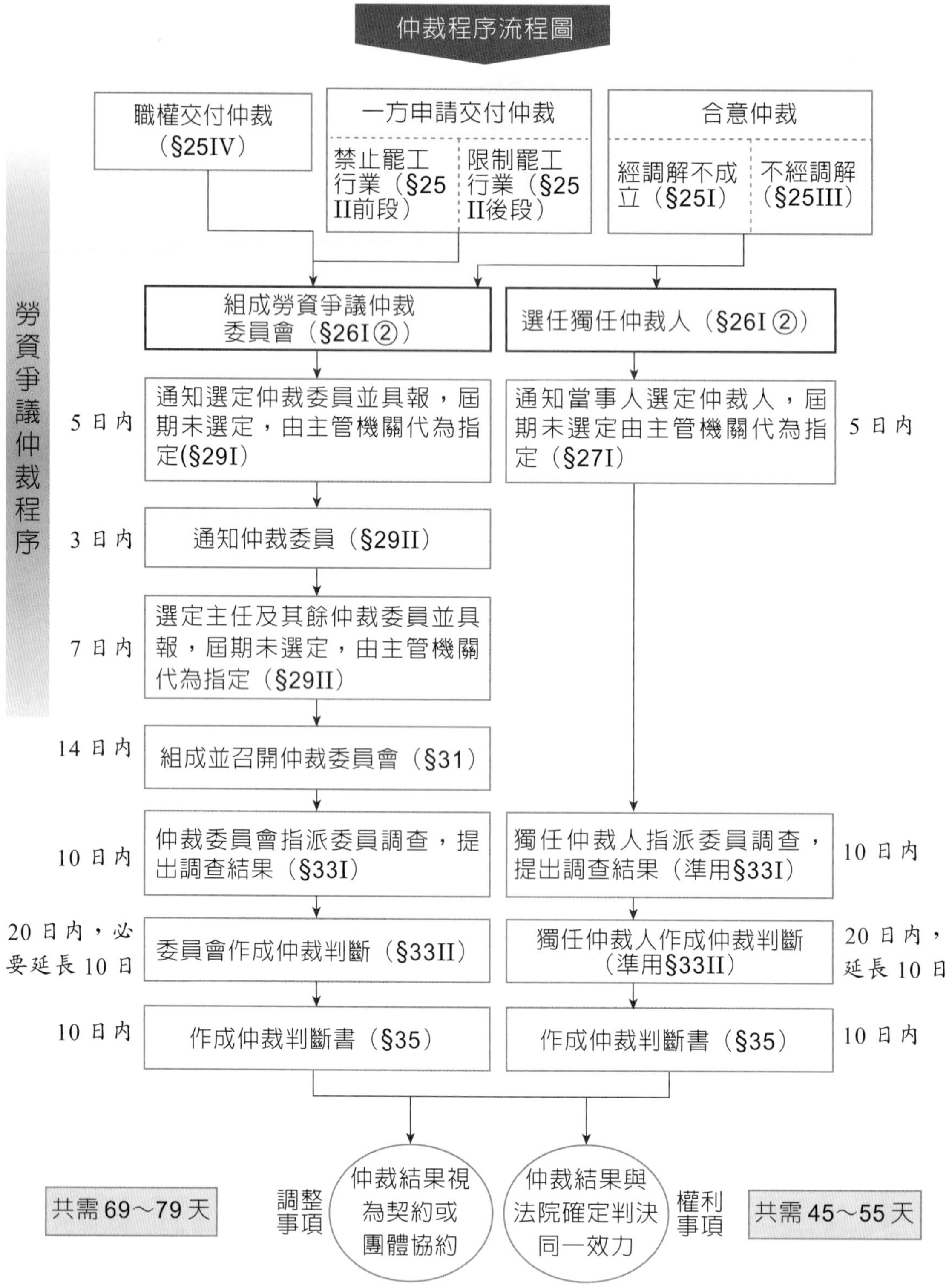
仲裁程序流程圖
職權交付仲裁（§25IV）
一方申請交付仲裁
禁止罷工行業（§25II前段）
限制罷工行業（§25II後段）
合意仲裁
經調解不成立（§25I）
不經調解（§25III）
勞資爭議仲裁程序
組成勞資爭議仲裁委員會（§26I ②）
選任獨任仲裁人（§26I ②）
5 日內
通知選定仲裁委員並具報，屆期未選定，由主管機關代為指定(§29I)
通知當事人選定仲裁人，屆期未選定由主管機關代為指定（§27I）
5 日內
3 日內
通知仲裁委員（§29II）
7 日內
選定主任及其餘仲裁委員並具報，屆期未選定，由主管機關代為指定（§29II）
14 日內
組成並召開仲裁委員會（§31）
10 日內
仲裁委員會指派委員調查，提出調查結果（§33I）
獨任仲裁人指派委員調查，提出調查結果（準用§33I）
10 日內
20 日內，必要延長 10 日
委員會作成仲裁判斷（§33II）
獨任仲裁人作成仲裁判斷（準用§33II）
20 日內，延長 10 日
10 日內
作成仲裁判斷書（§35）
作成仲裁判斷書（§35）
10 日內
共需 69～79 天
調整事項
仲裁結果視為契約或團體協約
仲裁結果與法院確定判決同一效力
權利事項
共需 45～55 天

三、裁決程序

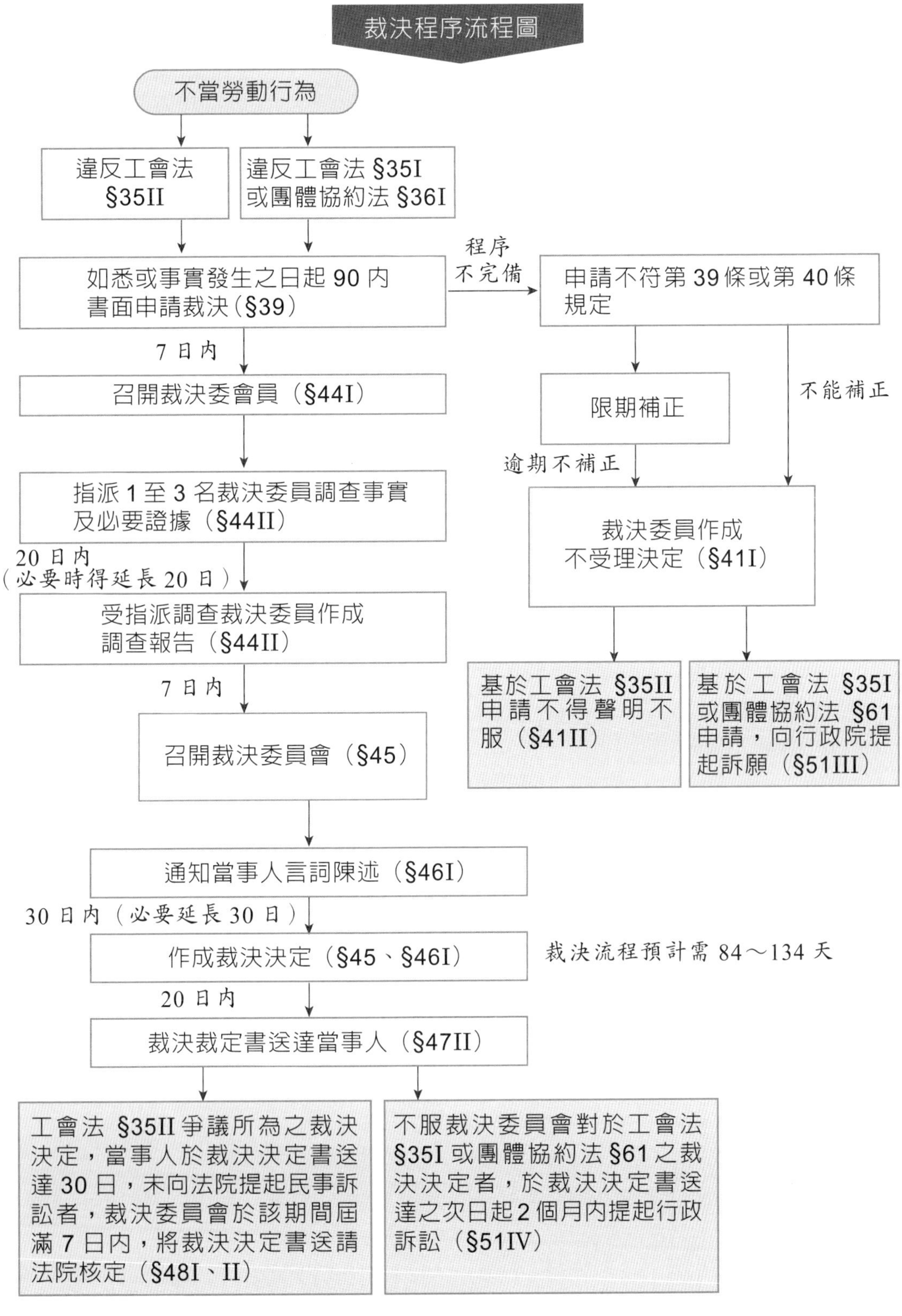
裁決程序流程圖
不當勞動行為
違反工會法 §35II
違反工會法 §35I 或團體協約法 §36I
如悉或事實發生之日起 90 內書面申請裁決（§39）
程序不完備
申請不符第 39 條或第 40 條規定
7 日內
召開裁決委會員（§44I）
限期補正
不能補正
逾期不補正
指派 1 至 3 名裁決委員調查事實及必要證據（§44II）
裁決委員作成不受理決定（§41I）
20 日內（必要時得延長 20 日）
受指派調查裁決委員作成調查報告（§44II）
7 日內
召開裁決委員會（§45）
基於工會法 §35II 申請不得聲明不服（§41II）
基於工會法 §35I 或團體協約法 §61 申請，向行政院提起訴願（§51III）
通知當事人言詞陳述（§46I）
30 日內（必要延長 30 日）
作成裁決決定（§45、§46I）
裁決流程預計需 84～134 天
20 日內
裁決裁定書送達當事人（§47II）
工會法 §35II 爭議所為之裁決決定，當事人於裁決決定書送達 30 日，未向法院提起民事訴訟者，裁決委員會於該期間屆滿 7 日內，將裁決決定書送請法院核定（§48I、II）
不服裁決委員會對於工會法 §35I 或團體協約法 §61 之裁決決定者，於裁決決定書送達之次日起 2 個月內提起行政訴訟（§51IV）

第十五章 《大量解僱勞工保護法》

修正日期：民國 104 年 07 月 01 日

《大量解僱勞工保護法》第 1 條

為保障勞工工作權及調和雇主經營權，避免因事業單位大量解僱勞工，致勞工權益受損害或有受損害之虞，並維護社會安定，特制定本法；本法未規定者，適用其他法律之規定。

《大量解僱勞工保護法》第 2 條

本法所稱大量解僱勞工，指事業單位有勞動基準法第十一條所定各款情形之一、或因併購、改組而解僱勞工，且有下列情形之一：

一、同一事業單位之同一廠場僱用勞工人數未滿三十人者，於六十日內解僱勞工逾十人。

二、同一事業單位之同一廠場僱用勞工人數在三十人以上未滿二百人者，於六十日內解僱勞工逾所僱用勞工人數三分之一或單日逾二十人。

三、同一事業單位之同一廠場僱用勞工人數在二百人以上未滿五百人者，於六十日內解僱勞工逾所僱用勞工人數四分之一或單日逾五十人。

四、同一事業單位之同一廠場僱用勞工人數在五百人以上者，於六十日內解僱勞工逾所僱用勞工人數五分之一或單日逾八十人。

五、同一事業單位於六十日內解僱勞工逾二百人或單日逾一百人。

前項各款僱用及解僱勞工人數之計算，不包含就業服務法第四十六條所定之定期契約勞工。

《大量解僱勞工保護法》第 3 條

本法所稱主管機關：在中央為勞動部；在直轄市為直轄市政府；在縣（市）為縣（市）政府。

同一事業單位大量解僱勞工事件，跨越直轄市、縣（市）行政區域時，直轄市或縣（市）主管機關應報請中央主管機關處理，或由中央主管機關指定直轄市或縣（市）主管機關處理。

《大量解僱勞工保護法》第4條

事業單位大量解僱勞工時，應於符合第二條規定情形之日起六十日前，將解僱計畫書通知主管機關及相關單位或人員，並公告揭示。但因天災、事變或突發事件，不受六十日之限制。

依前項規定通知相關單位或人員之順序如下：

一、事業單位內涉及大量解僱部門勞工所屬之工會。

二、事業單位勞資會議之勞方代表。

三、事業單位內涉及大量解僱部門之勞工。但不包含就業服務法第四十六條所定之定期契約勞工。

事業單位依第一項規定提出之解僱計畫書內容，應記載下列事項：

一、解僱理由。

二、解僱部門。

三、解僱日期。

四、解僱人數。

五、解僱對象之選定標準。

六、資遣費計算方式及輔導轉業方案等。

《大量解僱勞工保護法》第5條

事業單位依前條規定提出解僱計畫書之日起十日內，勞雇雙方應即本於勞資自治精神進行協商。

勞雇雙方拒絕協商或無法達成協議時，主管機關應於十日內召集勞雇雙方組成協商委員會，就解僱計畫書內容進行協商，並適時提出替代方案。

《大量解僱勞工保護法》第6條

協商委員會置委員五人至十一人，由主管機關指派代表一人及勞雇雙方同數代表組成之，並由主管機關所指派之代表為主席。資方代表由雇主指派之；勞方代表，有工會組織者，由工會推派；無工會組織而有勞資會議者，由勞資會議之勞方代表推選之；無工會組織且無勞資會議者，由事業單位通知第四條第二項第三款規定之事業單位內涉及大量解僱部門之勞工推選之。

勞雇雙方無法依前項規定於十日期限內指派、推派或推選協商代表者，主管機關得依職權於期限屆滿之次日起五日內代為指定之。

協商委員會應由主席至少每二週召開一次。

《大量解僱勞工保護法》第 7 條

協商委員會協商達成之協議，其效力及於個別勞工。

協商委員會協議成立時，應作成協議書，並由協商委員簽名或蓋章。

主管機關得於協議成立之日起七日內，將協議書送請管轄法院審核。

前項協議書，法院應儘速審核，發還主管機關；不予核定者，應敘明理由。

經法院核定之協議書，以給付金錢或其他代替物或有價證券之一定數量為標的者，其協議書得為執行名義。

《大量解僱勞工保護法》第 8 條

主管機關於協商委員會成立後，應指派就業服務人員協助勞資雙方，提供就業服務與職業訓練之相關諮詢。

雇主不得拒絕前項就業服務人員進駐，並應排定時間供勞工接受就業服務人員個別協助。

《大量解僱勞工保護法》第 9 條

事業單位大量解僱勞工後再僱用工作性質相近之勞工時，除法令另有規定外，應優先僱用經其大量解僱之勞工。

前項規定，於事業單位歇業後，有重行復工或其主要股東重新組織營業性質相同之公司，而有招募員工之事實時，亦同。

前項主要股東係指佔原事業單位一半以上股權之股東持有新公司百分之五十以上股權。

政府應訂定辦法，獎勵雇主優先僱用第一項、第二項被解僱之勞工。

《大量解僱勞工保護法》第 10 條

經預告解僱之勞工於協商期間就任他職，原雇主仍應依法發給資遣費或退休金。但依本法規定協商之結果條件較優者，從其規定。

協商期間，雇主不得任意將經預告解僱勞工調職或解僱。

《大量解僱勞工保護法》第 11 條

僱用勞工三十人以上之事業單位，有下列情形之一者，由相關單位或人員向主管機關通報：

一、僱用勞工人數在二百人以下者，積欠勞工工資達二個月；僱用勞工人數逾二百人者，積欠勞工工資達一個月。

二、積欠勞工保險保險費、工資墊償基金、全民健康保險保險費或未依法提繳勞工退休金達二個月，且金額分別在新臺幣二十萬元以上。

三、全部或主要之營業部分停工。

四、決議併購。

五、最近二年曾發生重大勞資爭議。

前項規定所稱相關單位或人員如下：

一、第一款、第三款、第四款及第五款為工會或該事業單位之勞工；第四款為事業單位。

二、第二款為勞動部勞工保險局、衛生福利部中央健康保險署。

主管機關應於接獲前項通報後七日內查訪事業單位，並得限期令其提出說明或提供財務報表及相關資料。

主管機關依前項規定派員查訪時，得視需要由會計師、律師或其他專業人員協助辦理。

主管機關承辦人員及協助辦理人員，對於事業單位提供之財務報表及相關資料，應保守秘密。

《大量解僱勞工保護法》第 12 條

事業單位於大量解僱勞工時，積欠勞工退休金、資遣費或工資，有下列情形之一，經主管機關限期令其清償；屆期未清償者，中央主管機關得函請入出國管理機關禁止其代表人及實際負責人出國：

一、僱用勞工人數在十人以上未滿三十人者，積欠全體被解僱勞工之總金額達新臺幣三百萬元。

二、僱用勞工人數在三十人以上未滿一百人者，積欠全體被解僱勞工之總金額達新臺幣五百萬元。

三、僱用勞工人數在一百人以上未滿二百人者，積欠全體被解僱勞工之總金額達新臺幣一千萬元。

四、僱用勞工人數在二百人以上者，積欠全體被解僱勞工之總金額達新臺幣二千萬元。

事業單位歇業而勞工依勞動基準法第十四條第一項第五款或第六款規定終止勞動契約，其僱用勞工人數、勞工終止契約人數及積欠勞工退休金、資遣費或工資總金額符合第二條及前項各款規定時，經主管機關限期令其清償，屆期未清償者，中央主管機關得函請入出國管理機關禁止其代表人及實際負責人出國。

前二項規定處理程序及其他應遵行事項之辦法，由中央主管機關定之。

《大量解僱勞工保護法》第 13 條

事業單位大量解僱勞工時，不得以種族、語言、階級、思想、宗教、黨派、籍貫、性別、容貌、身心障礙、年齡及擔任工會職務為由解僱勞工。

違反前項規定或勞動基準法第十一條規定者，其勞動契約之終止不生效力。

主管機關發現事業單位違反第一項規定時，應即限期令事業單位回復被解僱勞工之職務，逾期仍不回復者，主管機關應協助被解僱勞工進行訴訟。

《大量解僱勞工保護法》第 14 條

中央主管機關應編列專款預算，作為因違法大量解僱勞工所需訴訟及必要生活費用。其補助對象、標準、申請程序等應遵行事項之辦法，由中央主管機關定之。

《大量解僱勞工保護法》第 15 條

為掌握勞動市場變動趨勢，中央主管機關應設置評估委員會，就事業單位大量解僱勞工原因進行資訊蒐集與評估，以作為產業及就業政策制訂之依據。前項評估委員會之組織及應遵行事項之辦法，由中央主管機關定之。

《大量解僱勞工保護法》第 16 條

依第十二條規定禁止出國者，有下列情形之一時，中央主管機關應函請入出國管理機關廢止禁止其出國之處分：

一、已清償依第十二條規定禁止出國時之全部積欠金額。

二、提供依第十二條規定禁止出國時之全部積欠金額之相當擔保。但以勞工得向法院聲請強制執行者為限。

三、已依法解散清算，且無賸餘財產可資清償。

四、全部積欠金額已依破產程序分配完結。

《大量解僱勞工保護法》第 17 條

事業單位違反第四條第一項規定，未於期限前將解僱計畫書通知主管機關及相關單位或人員，並公告揭示者，處新臺幣十萬元以上五十萬元以下罰鍰，並限期令其通知或公告揭示；屆期未通知或公告揭示者，按日連續處罰至通知或公告揭示為止。

《大量解僱勞工保護法》第 18 條

事業單位有下列情形之一者，處新臺幣十萬元以上五十萬元以下罰鍰：

一、未依第五條第二項規定，就解僱計畫書內容進行協商。

二、違反第六條第一項規定，拒絕指派協商代表或未通知事業單位內涉及大量解僱部門之勞工推選勞方代表。

三、違反第八條第二項規定，拒絕就業服務人員進駐。

四、違反第十條第二項規定，在協商期間任意將經預告解僱勞工調職或解僱。

《大量解僱勞工保護法》第 19 條

事業單位違反第十一條第三項規定拒絕提出說明或未提供財務報表及相關資料者，處新臺幣三萬元以上十五萬元以下罰鍰；並限期令其提供，屆期未提供者，按次連續處罰至提供為止。

《大量解僱勞工保護法》第 20 條

依本法所處之罰鍰，經限期繳納，屆期不繳納者，依法移送強制執行。

《大量解僱勞工保護法》第 21 條

本法自公布日後三個月施行。

本法修正條文自公布日施行。